거대전환

포스트코로나 시대의 사회변동

국정과제협의회 정책기획시리즈 **04**

박태균 전병유 김태균
김선혁 윤홍식 김선미
한정훈 안재빈 김민희
김수연 박상욱 이석재
이사람 유종일

차 례

표 차례

그림 차례

국정과제협의회 정책기획시리즈 발간에 붙여

대통령직속 정책기획위원회

위원장 조대엽

1. 문재인 정부 4년, 정책기획위원회 4년을 돌아보며

문재인 정부가 출범한 지 4년을 훌쩍 넘어섰습니다. 돌이켜보면 전국의 거리를 밝힌 거대한 촛불의 물결과 전임 대통령의 탄핵, 새 정부 출범에 이르는 과정은 '촛불혁명'이라고 할 만했습니다. 2016년 촛불혁명은 법과 제도의 틀에서 전개된 특별한 혁명이었습니다. 1,700만 명의 군중이 모여 촛불의 바다를 이루었지만 법의 선을 넘지 않았습니다. 전임 대통령의 탄핵과 새 대통령의 선출이 법과 정치적 절차의 훼손 없이 제도적으로 진행되었습니다. '제도혁명'이라고도 부를 수 있는 참으로 특별한 정치 과정이 아닐 수 없습니다. 세계적으로 대의 민주주의의 위기와 한계가 뚜렷한 가운데 2017년 문재인 정부의 출범 과정은 현대 민주주의의 범위와 내용을 제도적으로 확장한 정치사적 성과라고도 할 수 있습니다.

현대 민주주의의 괄목할 만한 진화를 이끌고 제도혁명으로 집권한 문재인 정부가 5년차를 맞았습니다. 선거 후 바로 대통령 취임과 함께 국정기획자문위원회가 출발해 100대 국정과제를 선별하면서 문재인 정부의 정치 일정이 시작되었습니다. 집권 5년차를 맞으며 인수위도 없이 출발한 집권 초기의 긴박한 과정을 떠올리면 문재인 정부는 임기 마지막까지 국정의 긴장을 늦출 수 없는 운명을 지녔습니다. 어쩌면 문재인 정부는 '제도혁명정부'라는 특별한 성격을 갖는다는 점에서 거의 모든 정부가 예외 없이 겪었던 임기 후반의 '레임덕'이라는 표현은 정치적 사치일 수 있습니다. 문재인 정부의 남은 시간 동안 지난 4년의 국정 성과에 이어 마지막까지 성과를 만들어냄으로써 국정의 긴장과 동력을 잃지 않는 일이 무엇보다 중요한 시점입니다. 그것이 문재인 정부의 역사적 소명이기도 합니다.

정책기획위원회는 지난 4년간 대통령 직속기구로서 폭넓은 국정자문 활동을 했습니다. 정책기획위원회의 주된 일은 국정과제 전반을 점검하고 대통령에게 필요한 내용들을 보고하는 일입니다. 지난 4년 정책기획위원회의 역할을 구분하면 정책 콘텐츠 관리와 정책 네트워크 관리, 정책소통 관리라는 세 가지로 요약할 수 있습니다.

먼저, 정책 콘텐츠 관리는 국가 중장기 발전전략 및 정책 방향 수립과 함께 100대 국정과제의 추진과 조정, 국정과제 관련 보고회의 지원, 국정분야별 정책 및 현안과제 연구, 대통령이 요구하는 국가 주요 정책 연구 등을 포괄합니다. 둘째로 정책 네트워크 관리는 청와대, 총리실, 정부부처, 정부출연 연구기관, 정당 등과의 협업 및 교류가 중요하며, 학계, 전문가 집단, 시민단체 등과의 네트워크 확장을 포함합니다. 특히 정책기획위원회는 대통령 소속 위원회를 통괄하는 기능을 갖기도 합니다.

대통령 소속의 9개 주요 위원회로 구성된 '국정과제협의회'의 의장

위원회로서 대통령 위원회의 소통과 협업의 구심 역할을 했습니다. 셋째로 정책소통 관리는 정부부처 간의 소통과 협력을 매개하는 역할이나 정책 쟁점이나 정책 성과에 대해 국민들이 공감할 수 있도록 정책 담론을 생산하고 확산하는 일을 포괄합니다. 연구용역이나 주요 정책 TF 운용의 결과를 다양한 형태의 간담회, 학술회의, 토론회, 언론 기고, 자체 온라인 방송 채널을 통해 공유하기도 했습니다.

정책기획위원회의 1기는 정부 출범 시 '국정기획자문위원회'가 만든 100대 국정과제의 관리와 '미래비전 2045'를 만드는 데 중점이 두어졌습니다. 말하자면 정책 콘텐츠 관리에 중점을 둔 셈입니다. 정책기획위원회의 2기는 위기적 정책 환경에 대응하는 정책 콘텐츠 생산과 집권 후반부의 성과관리라는 측면에서 과제가 큰 폭으로 늘었습니다. 주지하듯 문재인 정부의 후반부는 세계사적이고 문명사적인 아주 특별한 시대적 위기를 맞고 있습니다. 코로나19 팬데믹이라는 문명사적 위기는 정책기획위원회 2기의 정책 환경을 완전히 바꾸었습니다. 정책기획위원회는 코로나19 발생 이후 포스트 코로나시대에 새롭게 부가되는 국정과제를 100대 과제와 조정 보완하는 작업, 감염병 대응과 보건의료체제 혁신을 위한 종합 대책의 마련, 코로나19 이후 거대전환의 사회변동에 대한 전망, 한국판 뉴딜의 보완과 국정자문단의 운영 등을 새로운 과제로 진행했습니다.

정책기획위원회의 2기는 코로나19 팬데믹으로 인한 방역위기와 경제위기를 뚫고 나아가는 국가 혁신전략들을 지원하는 일과 함께, 무엇보다도 문재인 정부의 국정성과를 정리하고 〈국정백서〉를 집필하는 일이남아 있습니다. 우리 위원회는 성과관리를 단순히 정부의 치적을 정리하는 수준이 아니라 국정성과를 국민의 성과로 간주하고 국민과 공유해야 한다는 차원에서 정책 소통의 한 축으로 간주하고 있습니다.

우리 위원회는 문재인 정부가 촛불혁명의 정부로서 그리고 제도혁명의 정부로서 지향했던 비전의 진화 경로를 종합적 조감도로 그렸고 이 비전 진화의 경로를 따라 축적된 지난 4년의 성과를 포괄적으로 정리하기도 했습니다. 다양한 정책성과 관련 담론들을 세부적으로 만드는 과정이 이어지는 가운데, 우리 위원회는 그간의 위원회 활동 결과로 생산된 다양한 정책담론들을 단행본으로 만들어 대중적으로 공유하면 좋겠다는 데에 뜻을 모았습니다. 이러한 취지는 정책기획위원회뿐 아니라 국정과제협의회 소속의 다른 대통령 위원회도 공유함으로써 단행본 발간에 동참하게 되었습니다. '국정과제협의회 정책기획시리즈'가 탄생했고 각 단행본의 주제와 필진 선정, 그리고 출판은 각 위원회가 주관해서 진행하는 것으로 했습니다.

정책기획위원회가 출간하는 이번 단행본들은 정부의 중점 정책이나 대표 정책을 다루는 것이 아닙니다. 또 단행본의 주제들은 특별한 기준에 따라 선별된 것도 아닙니다. 이번에 출간하는 단행본 시리즈의 내용들은 정부 정책이나 법안에 반영된 것도 있고 그렇지 않은 것도 포함되어 있습니다. 따라서 이 책의 내용들은 정부나 정책기획위원회의 공식 입장이라고 할 수 없습니다. 정책기획위원회에서 지난 4년간 다양한 방식으로 논의된 정책담론들 가운데 비교적 단행본으로 엮어내기에 수월한 것들을 모아 필진들이 수정하는 수고를 더한 것입니다. 문재인 정부의 정책기획위원회에 모인 백여 명의 정책기획위원들이 다양한 분야에서 국가의 미래를 고민했던 흔적을 담아보자는 취지라 할 수 있습니다.

2. 문재인 정부 4년의 국정비전과 국정성과에 대하여

문재인 정부는 촛불시민의 염원을 담아 '나라다운 나라, 새로운 대한민국'을 약속하며 출발했습니다. 지난 4년은 우리 정부가 국민과 약속한 나라를 만들기 위해 진지하고도 일관된 노력을 기울인 시간이었습니다. 지난 4년, 국민의 눈높이에 미흡하고 부족한 부분이 있었습니다. 그러나 예상하지 못한 거대한 위기가 거듭되는 가운데서도 정부는 국민과 함께 다양한 국정성과를 만들었습니다.

어떤 정부든 공과 과가 있기 마련입니다. 한 정부의 공은 공대로 평가되어야 하고 과는 과대로 평가되어야 합니다. 아무리 미흡한 부분이 있더라도 한 정부의 국정성과는 국민이 함께 만든 것이기 때문에 국민적으로 공유되어야 하고, 국민적 자부심으로 축적되어야 합니다. 국정의 성과가 국민적 자부심과 자신감으로 축적되어야 새로운 미래가 있습니다.

정부가 국정 성과에 대해 오만하거나 공치사를 하는 것은 경계해야 할 일이지만 적어도 우리가 한 일에 대한 자신감과 자부심 없이는 대한민국의 미래 또한 밝을 수 없습니다. 정책기획위원회는 이 같은 취지로 2021년 4월 『문재인 정부 국정비전의 진화와 국정성과』라는 제목의 보고서를 만들었고, 이 보고서를 바탕으로 5월에는 문재인 정부 4주년을 기념하는 컨퍼런스도 개최했습니다.

문재인 정부는 2017년 출범 후 '국민의 나라, 정의로운 대한민국'을 국가비전으로 제시하고 5대 국정목표, 20대 국정전략, 100대 국정과제를 제시했습니다. '국민의 나라, 정의로운 대한민국'이라는 국정의 총괄 비전은 "대한민국의 모든 권력은 국민으로부터 나온다"라고 하는 헌법 제1조의 정신입니다. 여기에 '공정'과 '정의'에 대한 문재인 대통령의 통치 철학을 담았습니다. 정의로운 질서는 사회적 기회의 윤리인 '공정', 사회적 결과의 윤리인 '책임', 사회적 통합의 윤리인 '협력'이라는 실천윤리가 어울려 완성됩니다. 문재인 정부 4년은 공정국가, 책임국가, 협력국가를 향한 일관된 여정이었습니다. 그리고 문재인 정부의 국정성과는 공정국가, 책임국가, 협력국가를 향한 일관된 정책의 효과였습니다.

돌이켜보면 문재인 정부 4년은 중첩된 위기의 시간이었습니다. 집권 초기 북핵위기에 이은 한일통상위기, 그리고 코로나19 팬데믹 위기라는 예측하지 못한 3대 위기에 문재인 정부는 놀라운 위기 대응 능력을 보였습니다. 2017년 북핵위기는 평창올림픽과 다자외교, 국방력 강화를 통한 한반도 평화 프로세스로 위기 극복의 성과를 만들었습니다. 2019년의 한일통상위기는 우리 정부와 기업이 소부장산업 글로벌 공급망을 재편하고 소부장산업 특별법 제정 등 모든 수단을 동원해 제조업의 경쟁력을 강화함으로써 위기를 극복했습니다. 일본과의 무역마찰을 극복하는 이 과정에서 '아무도 흔들 수 없는 나라'를 만들겠다는 대통령의 약속이 있었고 마침내 우리는 일본과 경쟁할 만하다는 국민적 자신감을 갖게 되었습니다.

이제는 핵심 산업에서 한국 경제가 일본을 추월하게 되었지만 우리 국민이 갖게 된 일본에 대한 자신감이야말로 무엇보다 큰 국민적 성과가 아닐 수 없습니다.

2020년 이후의 코로나19 위기는 지구적 생명권의 위기이자 인류 삶의 근본을 뒤흔드는 문명사적 위기라 할 수 있습니다. 우리는 개방, 투명, 민주방역, 과학적이고 창의적 방역으로 전면적 봉쇄 없이 팬데믹을 억제한 유일한 나라가 되었습니다. K-방역의 성공은 K-경제의 성과로도 확인됩니다. K-경제의 주요 지표들은 우리 경제가 코로나19 이전으로 회복되었을 뿐 아니라 성공적 방역으로 우리 경제가 새롭게 도약하고 있다는 사실을 보여주고 있습니다.

문재인 정부 4년 간 겪었던 3대 거대 위기는 인류의 문명사에 대한 재러드 다이아몬드식 설명에 비유하면 '총·균·쇠'의 위기라 할 수 있습니다. 인류문명을 관통하는 총·균·쇠의 역사는 제국주의로 극대화된 정복과 침략의 문명사였습니다. 그러나 문재인 정부가 지난 4년 총·균·쇠에 대응한 방식은 평화와 협력, 상생의 패러다임으로 인류의 신문명을 선도하는 것이었습니다. 세계가 이 같은 총·균·쇠의 새로운 패러다임에 주목하고 있습니다. 문재인 정부가 총·균·쇠의 역사를 다시 쓰고 인류문명을 새롭게 이끌고 있다고 감히 말할 수 있습니다.

문재인 정부는 지난 4년, 3대 위기를 극복함으로써 '위기에 강한 정부'의 성과를 얻었습니다. 또 한국판 뉴딜과 탄소중립 선언, 4차 산업혁명과 혁신성장, 문화강국과 자치분권의 확장을 주도해 '미래를 여는 정부'의 성과를 만들었습니다. 돌봄과 무상교육, 건강공공성, 노동복지 등에서 '복지를 확장한 정부'의 성과도 주목할 만합니다. 국정원과 검찰·경찰 개혁, 공수처 출범 및 시장권력의 개혁과 같은 '권력을 개혁한 정부'의 성과에도 주목해야 합니다. 나아가 문재인 정부는 한반도 평화유지와 국방력 강화를 통해 '평화시대를 연 정부'의 성과도 거두고 있습니다.

위기대응, 미래대응, 복지확장, 권력개혁, 한반도 평화유지의 성과를 통해 강한 국가, 든든한 나라로 거듭나는 정부라는 점에 주목하면 우리는 '문재인 정부 국정성과로 보는 5대 강국론'을 강조할 수 있습니다. 이 같은 '5대 강국론'을 포함해 주요 입법성과를 중심으로 '대한민국을 바꾼 문재인 정부 100대 입법성과'를 담론화하고, 또 문재인 정부 들어 눈에 띄게 달라진 주요 국제지표를 중심으로 '세계가 주목하는 문재인 정부 20대 국제지표'도 담론화하고 있습니다.

2021년 4월 26일 국정성과를 보고하는 비공개 회의에서 문재인 대통령은 "모든 위기 극복의 성과에 국민과 기업의 참여와 협력이 있었다"는 말씀을 몇 차례 반복했습니다. 지난 4년, 국정의 성과는 오로지 국민이 만든 국민의 성과입니다. 그래서 문재인 정부 4년의 성과는 오롯이 우리 국민의 자부심의 역사이자 자신감의 역사입니다. 문재인 정부 4년의 성과는 국민과 함께 한 일관되고 연속적인 국정비전의 진화를 통해 축적되었습니다. '국민의 나라, 정의로운 대한민국'이라는 국가비전이 구체화되고 세분화되어 진화하는 과정에서 '소득주도성장·혁신성장·공정경제'의 비전이 제시되었고, 이러한 경제운용 방향은 '혁신적 포용국가'라는 국정비전으로 포괄되었습니다.

3대 위기과정을 극복하는 과정에서 문재인 정부는 '아무도 흔들 수 없는 나라', '위기에 강한 나라'라는 비전을 진화시켰고, 코로나19 팬데믹 위기에서 '포용적 회복과 도약'의 비전이 모든 국정 방향을 포괄하는 비전으로 강조되었습니다. 코로나 팬데믹으로 인한 방역위기와 경제위기를 극복하는 과정에서 대한민국은 새로운 세계표준이 되었습니다. 또 최근 탄소중립시대와 디지털 경제로의 대전환을 준비하는 한국판 뉴딜의 국가혁신 전략은 '세계선도 국가'의 비전으로 포괄되었습니다.

이 모든 국정비전의 진화와 성과에는 국민과 기업의 기대와 참여가 있었습니다. 그러나 우리는 문재인 정부의 임기가 그리 많이 남지 않은 시점에서 국민의 기대와 애초의 약속에 미치지 못한 많은 부분들은 남겨놓고 있습니다. 혁신적이고 종합적인 새로운 그림이 필요한 부분도 있고 강력한 실천과 합의가 필요한 부분도 있습니나. 무엇보다도 민주주의에 대한 새로운 기획이 필요합니다. 문재인 정부는 촛불혁명이라는 제도혁명을 통해 민주주의를 진화시킨 정치사적 성과를 얻었으나 정작 민주주의에 대한 새로운 전망을 제시하는 데는 미치지 못했습니다. 문재인 정부는 헌법 제1조의 민주주의를 실현하고자 했으나 문재인 정부 이후의 민주주의는 국민의 행복추구와 관련된 헌법 제10조의 민주주의로 진화해야 할지 모릅니다. 민주정부 4기로 이어지는 새로운 민주주의의 디자인이 필요합니다.

둘째는 공정과 평등을 구성하는 새로운 정책비전의 제시와 합의가 요구됩니다. 오늘날 대부분의 국가는 정의로운 공동체를 추구합니다. 정의로운 질서는 불평등과 불공정, 부패를 넘어 실현됩니다. 이 같은 질서에는 공정과 책임, 협력의 실천윤리가 요구되지만 우리 시대에 들어 이러한 실천윤리에 접근하는 방식은 세대와 집단별로 큰 차이를 보입니다.

신자유주의 시대에 성장한 청년세대는 능력주의와 시장경쟁력을 공정의 근본으로 인식하는 반면 기성세대는 달리 인식합니다. 공정과 평등에 대한 '공화적 합의'가 필요합니다. 소득과 자산의 분배, 성장과 복지의 운용, 일자리와 노동을 둘러싼 공정과 평등의 가치에 합의함으로써 '공화적 협력'에 관한 새로운 그림이 제시되어야 합니다.

셋째는 지역을 살리는 그랜드 비전이 새롭게 제시되어야 합니다. 공공기관 이전을 통한 중앙정부 주도의 혁신도시 정책을 넘어 지역 주도의 메가시티 디자인과 한국판 뉴딜의 지역균형 뉴딜, 혁신도시 시즌

2 정책이 보다 큰 그림으로 결합되어 지역을 살리는 새로운 그랜드 비전으로 제시될 필요가 있습니다.

넷째는 고등교육 혁신정책과 새로운 산업 전환에 요구되는 인력양성 프로그램이 결합된 교육혁신의 그랜드 플랜이 만들어져야 합니다.

다섯째는 커뮤니티 케어에 관한 혁신적이고 복합적인 정책 디자인이 준비되어야 합니다. 지역 기반의 교육시스템과 지역거점 공공병원, 여기에 결합된 지역 돌봄 시스템이 복합적이고 혁신적으로 기획되어야 합니다.

이 같은 과제들은 더 큰 합의와 더 많은 시간이 필요합니다. 그러나 이러한 쟁점들이 다음 정부의 과제나 미래과제로 막연히 미루어져서는 안 됩니다. 문재인 정부의 국정성과들이 국민의 기대와 참여로 가능했듯이 이러한 과제들은 기존의 국정성과에 이어 문재인 정부의 마지막까지 국민과 함께 제안하고 추진함으로써 정책동력을 놓치지 않는 것이 중요합니다.

코로나19 변이종이 기승을 부리면서 여전히 코로나19 팬데믹의 엄중한 위기가 진행되는 가운데 국민의 생명과 삶을 지켜야 하는 절체절명한 시간이 흐르고 있습니다. 문명 전환기의 미래를 빈틈없이 준비해야하는 절대시간이기도 합니다. 여기에 대응하는 문재인 정부의 남은 시간이 그리 길지 않습니다. 그러나 인수위도 없이 서둘러 출발한 정부라는 점과 코로나 상황의 엄중함을 생각하면 문재인 정부에게 남은 책임의 시간은 길고 짧음을 잴 여유가 없습니다.

이 절대시간 동안 코로나19보다 위태롭고 무서운 것은 가짜뉴스나 프레임 정치가 만드는 국론의 분열입니다. 세계가 주목하는 정부의 성과를 애써 외면하고 근거 없는 프레임을 공공연히 덧씌우는 일은 우리 공동체를 국민의 실패, 대한민국의 무능이라는 벼랑으로 몰아가는 것과 다르지 않습니다. 국민이 선택한 정부는 진보정부든 보수정부든 성공해야 합니다. 책임 있는 정부가 작동되는 데는 책임 있는 '정치'가 동반되어야 합니다.

정책기획위원회를 포함한 국정과제위원회들은 문재인 정부의 남은 기간 동안 국정성과를 국민과 공유하는 적극적 정책소통관리에 더 많은 의미를 두어야 합니다. 문재인 정부의 성과를 정확하게, 사실에 근거해서 평가하고 공유하는 데 더 많은 시간을 써야 합니다. 다른 무엇보다도 객관적이고 종합적인 국정성과에 기반을 둔 세 가지 국민소통 전략이 강조됩니다.

첫째는 정책 환경과 정책 대상의 상태를 살피고 문제를 찾아내는 '진단적 소통'입니다. 둘째는 국정성과에 대한 이해를 통해 민심과 정부 정책의 간극이나 긴장을 줄이고 조율하는 '설득적 소통'이 중요합니다. 셋째는 국민들이 삶의 현장에서 정책의 성과를 체감할 수 있게 하는 '체감적 소통'을 강조할 수 있습니다. 위기대응정부론, 미래대응정부론, 복지확장정부론, 권력개혁정부론, 평화유지정부론의 '5대 강국론'을 비롯한 다양한 국정성과 담론들이 이 같은 국민소통 전략으로 공유될 수 있기를 바랍니다.

정책기획위원회의 눈으로 지난 4년을 돌이켜보면 문재인 정부의 시간은 '일하는 정부'의 시간, '일하는 대통령'의 시간이었습니다. 촛불혁명으로 집권한 제도혁명정부로서는 누적된 적폐의 청산과 산적한 과제의 해결이 국민의 명령이었기 때문에 옆도 뒤도 보지 않고 오로지 이 명령을 충실히 따라야 했습니다. 그 결과가 '일하는 정부', '일하는 대통령'의 시간으로 남게 된 셈입니다.

정부 광화문청사에 있는 정책기획위원회 위원장실에는 한 쌍의 액자가 걸려 있습니다. 위원장 취임과 함께 우리 서예계의 대가 시중(時中)' 변영문(邊英文) 선생님께 부탁해 받은 것으로 "先天下之憂而憂, 後天下之樂而樂"(선천하지우이우, 후천하지락이락)이라는 글씨입니다. 북송의 명문장가였던 범중엄(范仲淹)이 쓴 '악양루기'(岳陽樓記)의 마지막 구절입니다. "천하의 근심은 백성들이 걱정하기 전에 먼저 걱정하고, 천하의 즐거움은 모든 백성들이 다 즐긴 후에 맨 마지막에 즐긴다"는 의미로 풀어볼 수 있습니다. 국민들보다 먼저 걱정하고 국민들보다 나중에 즐긴다는 말로 해석됩니다. 일하는 정부, 일하는 대통령의 시간과 닿아 있는 글귀입니다.

문재인 정부의 남은 시간이 길지 않지만, 일하는 정부의 시간으로 보면 짧지만도 않습니다. 결코 짧지 않은 문재인 정부의 시간을 마지막까지 일하는 시간으로 채우는 것이 제도혁명정부의 운명입니다. 촛불시민의 한 마음, 문재인 정부 출범 시의 절실했던 기억, 국민의 위대한 힘을 떠올리며 우리 모두 초심으로 돌아가야 합니다.

앞선 두 번의 정부가 국민적 상처를 남겼습니다. 진보와 보수를 떠나 국민이 선택한 정부가 세 번째 회한을 남기는 어리석은 역사를 거듭해서는 안 됩니다. 문재인 정부의 성공이 우리 당대, 우리 국민 모두의 시대적 과제입니다.

3. 한없는 고마움을 전하며

아무리 작은 일이라도 일이 마무리되고 결과를 얻는 데는 드러나지 않는 많은 분들의 기여와 관심이 있기 마련입니다. 정책기획위원회는 앞에서 밝힌 바와 같이 정책 콘텐츠 관리와 정책 네트워크 관리, 정책 소통 관리에 포괄되는 광범한 활동을 수행하고 있습니다. 사실 이 책과 같은 단행본 출간사업은 정책기획위원회의 관례적 활동과는 별개로 진행되는 여벌의 사업이라 할 수 있습니다. 이러한 부가적 사업이 가능한 것은 6개 분과 약 백여 명의 정책기획위원들이 위원회의 정규 사업들을 충실히 해낸 효과라 할 수 있습니다. 무엇보다도 정책기획위원회라는 큰 배를 위원장과 함께 운항해주신 두 분의 단장과 여섯 분의 분과위원장께 감사의 말씀을 드려야 합니다. 미래정책연구단장을 맡아 위원회에 따뜻한 애정을 쏟아주신 박태균 교수, 국정과제지원단장을 맡아 헌신적으로 일해주신 윤태범 교수께 각별한 마음을 전합니다. 김선혁 교수, 양종곤 교수, 문진영 교수, 소순창 교수, 추장민 박사, 구갑우 교수께서는 6개 분과를 늘 든든하게 이끌어 주셨습니다. 한없는 고마움을 전합니다.

단행본 사업에 흔쾌히 함께 해주신 정책기획위원뿐 아니라 비록 단행본 집필에는 참여하지 않았지만 지난 4년 정책기획위원회에서 문재인 정부의 다양한 정책담론을 다루어주신 1기와 2기 정책기획위원 모든 분께 이 자리를 빌려 그간 가슴 한 곳에 묻어두었던 고마운 마음을 전합니다.

위원들의 활동을 결실로 만들고 그 결실을 빛나게 만든 것은 정부 부처의 파견 공무원과 공공기관의 파견 위원, 그리고 전문위원으로 구성된 위원회 직원들의 공이었습니다. 국정담론을 주제로 한 단행본들이 결실을 본 것 또한 직원들의 헌신 덕분입니다. 행정적 지원을 진두지휘한 김주이 기획운영국장, 정현용 국정과제국장, 백운광 국정연구

국장, 김찬규 전략홍보실장께 각별한 감사를 드리며, 본래의 소속으로 복귀한 직원들을 포함해 정책기획위원회에서 함께 일한 직원들 한 분 한 분께도 감사의 마음을 전합니다.

한국판 뉴딜을 정책소통의 차원에서 국민적으로 공유하기 위해 정책기획위원회는 '한국판 뉴딜 국정자문단'을 만들었고, 지역자문단도 순차적으로 구성한 바 있습니다. 한국판 뉴딜 국정자문단의 자문위원으로 함께 해주신 모든 분들께도 이 자리를 빌려 감사드립니다.

| 서론 |

거대전환의 성격과 특징

거대전환의 성격과 특징

박태균 서울대학교 국제대학원 교수

1. 팬데믹이 만든 인류의 위기와 문명 대전환

코로나19는 인류가 역사상 맞이하는 전대미문의 상황을 만들고 있다. 과거에도 팬데믹이 없었던 것은 아니지만, 병의 원인과 특징을 알면서도 속수무책인 상황은 처음이 아닌가 싶다. 중세시대의 페스트와 20세기 초의 스페인 독감은 병의 원인과 특징을 몰랐기 때문에 대처하는 것 자체가 어려웠고, 21세기 초의 사스와 메르스 역시 대처할 수 있는 치료제가 나온 것은 아니었지만 코로나19만큼의 확산력을 갖지는 않았다.

중요한 점은 코로나19와 같은 팬데믹이 인류 역사에 큰 전환점이 되었다는 점이다. 14세기 페스트는 유럽 전체 인구의 1/3에 해당하는 약 7,500만에서 2억 명이 숨지는 결과를 가져왔다. 이는 세계 인구가 15세기 후반까지 계속 감소하는 결과로 나타났다. 이러한 변화는 유럽 사회에서 농노의 급격한 감소를 통해 봉건 영주가 몰락하는 결과를 가져왔고, 교회의 부적절한 대응에 대한 불신과 유대인에 대한 혐오가 나타났다. 이러한 충격은 지역에 따라 시기적 차이가 있었지만 장기적으로 볼 때 부르주아라는 새로운 계급의 출현과 르네상스와 종교개혁이라는 사회 문화적인 거대한 변화의 배경이 되었다.[1]

20세기 초의 스페인 독감은 또 다른 대전환을 야기하였다. 제1차 세계대전이 끝나가는 1918년에 시작된 스페인 독감으로 전 세계적으로 5천만 명 이상이 사망했다. 스페인 독감은 전 세계적으로 큰 변화를 초래했다. 미국에서는 금주시대와 과소비로 대표되는 사회 변화를 초래했고, 일본에서는 쌀소동과 관동대지진이라는 사회적 혼란을 경험했다. 미국에서 KKK단의 출현, 일본에서 식민지인들에 대한 혐오 등 집단적 광기가 이어졌다. 이러한 충격은 결국 1929년 경제대공황이라는 큰 사회적 변화를 초래했다.[2] 제1차 세계대전과 함께 스페인 독감이 경제대공황이라는 거대한 변곡점을 야기하는데 10년의 시간이 걸렸지만, 200여 년에 걸쳐 전개된 중세의 페스트에 의한 변화에 비해 스페인 독감의 충격은 훨씬 더 빠른 시간 내에 다가왔다.

코로나19 팬데믹의 충격은 스페인 독감보다도 더 빠르게 다가올 것이며, 인류 문명의 대전환을 예고하고 있다. 페스트가 르네상스로의 변화를 가져왔다면, 스페인 독감은 대공황의 극복 과정을 통해 대량생산, 대량소비의 시대를 불러왔다. 이는 단순히 생산성과 생산수단의 변화에 의한 사회구조의 변화에 그치는 것이 아니라 인류 문명의 전환을 의미하는 것이었다. 코로나19 팬데믹 역시 구조적 변화와 문명사적 전환을 야기할 가능성이 있다.

물론 그 기간이 얼마나 걸릴지, 전환의 충격이 어느 분야로부터 먼

1 https://www.edujin.co.kr/news/articleView.html?idxno=32387

2 https://dbr.donga.com/article/view/1101/article_no/6536

저 올 것인지를 예측하는 것은 쉽지 않다. 페스트로 인한 충격이 인구의 감소로부터 시작되었다면, 스페인 독감은 제1차 세계대전의 영향과 결합하면서 인구 감소, 생산성 저하, 그리고 사회 심리적 충격으로부터 대전환이 이루어졌다.

코로나19 팬데믹은 의학의 발전으로 페스트나 스페인 독감만큼의 사망자를 초래하지는 않을 것이다. 하지만 그 충격이 전 세계적이라는 측면에서 코로나19 팬데믹은 그 영향이 더 클 수도 있다. 16세기 중남미를 휩쓴 천연두처럼 기존의 문명을 파괴하는 비극적 결과를 가져오지는 않겠지만[3] 코로나19 팬데믹의 영향은 전 세계적으로 큰 충격을 줄 가능성이 크다.

충격과 그로 인한 대전환을 완전히 예측할 수는 없으나 현재 전개되고 있는 팬데믹의 성격과 변화 양상을 분석한다면, 앞으로 다가올 변화의 모습을 예상하는 것이 가능할 것이다. 그리고 변화에 대한 예측은 앞으로 다가올 사회적, 문명적 충격을 최소화하면서, 오히려 그 충격을 위기가 아니라 기회로 전환할 수 있는 계기를 만들 수도 있을 것이다. 그렇다면 코로나19 팬데믹으로 인해 초래되고 있는 변화와 충격은 어떠한 특징을 갖고 있는가?

3 김선영, "RNA 바이러스의 인류 공격", https://www.koreascience.or.kr/article/JAKO200456605511353.pdf

2. 코로나19 팬데믹이 가져다준 충격의 특징

1) 불확실성

코로나19 시대의 두 가지 큰 특징은 불확실성과 가속화라고 할 수 있다. 현재 백신이 출시되어 확산되고 있지만 변이 바이러스가 출현하면서 팬데믹이 지속되고 있다. 백신 보급을 통해 일상으로 복귀를 추진했던 국가들도 재확산의 위기에 직면해 있으며, 변이 바이러스는 델타(4번째)를 넘어 람다(11번째)에까지 이르고 있다. 현재의 백신이 변이 바이러스에 어느 정도까지 효능이 있는지에 대해서도 의문이 제기되고 있다.

최근에는 코로나19 팬데믹이 극복될 것이라는 '포스트코로나(post Corona)'라는 기대와 함께 코로나19를 극복하는 것이 불가능하기 때문에 코로나19와 함께 살아야 한다는 '위드코로나(with Corona)'라는 사회적 담론이 나타나고 있다. 코로나19의 변이가 계속 나오고 있으며, 변이에 대해 이미 개발된 백신이 어떻게 반응할지에 대해 알 수 없기 때문이다. 코로나19 치료제 개발이 늦어지고 있는 가운데, 백신으로 인한 치명률이 낮아지고 있는 상황이기 때문에 당분간 위드코로나의 삶을 사는 것이 불가피하다는 의견이 점점 더 공감대를 얻고 있다. 이는 사회적 거리두기로 인한 경제적 피해를 줄이기 위한 방안을 염두해 둔 것이기도 하다.

코로나19 팬데믹이 어떻게 전개될지가 불확실한 상황은 코로나19가 줄 사회적 충격 역시 불확실하게 만들고 있다. 팬데믹으로 인해 대면 산업들이 모두 어려움을 겪고 있다는 점은 분명하다. 그로 인해 비대면 산업이 앞으로 중요한 대안으로 떠오르고 있으며, 이러한 분위기에서 메타버스가 포스트코로나 시대에 가장 유망한 산업이자 새로운 문명의 중심으로 떠오르고 있다. 식당 출입이 어려워지면서 배달 산업이 블루칩이 되고 있는 것 역시 코로나19 팬데믹의 충격이 가져다 줄 미래의 변화를 예고하고 있다.

그러나 코로나19로부터 빠른 회복이 가능할 경우 비대면 산업보다는 과거의 대면 산업, 그리고 코로나19 이전에 각광 받았던 공유산업이 다시 떠오를 가능성도 있다. 팬데믹으로 인해 불가피하게 비대면 중심의 사회생활이 이루어지고 있지만, 코로나19를 극복하거나 위드코로나가 될 경우 비대면 산업보다는 대면 산업으로의 유턴이 이루어질 수 있기 때문이다. 변화를 두려워하는 인간의 본성과 코로나19 팬데믹 이전의 항수로 인해 과거로의 복귀 심리도 무시할 수 없다. 현재 백신 보급률이 높거나 위드코로나를 선택한 국가에서 나타나고 있는 현상은 팬데믹으로 인한 새로운 혁신산업의 발전보다는 팬데믹 이전으로의 복귀하고 있다는 점을 발견할 수 있다.

이러한 불확실성은 국제관계에서도 나타나고 있다. 코로나19 팬데믹 초기에 소위 민주주의에 기초한 서구 선진국가들은 방역에서 모두 실패하는 모습을 보였다. 팬데믹이 시작된 중국에서부터 세계 질서를 이끌고 있는 미국과 유럽 국가들이 모두 코로나19에 대한 초기 대응에 실패했다. 오히려 내부적으로 사회 통제가 더 잘 이루어졌던 국가들에서 방역에 성공하는 모습이 나타났다. 초기 팬데믹에서 벗어난 중국을 비롯해 베트남과 일부 동유럽 국가들의 초기 방역은 매우 성공적이었다. 이러한 성공은 서구적 민주주의나 세계질서의 기준이 되었던 선진국과 개발도상국의 도식이 더 이상 유효하지 않을 것이라는 전망을 가져오기도 했다.

뉴질랜드와 대만, 그리고 한국 등 중소강국에서 코로나 방역에 성공한 것 역시 또 다른 주목을 받았다. 특히 한국은 외부로부터 국경을 봉쇄하지 않았고, 팬데믹이 집중적으로 발생한 지역에 대한 봉쇄를 하지 않으면서 성공적으로 대응했다는 점에서 전체주의적 방식의 통제와 서로 대비가 되었다. 이러한 상황 때문에 '대공위 시대'가 다시 도래할 수 있다는 전망이 나오기도 했다.

그러나 시간이 지나면서 백신 개발에 집중했던 미국과 유럽, 그리고 초기 방역보다는 백신 도입에 집중했던 국가에서 방역이 더 성공적으로 진행되고 있다는 지표가 나오기 시작했다. 이로 인해 과거의 국제질서로 다시 돌아가는 모습을 보이고 있다. 코로나19 변이로 인해 백신 보급률이 높은 국가에서 다시 팬데믹이 나타나고 있는데, 이는 국제질서에서도 또 다른 불확실성이 나타나고 있음을 보여주는 것이다.

2) 가속성

가속성이라는 측면 역시 주목된다. 팬데믹 이전에 있었던 모순이 급속하게 심화되고 있다는 것이다. 이미 코로나19 이전부터 한국 사회를 포함한 전 세계는 심각한 모순에 직면해 있었다. 빈부의 격차 문제는 물론, 저출생률로 인하여 특히 1인당 소득이 높은 지역에서 인구문제가 심각한 상황이었고, 과학기술의 발달로 인한 AI의 출현으로 4차 산업혁명이 진행되면서, 산업구조의 변화와 함께 실업률은 더 높아져가는 상황이었다. 코로나19는 이러한 모순들을 가속화시켰다.

1970년대 이후 케인즈적 경제정책에서 신자유주의 정책으로 전환하면서 세계경제는 1990년대 이후 급속한 팽창과 혁신을 거듭해 왔다. [그림 1]은 세계 경제동향을 잘 보여주는 미국 다우존스의 주가 지수의 동향을 통해 장기적 현황을 보여주고 있다.

[그림 1] 미국 다우존스 변화추이

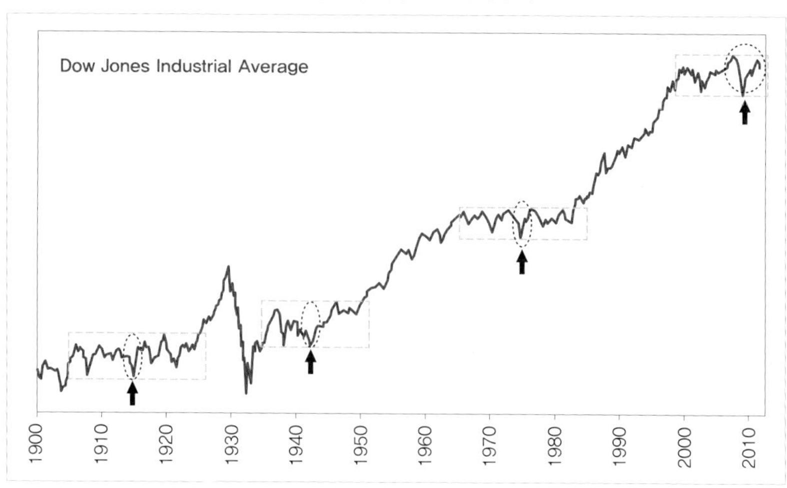

출처: http://yellow.kr/blog/?p=984

그러나 이러한 성장은 2000년대 이후 벽에 부딪히기 시작했다. 규제완화와 자유무역을 중심으로 1990년대는 급속한 성장이 가능했지만, 사회안전망의 결여와 새로운 혁신 산업으로의 전환 지연 등으로 인해 [그림 2]에서 보이듯이 2000년대 이후 저성장률과 사회 내에서 빈부격차의 심화로 이어졌다.

[그림 2] 2007년 이후 세계경제 성장률 추이

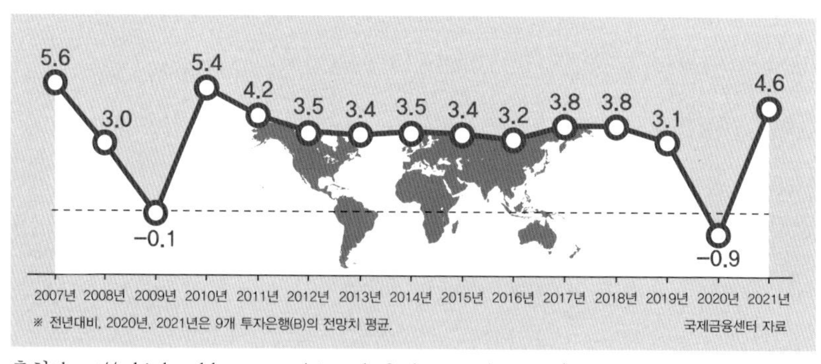

출처: http://mbiz.heraldcorp.com/view.php?ud=20200408000563

[그림 3]은 미국 내에서 빈부격차가 1990년대 말 이후 급격하게 진행된 빈부격차를 보여주고 있다.

[그림 3] 대공황 이후 미국 분배구조의 양상

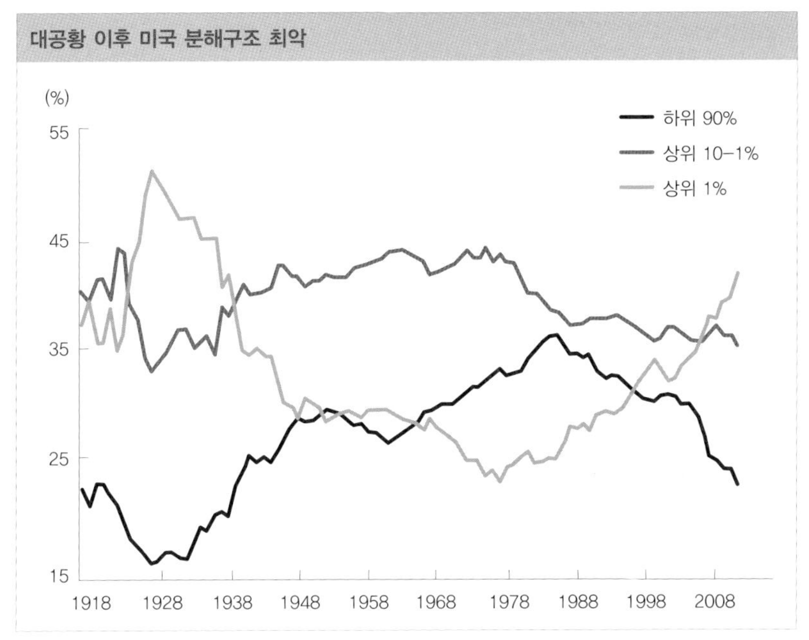

출처: Gabriel Zucman, Wealth Inequality in the US since 1913

또한 2000년 이후 신자유주의적 경제질서 하에서 경제성장률의 저하와 빈부 간의 격차는 국가 간에도 나타났다. [그림 4]에서 볼 수 있듯이 선진국과 개발도상국 사이의 1인당 국민소득 차이는 점점 더 벌어졌다.

[그림 4] GDP Per Capita, 1960~2017 (2010 USD)

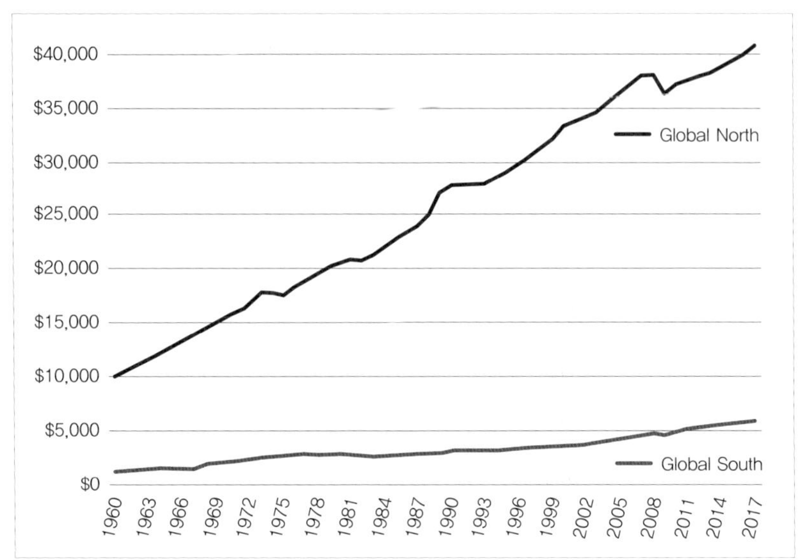

출처: https://www.jasonhickel.org/blog/2019/5/15/how-not-to-measure-inequality

이러한 상황에서 2011년 "월가를 점거하라"는 시위가 전개되었고, 시위대는 "최고 부자 1%에 저항하는 99% 미국인의 입장을 대변하는" 시위로 변모하였다. 이 시위는 국가에 따라 다양한 구호가 전개되었지만, 전 세계 1,500여 도시로 확산되었으며, 빈부격차 해소, 비정규직 처우 개선 등이 주요 이슈로 제기되었다.

정치적으로도 전 세계는 코로나19 팬데믹 이전에 민주주의의 위기를 맞고 있었다. 이는 권위주의 체제의 지속 및 강화, 그리고 민주주의의 권위주의화로 나타났다. 전 세계적으로 민주주의 국가의 숫자는 1970년대 남유럽의 민주화를 기점으로 점차적으로 증가해 오다가 2000년대에는 점차 감소하는 현상을 나타냈다. 이는 '제3의 권위주의화의 물결'이라는 용어로 표현되기도 했다(김선혁, 1장 참조).

이러한 경제적, 정치적 위기는 코로나19 팬데믹으로 인해 더 가속화될 것이라는 점이 일반적인 전망이다. 이미 2020년 전 세계적으로 마이너스 성장을 기록하였으며, 2021년에 일정한 회복이 있을 것으로 예측되지만 사회적 모순은 해결되지 않을 것으로 판단된다.

물론 가속화는 '위기'의 측면에만 있는 것은 아니다. 이미 2000년대 이후에 하나의 흐름이 되었던 4차 산업혁명을 통한 산업기술의 발전이 코로나19 팬데믹을 통해 더 가속화될 가능성이 대두되고 있다. 이전의 산업기술의 성향과는 다른 새로운 방향의 경제구조가 나타날 가능성이 크다는 것이다. 이는 SNS로 대변되는 비대면 산업의 성장이 코로나19로 인해 비약적으로 성장하고 있는 현재의 상황에서도 잘 드러난다. 이러한 가속화는 앞으로 수십 년 후에 다가올 것으로 예상했던 변화가 코로나19 팬데믹으로 인해 수년 내에 다가올 수도 있음을 의미하는 것이기도 하다.

3. 포스트코로나, 변화의 방향

1) 위기의 전방위성

기존의 위기는 한 국가나 지역 차원에서 발생했다. 스페인 독감이나 1929년의 대공황, 그리고 1970년대의 두 차례에 걸친 오일쇼크와 2008년의 경제위기를 제외하고는 대부분의 위기는 한정된 지역에서 발생했거나 지역이나 국가에 따라 충격의 정도에 차이가 있었다. 그러나 코로나19 팬데믹의 위기는 전 세계적 차원에서 진행되고 있다는 점에서 이전의 충격과 큰 차이를 보이고 있다.

이미 2020년과 2021년의 상황에서 나타났듯이 전 세계 모든 국가에서 코로나19 팬데믹이 확산되고 있으며, 이로 인해 모든 국가에서 그 충격이 발생했다. 경제적으로는 심각한 정체 또는 후퇴 현상이 나타났고, 이동의 제한 때문에 세계무역량도 감소되었다. 정치적으로는 팬데믹이라는 특성으로 인해 일 국가 차원뿐 아니라 국제적 차원에서도 봉쇄 현상이 나타나면서 민주주의와 다원주의로 대표되는 1970년대 이후의 세계적 현상이 다시 전체주의의 강화 현상이 나타나기 시작했다.

코로나19 팬데믹의 전방위성은 그 영향이 전 세계에 걸쳐 있다는 사실뿐 아니라 모든 분야에서 나타나고 있다는 점에서도 잘 드러난다. 정치적·경제적인 영역에서의 변화는 이미 많이 언급되고 있지만, 사회문화적 부분에서도 팬데믹의 영향은 전 세계적으로 큰 이슈가 되고 있다. 이동의 제한은 이주(migration)의 감소로 나타나고 있으며, 이는 노동력의 부족, 송금(remittance)의 감소로 인해 각 국가의 경제에 부정적 영향을 미치고 있다. 또한 이주자에 대한 인종차별 문제는 사회적 갈등을 야기하고 있다.

아울러 개개인의 생활에도 큰 변화가 나타나고 있다. 이는 정치, 경제적 변화와 사회문화적 충격으로 인한 것이기도 하지만, 팬데믹의 성격으로 인해 개개인의 일하는 방식의 변화를 통해 나타나고 있기도 하다. 개개인의 생활 변화는 다른 한편으로 개인이 포함되어 있는 다양한 조직에서의 변화를 야기하고 있다.

이렇게 코로나19 팬데믹이 미치는 영향의 전방위성은 위기의 불확실성과 결합하면서 변화의 방향을 가늠하기 어렵도록 만들고 있다. 그러나 다른 한편으로 전 세계적으로 모든 분야에서 전환을 경험할 것이라는 방향을 읽을 수 있다. 사회 각 부문마다 변화의 정도에서 차이가 있겠지만 이러한 전방위적 전환은 기존 인류 문명의 재구조화를 이끌

가능성이 크다.

2) 문명의 재구조화

코로나19 팬데믹의 영향이 전방위적으로 나타나고 있다는 현상은 인류 문명이 재구조화될 가능성을 보여주고 있다. 인간은 공동체를 형성하면서 '사회'를 구성했고, 그로부터 '역사'가 시작되었다. 그 이후 인류 역사에서 있었던 모든 이슈는 공동체를 중심으로 하는 집단 간의 문제가 중심이 되었고, 발전과 위기 모두 인간 개개인이 아닌 공동체 차원에서 갈등을 일으키고 문제를 해결하는 과정이 연속되어 왔었다.

자본주의가 발전하면서 인류의 연결성은 전 세계적 차원에서 더욱 강화되었다. 이는 특히 무역과 이주라는 현상을 통해 진행되었으며, 이는 근대 이후 인류 역사 발전에서 가장 핵심적인 내용이 되었다. 그 과정에서 제국주의와 식민지, 노예무역 등과 같은 반인륜적 현상도 나타났지만, 경제적 발전이 세계적 차원에서 동시에 진행되는 인류 문명의 진전을 가져왔다. 그러나 코로나19 팬데믹은 이와는 다른 양상으로 문명의 전환을 강제하고 있다.

무엇보다도 인류가 손을 잡고 위기를 극복하기보다는 서로 거리두기를 하면서 위기 극복이 이루어져야 한다는 점이다. 백신 접종률이 높은 나라의 경우에도 성급하게 사회적 거리두기를 중지한 국가들은 확진자 수가 다시 폭증하고 있는 현상이 나타나고 있다. 백신 도입이 전 세계적으로 보편화된다 하더라도 사회적 거리두기는 당분간 계속되어야 할 전망이다.

인간관계나 일을 하는 부분에서도 직접적 접촉이 보건과 안전에 위협을 줄 수 있는 만큼 직접 만나기보다는 서로가 가상의 세계에서 만나는 현상이 계속될 것으로 예측되고 있으며, 이로 인해 메타버스와 같은 새로운 기술이 각광을 받고 있다. 만남을 통해 관계를 만들어가고 집단적 행동을 통해 시너지효과를 높였던 과거의 문명과는 다른 새로운 문명이 전개될 가능성이 커지고 있는 것이다.

물론 이러한 새로운 현상이 계속될 것인지 아니면 백신과 치료제의 획기적 개발로 과거로의 회귀가 다시 일어날지 역시 불확실하다. 그럼에도 이미 2년이라는 짧은 기간 동안 인류는 비대면의 관계 설정에 이미 익숙해지고 있으며, 방역 상황이 과거로 돌아감으로써 '위드코로나' 상황이 된다고 하더라도 비대면의 작업이 계속될 것이라는 전망이 우세하다. 이는 과거와는 다른 새로운 문명의 재구조화를 가져올 가능성이 커지고 있다.

3) 가치관의 재조정

팬데믹이 전방위적이면서 동시에 문명의 성격을 바꾸는 과정에서 사회적 가치관이 변화할 가능성이 크다. 특히 근대 이후 인류가 추구해왔던 효율과 성장이라는 두 가지 철학이 흔들리기 시작한 것이다. 인류의 근대 문명은 머지 않은 미래에 우주를 정복할 정도로 발전하고 있다는 믿음을 갖도록 했다. 그러나 코로나19 팬데믹은 인류의 그러한 믿음을 흔들어 놓았다. 인류는 암을 제외하고는 모든 질병을 이겨낼 수 있으며, 어쩌면 무한 생명을 누릴 수도 있다는 희망을 갖고 있었지만 갑자기 발생한 바이러스로 인하여 그 믿음에 의문을 제기하기 시작한 것이다.

여기에 더하여 팬데믹 초기에는 근대 자본주의의 발전과정에서 만들어진 선진국과 후진국의 구분이 흔들렸다. 소위 선진국이라고 했던 국가들은 대부분 초기 방역 과정에서 후진국 또는 개발도상국에 비하여 성과를 거두지 못했다. 오히려 확진자 수와 사망자 수에서 철저한 통제력을 갖춘 후진국이 더 큰 성공을 보이는 듯했다. 미국이나 유럽에 비하여 아시아 국가들이 성공적으로 코로나19를 통제했던 점은 이를 잘 보여주고 있다.

물론 백신을 개발했던 선진국들이 백신을 빠르게 보급하면서 방역 상황이 일시 역전되는 과정을 겪었다. 그러나 백신 변이가 퍼지면서 선진국의 방역 상황은 다시 흔들리고 있다. 이러한 상황에서 효율과 성장의 가치에 기반한 경제적 규모로 국가를 평가하고 순위를 구분하는 기존의 방식에 대한 문제가 제기될 수 있는 것이다. 여기에 더하여 백신 개발국들이 백신의 우선 확보에 집중함으로써 개발도상국에서 백신 부족 현상이 나타나면서 세계적 차원에서 선진국들의 공공성 문제도 제기되었다. 코백스를 통한 백신의 공여가 부분적으로 개발도상국에 이루어졌지만 그 양은 충분하지 않은 상황이다. 오히려 이 과정에서 선진국에서는 백신이 남아 폐기 처분했다는 뉴스도 나오고 있다. 선진국의 방역 실패와 코로나19 팬데믹으로 인한 경제적 침체는 향후 세계질서가 강대국 중심에서 대공위 시대로 넘어갈 수 있다는 전망을 낳고 있다.[4]

이러한 상황에서 효율과 성장이 기준이 되었던 근대의 가치관이 생명과 안전으로 전환될 가능성이 커지고 있다. 팬데믹과 같은 전 인류에 대한 위기를 극복하지 못한다면, 근대 문명이 쌓아올렸던 경제성장에 기초한 문명과 질서가 무너질 수 있다는 위기를 느끼게 된 것이다. 이러한 가치관의 변화는 코로나19 팬데믹 상황에서 기존에 진행되어

4 이혜정, "미국도 유럽도 코로나 방역 실패... 세계시민 보건협력 열망 커졌다", https://www.joongang.co.kr/article/23806870#home, 2021년 10월 3일 검색.

온 지구 온난화로 인한 기후변화에 관심을 높였다. 이로 인해 팬데믹이 시작된 2020년부터 전 세계적으로 탄소중립화를 위한 움직임이 더 구체화되고 있다.

성장과 효율에서 생명과 안전으로 가치 중심의 이동은 인류에게 지속가능한 미래를 선물할 수 있는 중요한 계기를 만들 수도 있을 것이다. 이는 인류가 위기를 통해 기회를 만들 수 있는 가능성을 보여주는 것이기도 하다. 이는 기존의 산업구조에서도 큰 변화를 이끌 수 있을 것이다. 그러나 근본적으로 국가간 경제 규모의 차이가 극복되지 않고, 백신과 방역에서의 차이가 계속된다면, 전 세계적 차원에서 기준이 되는 가치의 전환이나 팬데믹이나 기후위기의 변화로부터 벗어나기는 어려울 것이다. 개발도상국에서 많은 자본이 필요한 녹색혁명으로의 전환이 쉽지 않을 것이며, 남아공과 인도에서 시작된 코로나19 알파 변이와 코로나19 델타 변이가 백신을 무력화시키고 있는 상황이 이를 잘 보여주고 있다.

아울러 선진국에서 나타나고 있는 이주민에 대한 인종차별 또는 인종혐오 현상은 국제적 협조를 어렵게 할 가능성이 있고, 이는 전 세계적 차원에서 생명과 안전을 위한 노력을 어렵게 할 수 있다. 또한 획기적인 백신과 치료제의 개발이 이루어진다면 다시 효율과 성장을 중심으로 한 가치관으로의 회귀 역시 가능할 것이다.

4. 팬데믹으로 인한 위기의 내용

코로나19 팬데믹으로 인한 위기는 크게 6가지로 구분될 수 있다. 1)방역과 안전의 위기, 2)경제위기, 3)공동체 위기, 4)정치 위기, 5)세계체제 위기, 6)일상의 위기이다. 각각의 위기에 대해 다음과 같은 질문을 던질 수 있을 것이다.

1) 방역과 안전의 위기

- 코로나19의 재확산을 방역이나 백신, 그리고 치료제로 막을 수 있을까? 백신 공급률이 높은 일부 국가에서 또 다시 확진자와 치명률이 높아지는 것을 어떻게 해석해야 하는가?
- 백신과 치료제가 개발되었음에도 사회적 거리두기는 계속되어야 하는가? 사회적 거리두기 과정에서 나타나는 코로나 블루를 치료할 수 있는 방법이 있을까?
- 방역과 치료를 위한 공공의료 체계를 어떠한 방향으로 개선시켜 나갈 것인가? 공공의료의 확충이 팬데믹이 없는 시기에 공공의료의 또 다른 위기를 불러오는 것은 아닌가? 혹 의료체계 전체의 전반적 개편이 필요한 것은 아닌가?
- 보건 분야뿐 아니라 전반적인 재난에 효율적으로 대처하기 위하여 안전시스템에 대한 전반적인 개편과 혁신이 필요한 것은 아닌가? 팬데믹은 특수한 경우이지만 자연재해나 산업재해는 항상적인 위험이 있는데, 이에 대한 대책 마련이 시급한 것 아닌가?
- 방역과 안전을 우선에 두고 경제를 희생시킬 것인가? 아니면 위드코로나로 가면서 경제 활성화를 추진할 것인가? 방역과 경제 사이에서 사회적 공감대를 어떻게 형성해 나갈 것인가?

2) 경제의 위기

- 수요, 공급, 금융의 3중 위기가 동시에 발생할 것인가? 그렇다면 현재 나타나고 있는 경제적 붐과 수요 과잉을 어떻게 봐야 하는가? 1929년의 대공황처럼 스페인 독감 이후 10여 년의 경기 폭등이 나타났던 것과 같은 상황이 한국뿐 아니라 전 세계에 올 가능성은 없는가?
- 방역을 위한 봉쇄와 백신 공급 과정에서 글로벌 가치사슬(Global Value

Chain)이 재편되거나 붕괴될 가능성이 있는가? 미중 갈등이 심화되는 과정에서 글로벌 무역이 양쪽으로 재편되는 현상이 나타날 수도 있는가?

- 방역 과정에서 이동과 이주가 제한되면서 생산거점의 이동이 나타날 가능성이 있는가? 리쇼어링(reshoring)과 같은 현상이 나타날까? 한국의 경우 리쇼어링이 나타날 때 개성공단과 같은 특수한 형태의 산업지역의 중요성이 더 커질 수 있는 것은 아닐까?
- 2000년대 가장 전망이 좋은 산업 분야로 손꼽혔던 공유산업과 관광업이 위기를 맞고 있는 상황이 어느 시점까지 계속될 것인가? 이러한 산업들을 대체할 수 있는 새로운 혁신 산업의 출현이 가능할 것인가? 새로운 혁신 산업의 출현은 기존 산업의 철수로 인한 노동력의 흡수가 가능할 것인가?

3) 공동체의 위기

- 코로나19 팬데믹으로 인하여 21세기 초부터 계속되고 있는 사회 양극화, 중산층의 몰락 등 사회 내부의 모순이 더 부각되는 것은 아닌가? 이를 극복할 수 있는 방안을 마련할 수 있을까?
- 청년층과 장년층의 실업문제가 더 심각해지는 상황에서 이에 대한 해결책이 있는가? 정규직보다 비정규직과 플랫폼 노동자가 늘어나는 상황에서 이에 대한 안전 장치를 마련해야 하지 않을까? 실업문제는 결국 가족의 해체로 나아가는 것은 아닐까?
- 코로나19 팬데믹은 1인 가구와 같은 새로운 형태의 가정이 늘어나는 요인으로 작동할 것인가? 1인 가구가 여러 가지 위험으로부터 안전을 보장받기 위한 시스템을 만들어야 하는 것은 아닌가? 1인 가구의 증가로부터 파생되는 주택문제, 인구문제 등을 어떻게 해결할 것인가?
- 사회적 거리두기로 인하여 재택 교육이 늘어나고 방과후 학교가 어려워지는 상황에서 돌봄 문제를 어떻게 해결할 것인가? 국가 차원, 지방정부 차원, 그리고 기업 차원에서 돌봄 문제를 어떠한 방식으로 해결해 나가야 할 것인가?
- 노인 요양소에서 집단 감염이 지속되고 있는 상황에서 노인 요양 시스템을 어떻게 개편할 것인가?

- 코로나19 팬데믹으로 인한 경제적 위기 상황에서 기업과 노동자 간, 대기업과 중소기업 간, 그리고 노조 소속 노동자와 비소속 노동자 사이의 계층 간 서로 다른 이해관계를 어떻게 절충할 것인가?

4) 정치의 위기

- 코로나19 팬데믹 과정에서 정당과 정치인의 신뢰가 더욱더 하락하고 있는 상황을 어떻게 볼 것인가? 정당에 대한 신뢰 하락은 정치 일반에 대한 국민들의 무관심과 참여의 감소를 가져오는 것은 아닐까?
- 정당과 정치에 대한 신뢰가 하락하는 상황에서 정당 혁신을 위한 방안은 무엇인가? 정당이 시민들의 이해관계를 대변하면서 정책 정당으로 변화할 수 있는 방안은 무엇인가? 기존 체계와는 다른 새로운 형태의 정당 실험은 가능한가?
- 코로나19 팬데믹 과정에서 나타난 중앙정부와 지방정부 사이의 공조 문제를 어떻게 해결할 것인가? 중앙정부와 지방정부의 협력 과정에서 재정 및 경제정책의 공조 또는 배분이 가능한 방안은 무엇일까?
- 정부와 정당, 그리고 정치인들의 정책을 언론에 적절하게 전달할 수 있는 방안은 무엇인가? 방역 과정에서 나타났듯이 정부나 정당의 의도가 자의적으로 해석되어 부정적 여론이 형성되는 것을 막을 수 있는 방안은 무엇일까?
- 탈냉전, 포스트코로나 시대를 거치면서 기존의 진보와 보수의 의미가 무의미해지고 있는 과정을 겪고 있다면, 그 대안은 무엇인가? 혹은 그 대안으로 나타날 수 있는 정치적 패러다임은 어떤 형태가 될 것인가?

5) 세계 체제의 위기

- 코로나19 팬데믹을 거치면서 국제기구의 거버넌스에 대한 불신이 나타나고 있는데, 이를 극복하거나 대체할 수 있는 방안이 있는가? 공적 기관으로만 존재하면서 강대국의 영향력이 절대적으로 작동하고 있는 국제기구의 시스템을 공적 재단과 시민단체를 포함한 새로운 형태의 국제기구로 전환하는 것이 가능할까?

- 코로나19 팬데믹을 거치면서 더 심화된 미국과 중국 사이의 갈등은 언제까지 계속될 것인가? 무역이 중심이 되어 있는 미중 갈등이 기후환경 문제를 포함한 정치, 안보, 사회적인 영역까지 확대될 가능성이 있는가? 미중 갈등이 세계체제에서 콘트롤타워의 부재로 이어질 수 있는 가능성도 있는가?
- 20세기 후반부터 더 심화되고 있는 글로벌 양극화는 코로나19 팬데믹으로 더 심화될 것인가? 아니면 효율/성장 가치에서 생명/안전 가치로 중심이 전환되면서 양극화는 완화될 것인가? 미중 갈등은 개발도상국에 어떠한 영향을 미칠 것인가? 코로나19 팬데믹이 개발도상국 내부에 미치는 영향은 어느 정도로 큰 충격이 될까? 팬데믹으로 인한 충격으로 인해 개발도상국의 민주주의가 후퇴할 가능성이 있는가?

6) 일상의 위기

- 인간관계의 단절 및 팬데믹으로 인한 우울감은 일상에 어떠한 영향을 미치고 있는가? 전염병의 속성으로 인해 나타나는 사회적 관계 맺기의 박탈을 비대면 영역으로 대체할 수 있을까?
- 팬데믹으로 인한 경제적 후퇴로 청년층의 일자리에 대한 불안감을 해결할 수 있을까? 팬데믹으로 인한 경기 후퇴에 더하여 탄소중립 계획으로 인해 일자리 전환이 일어나는 과정에서 공공부문을 제외한 일자리 창출을 원할히 할 수 있는 방안은 무엇인가? 이러한 문제들을 해결할 수 있는 방안을 제시함으로써 청년들의 미래에 대한 불안감을 해소할 수 있을까?
- 재택근무가 증가함에 따라 안정된 주거환경의 필요성이 증가하고 있는데, 이에 대한 대처 방안은 무엇인가? 주거환경이 단지 휴식 공간이 아니라 근무 공간이 될 수 있도록 할 수 있는 방안은 무엇인가? 일자리 불안정, 세대 간의 갈등, 1인 가구의 증가 등을 통해 가족 문제가 점점 늘어나는 상황에서 이를 해결할 수 있는 방안은 무엇인가?
- 재택교육의 증가가 사회의 기존 관행에 미치는 영향은 무엇인가?
- 팬데믹으로 인해 나타나는 가치관의 변화가 한국 사회에 어떻게 영향을 미칠 것인가? 페스트와 스페인 독감 이후 나타났던 인종편견, 종교적 편견 등이 나타날 가능성은 없는가? 스페인 독감 이후 1920년대 미국 사

회에서 나타났던 새로운 문화현상이 나타날 가능성은 없는가? 1929년 대공황 이후처럼 가치관의 변화가 당시 독일, 이탈리아, 일본처럼 파시즘이나 군국주의 출현과 민주주의의 후퇴로 이어질 가능성은 없는가?

이러한 질문들에 답하기 위하여 포스트코로나 시대의 정치, 사회, 경제/산업, 세계체제, 그리고 일상과 가치 등 5부로 나누어 시대 상황과 대안을 살펴보고자 한다. 각 장은 각각의 분야에서 다음과 같은 내용을 주로 담고 있다.

5. 정의로운 전환의 필요성

이상에서 살펴본 바와 같이 코로나19 팬데믹은 전 세계와 한국 사회에 거대한 전환을 가져올 것으로 예상되고 있다. 그리고 그 전환은 사회 모든 분야에서 전방위적으로 나타날 것이다. 그렇다면 이에 대한 해결책을 만들어야 하는데, 그 방향은 다양할 수 있다. 이렇게 다양한 방향은 스페인 대공황과 1929년 경제대공황을 극복하는 과정에서도 국가에 따라 서로 다른 해결책을 강구했다는 점에서 잘 드러났다.

스페인 독감으로 인한 사회적 혼란을 해결하는 방안은 유럽에서의 반유대인 감정, 미국에서의 KKK단의 결성, 그리고 일본에서 관동대지진 이후 조선인에 대한 탄압 등으로 나타났다. 이는 한 사회 내에서 타자화를 진행하면서 다수 인종의 결합을 통해 국가적 분열과 불안감을 해소하는 방안이었다. 그러나 이러한 방안은 인류보편적 정의에 맞지 않을 뿐 아니라 문제를 근본적으로 해결하는 방안이 될 수 없었다. 이는 결국 제2차 세계대전에서의 유대인 대학살, 1960년대까지 미국에서의 심각한 인종차별 문제, 그리고 일본 군국주의의 다른 민족 학살 사건 등으로 이어졌다. 이는 인류의 비극이었다.

1929년의 대공황의 해결 과정 역시 미국과 영국은 독일이나 일본과는 다른 과정을 겪었다. 미국과 영국은 자국 내에서 수요를 창출하고, 이를 통해 공급을 늘릴 수 있는 방안을 강구했다. 아울러 기업과 노동자 사이에서 거대한 타협을 만들어냄으로써 경제위기를 극복할 수 있는 평화적 해결책을 입안, 실시하였다. 그러나 독일과 일본은 달랐다.

독일과 일본은 내적인 경제위기로부터 온 수요와 공급의 위기를 외부를 통해 해결하고자 했다. 독일은 유럽에서의 전쟁을 통해, 일본은 1931년 만주사변, 1937년 중일전쟁, 그리고 1941년 아시아태평양전쟁을 통해 경제위기를 해결하고자 했다. 이는 궁극적으로 실패할 수밖에 없는 해결책이었고, 결국 두 나라의 패망이라는 결과를 가져왔다. 독일과 일본은 전후 냉전체제에서 미국의 도움이 없었다면 재건하는 것이 불가능할 정도로 치명적 타격을 입었다. 독일 사회는 이 과정에서 과거의 해결책에 대한 철저한 반성이 있었지만, 일본 사회는 그러한 반성 과정을 거치지 않은 채 2011년 대지진을 통해 원자력발전소 사건이라는 위기를 겪었다.

이렇게 위기를 극복하는 해결책은 사회를 전환시킴으로써 가능하다. 사회 전환의 방향을 어떻게 가지고 가느냐는 한 국가와 한 지역, 더 나아가서는 인류 전체의 미래를 결정할 수 있을 정도로 중요한 성격을 가진다. 따라서 이 책에서는 이 글의 4절에서 설명한 위기의 내용에 대해 각 분야에서 해결책을 제시하면서도, 정의로운 전환을 위한 해결책을 제시하는 것에 초점이 맞추어져 있다. 이는 문재인 정부에서 제시하고 있는 한국판 뉴딜의 정의롭고 혁신적인 전환과 그 맥을 같이 하는 것이기도 하다.

이 책은 전체를 5부로 나누어, 각각의 분야에서 다음과 같은 내용을 중심으로 서술이 이루어질 것이다.

① 코로나19 팬데믹 이전 한국 사회는 어떠한 상황이었는가?
② 코로나19 팬데믹은 한국 사회를 어떻게 변화시키고 있는가?
③ 코로나19 팬데믹으로 인한 한국 사회의 변화는 어떠한 문제를 가져올 것인가?
④ 이로 인한 변화에 제대로 대응하지 못할 경우 미래 한국 사회는 어떻게 될 것인가?
⑤ 변화와 위기에 대처하기 위하여 한국 정부와 한국 사회가 해야 할 일은 무엇인가?
⑥ 문제와 위기에 대한 해결방안이 정의롭고 혁신적인 전환이 되어야 하는 이유는 무엇인가?

이 책이 모든 분야를 포괄하지 못하고 있지만, 앞으로 나타날 다양한 현상을 고려한다면, 이보다 더 많은 분야, 그리고 더 세밀한 접근이 필요할 것으로 판단된다. 따라서 이 책에서 제시하고 있는 내용들이 시급한 대책을 필요로 하는 현재 시점에서 미래의 대책 수립을 위하여 충분하지는 않지만 하나의 교각 역할을 할 수 있을 것으로 기대해본다.

마지막으로 2020년 5월부터 포스트코로나 거대전환 프로젝트에 함께 하시면서 많은 정보와 인사이트를 주셨지만 일정과 사정으로 인해 책에는 함께 하시지 못한 신진욱 교수님, 이혜정 교수님, 김윤 교수님, 주병기 교수님, 임운택 교수님께 아쉬움과 감사의 말씀을 드립니다. 특히 서론의 내용 중에는 조대엽 위원장과 신진욱교수의 조언과 인사이트가 많이 포함되어 있음을 밝힙니다.

| 제1부 |

정치 패러다임의 변화

제1장

포스트코로나 시대 정치의 위기와 강한 민주주의

김선혁 고려대학교 정경대학 행정학과 교수

Ⅰ. 서론: 코로나19를 바라보는 몇 가지 관점

코로나19 감염병의 전 지구적 창궐은 학계에도 적잖은 충격과 자극을 주고 있다. 사회과학의 여러 하위 분야에서 일종의 특수(特需)가 조성됐고, 특히 코로나19의 영향과 귀결에 관한 연구가 활발하게 진행 중이다. 코로나19가 우리의 일상, 사회, 문화, 정치, 경제 등에 미친 영향과 그것이 가져온 귀결의 구조적 전모를 파악하고 그 세계사적·문명사적 의미를 제대로 성찰할 수 있기까지는 물론 상당히 오랜 시간이 걸릴 것이다. 하지만 코로나19 등장 이후 이제 2년 차로 접어든 현 시점에서 어느 정도의 중간 점검은 가능해 보인다.

현재까지 코로나19의 영향을 바라보는 관점은 대체로 세 가지 정도로 구분된다. 첫째는 단절(rupture)의 관점이다. 이 관점은 코로나19로 인해 일종의 대변혁(great transformation)이 초래될 것이다, 혹은 대변혁이 초래될 계기가 제공될 것이다 라는 해석이다. 코로나19 이전에 구축된 기존의 정치, 경제, 사회, 생태 질서는 재구조화(restructuring) 혹은 재정향(再定向, re-orientation)을 피할 수 없다는 입장이다. 예컨대 정복주의적·착취주의적 자연관은 친환경적·생태주의적 자연관으로 바꿔어야 하고, 경제구조도 지속가능한 방향으로 개혁되어야 하며, 코로나19로 인해 드러난 사회경제 구조상의 취약성을 해결하기 위해 다양한 불평등을 효과적으로 시정할 수 있는 정치구조가 요구될 것이라는 진단이다. 이 관점의 한 가지 문제점은 그것이 제출하는 진단이 코로나19로 인해 대변혁이 초래될 것이다 라는 사실적 예측(factual prediction)인지, 아니면 대변혁이 초래되었으면 좋겠다 라는 규범적 희망(normative wish)인지가 불분명하다는 점이다.

두 번째 관점은 가속화(acceleration)이다. 이 관점에 따르면 코로나19의 가장 큰 영향은 코로나19 이전에 이미 존재했고 특정한 방향을 향하고 있던 다양한 경향들의 추세를 더 강화·가속화시키는 것이다. 이 관점은 특히 ICT의 발전을 주축 혹은 핵심으로 하는 '제4차 산업혁명'이 이미 우리 곁에 바짝 다가왔고, 그로 인해 사회 각 부문에서 기술의 본격적인 수용과 활용이 불가피한 상황이었다고 본다. 그동안 자동화와 노동의 축소, 근로시간의 유연화, 노동 양식(비대면, 재택 등)의 다양화를 반영하려는 정부의 정책과 대대적인 사회 변화가 완고한 사회적·심리적·정서적 거부감과 제도적·문화적 관성에 가로막혀 지연되었는데 코로나19의 도래로 말미암아 국민 대다수의 심리적 거부감이 강제적 혹은 자발적으로 사라지고 그동안 논의만 해오던 변화들이 급속히 일어나고 있다는 관점이다.

흥미로운 점은 두 번째 관점이 호명(呼名)한 바, 즉 코로나19 이전에 진행되던 혹은 진행되었을 것이라고 추정되는 각종 변화에 대한 관찰자의 규범적 입장(대별하면 긍정적 對 부정적)에 따라 코로나19의 증폭적·확대적 영향을 촉진·진작하거나 혹은 정반대로 방지·제지하는 것을 각각 '개혁'이라 부르는 전략적 선택을 하게 된다는 것이다.

마지막 관점은 복귀(return)로 요약되는 시각인데, 이는 상대적으로 단순하다. 코로나19가 진정·안정화되는 즉시 각국의 정치, 경제, 사회 질서는 급속히 과거의 '정상상태(normalcy)' 혹은 이전의 관행으로 돌아갈 것이라는 시각이다. 이 시각에 따르면 그러한 복귀는 대단히 급속하게 이루어질 것이고 우리는 예전의 생활양식을 회복하여 고수하게 될 것이라는 예상이다. 2020년 말부터 코로나19가 '백신 국면'으로 전환해 세계 각국이 백신 확보와 접종 경쟁에 나서면서 코로나19의 궁극적 '종식'에 대한 희망이 커진 것은 사실이다. 하지만 현재로서 "이전 일상으로의 완전한 복귀"라는 이 세 번째 시나리오의 가능성이 그리 커 보이지는 않는다.

이 글에서는 코로나19의 영향과 귀결을 바라보는 이상의 몇 가지 시각을 염두에 두고 코로나19와 정치의 관계를 고찰하고자 한다. 특히 코로나19로 인해 민주주의에 어떠한 변화가 일어날 것인지, 또 어떠한 변화가 요구될지를 한국을 중심으로 고민해 본다. 우선 코로나19 이전 민주주의의 전 세계적 형세를 살펴보고 코로나19가 민주주의에 미친 영향을 세계와 한국으로 나누어 검토한 후에 코로나19 이후 한국 민주주의의 현재가 제기하는 다양한 쟁점과 미래의 전망을 살펴본다.

Ⅱ. 코로나19 이전의 민주주의

코로나19가 민주주의에 미친 영향을 살펴보기 전에 코로나19 이전의 민주주의의 상태, 그리고 그에 대한 논의를 살펴볼 필요가 있다. 코로나19에 대한 대처에서 다수 구미(歐美) '민주주의' 국가들이 워낙 우왕좌왕하다 보니, 그리고 그와는 대조적으로 많은 비(非)민주주의·권위주의 국가들이 코로나19를 상대적으로 잘 통제하다 보니 혹시 코로나19로 인해 민주주의의 위기가 온 것은 아닌가 하는 인과적 착시 현상이 일어날 수 있다. 하지만 코로나19의 도래가 전 세계 민주주의의 위기를 초래한 것은 아니다. 코로나19의 도래로 민주주의의 약점이 더 두드러지게 노정되었을 수는 있다. 하지만 그렇다고 코로나19로 인해 민주정부가 위기에 빠지거나 무너진 것은 아니다. 특히 미국의 경우 코로나19 발생 이후 트럼프 정부의 무능한 대처(혹은 대처의 부재)로 말미암아 민주주의의 위기가 심화된 것은 맞다. 하지만 이 경우에도 민주주의의 위기는 코로나19가 그 직접적 원인이라기보다는 그것에 선행한 트럼프라는 인물의 등장과 집권이 더 직접적 원인이라고 보아야 할 것이다. 물론 인과의 연쇄를 한 단계만 더 거슬러 가 본다면 트럼프의 등장과 집권은 미국 민주주의 위기의 결과이기도 하다.

기실 코로나19 이전부터 꽤 많은 정치학자들은 민주주의의 후퇴와 위기를 지속적으로, 그리고 상당히 오랫동안 경고하고 있었다. 코로나19 이전인 2000~20년 기간 동안 이미 전 세계적인 민주주의의 쇠퇴, 다수 국가에서 권위주의의 지속과 민주주의의 권위주의화 등은 정치학자들에게 상당한 관심을 불러일으켰다. 우선 민주주의 정체(regime)의 전 세계적 정체(stagnation) 및 후퇴(rollback)에 관한 지적이 있었다. 전 세계적으로 민주주의 국가의 숫자는 1970년대 전·중반 남유럽의 민주화를 기점으로 1980년대, 1990년대를 통해 대체로 증가해 오고 있었는데 2000년대를 지나면서 일종의 고원(高原, plateau)에 다다르고 이후 점차 감소하는 경향을 보여왔던 것이다.

이와는 대조적으로 상당수 비민주주의 국가에서 권위주의는 꽤 견고한 탄성(彈性, resilience)과 내구성을 보이며 자기유지 및 자기보존의 모습을 보였다. 권위주의의 지속과 발전은 비교정치학(comparative politics)에서 주목받는 주제로 부상할 정도였다. 왜 일부 권위주의 국가에서는 민주적 이행의 기미가 전혀 나타나지 않는지, 그리고 일부 신생 및 성년(成年) 민주주의 국가에서 과거 민주화 이전 권위주의에 대한 향수(nostalgia)가 '국민감정'으로 잔존하는지 혹은 실제 정치세력화하여 영향력을 발휘하고 있는지를 비롯하여 다양한 주제들이 비교정치학 분야에서 중요한 연구 주제로 부각되었다. 급기야 '제3의 권위주의화(autocratization)의 물결'을 주제로 하는 연구까지 나왔다(Lührmann & Lindberg, 2019).

민주주의의 내부적 잠식 혹은 침식(democratic erosion)에 대한 관심은 특히 미국에서 트럼프의 당선으로 절정을 이루게 된다. 트럼프 당선 이후 정치학자들은 어떻게 민주주의는 '끝나는가'(Runciman, 2018), 어떻게 민주주의는 '죽는가'(Levitsky & Ziblatt, 2018) 등의 파국적(catastrophic) 제목의 저작들을 쏟아내며 제아무리 오랜 기간 공고화된 민주주의라 해도 다양한 모습의 위협 앞에서 상당히 취약할 수밖에 없다는 점을 역설했다. 다양한 형태의 위협요소들은 대부분의 기성 민주주의 국가들에서 공통적으로 나타나는 정치 불신, 무관심, 냉소주의, 특히 그중에서도 입법부와 정치인 등 정치권 일반에 대한 낮은 신뢰도 등에 기생, 증식하여 선동주의적 정치인이나 그를 맹신하는 우중(愚衆)을 민주주의 제도가 제어하지 못하게 만들고, 이는 결국 민주주의의 침식과 위기로 이어진다는 것이다.

민주주의 체제의 담론적, 현실적 위기는 사실 그것에 대한 대안이 존재하지 않는 경우 그다지 심각하다고 할 수 없다. 하지만 만약 민주주의보다 덜 나쁜, 심지어 더 좋은 대안이 존재한다면 이야기가 달라진다. 민주주의가 맞닥뜨린 위기의 이면에는 민주주의의 강력한 대안이 실재한다는 공세적 논의가 있어 왔다. 특히 중국은 1990년대 아시아적 가치(Asian values) 논쟁 이래 구미의 자유민주주의가 저열한 정치체제라고 비판하면서 자신의 체제가 오히려 더 '민주적'이라는 '중국식 민주주의'론을 개진해 오고 있었다. 인기투표 혹은 구경거리(pageant)로 전락해 버린 구미 대의민주주의 선거에 비해 '중국식 민주주의'는 체계적으로, 그리고 상향식(bottom-up)으로 전문 정치인과 유능한 국정 지도자를 발굴, 검증, 양성, 배치, 운용한다는 측면에서 민주주의보다 우월하다는 것이다(Bell, 2006; Bell, 2015).

1960~80년대 동아시아 각국에서 경제발전을 이끌었던 발전국가(developmental state)에 버금가거나 그것을 상회하는 수준의 시장 통제력, 기획력, 조정력, 장악력을 앞세운 국가의 적극적인 계도력(啓導力)을 중요한 내용으로 하는 중국 경제발전 모델은 구미 국가들의 '기준(standard)' 혹은 '합의(consensus)'를 비판적으로 바라보고 심지어 음모론적 관점에서 의심하던 많은 제3세계 개도국에게 매력적인 대안으로 다가왔다. 이제 그러한 국가 주도적인 경제모델에 더하여 비(非)선거위민주의를 내용으로 하는 정치모델까지 추가되면서 '중국 모델'은 개발도상국에서 경제와 정치를 아우르는 종합적인 대안 모델의 지위를 가지게 되었던 것이다. 나아가 세계 도처에서 거대한 자본력을 앞세워 전개되는 중국의 국가 주도적 ODA 이니셔티브는 중국 모델의 급부상에 실질적 동력을 제공하고 있었다.

Ⅲ. 코로나19와 민주주의, 국가, 사회

코로나19의 전사(前史, pre-history)가 민주주의 안팎의 위기, 그리고 그에 대한 대안으로서의 중국 모델의 부상으로 요약된다면, 코로나19의 도래는 민주주의에 어떠한 영향을 미쳤을까. 우선 코로나19로 인해 가장 눈에 띄는 부분은 '선진국'으로 통칭되고, 우리가 거의 무조건 반사적으로 '벤치마킹'해왔던 구미 민주주의 국가들의 코로나19 대처가 여러 면에서 실망스러웠다는 점이다. 구미 민주주의 국가들에서 우리는 다양한 현상들을 관찰할 수 있었다. 하지만 공통적으로 목격된 특성들은 대체로 정치 리더십의 부재, 다양한 쟁점들을 둘러싼 정치권의 공방, 무력하고 실효성을 결여한 정책 등이었다. 게다가 마스크 착용을 둘러싼 시민들의 비협조, 그리고 시민사회 내의 논쟁과 갈등 등은 정부와 정치권의 부실한 대응을 더욱 무력하게 만들기 일쑤였다.

구미 국가들과는 대조적으로 중국의 코로나19에 대한 대처는 신속했고 과감했으며 결과적으로 효과가 있었다. 코로나19 발발 초기 사실의 은폐와 늑장 대처 등의 문제가 있었으나 코로나19 발생 이후 정책 결정과 추진은 일사불란했고 그 결과 확진자와 사망자 숫자는 눈에 띄게 줄어들어 마침내 코로나19에 대한 '승리'가 선포되기에 이르렀다. 코로나19의 발원지라는 불명예에도 불구하고 현재도 상당히 선방하고 있는 것으로 보인다. 게다가 경제 부문까지 고려하여 평가한다면 중국과 구미 민주주의 국가들의 성과 면에서의 격차는 더욱 커진다. 서방 국가들이 마이너스 성장의 늪에 빠져있는 와중에 중국은 플러스 8%의 성장이 전망되고 있기 때문이다.

몇몇 나라에서는 마치 중국을 벤치마킹이라도 하듯이 코로나19를 빌미로 권위주의로의 움직임이 공공연히 진행되었다(Fukuyama, 2020). 헝가리에서는 견제를 받지 않는 비상조치가 민주주의를 위협하고 있으며, 필리핀에서는 대통령이 거의 무제한적인 비상권한을 확보했고, 캄보디아에서는 국가비상법으로 정부가 무제한적인 계엄 권한을 가지게 되었고, 태국에서는 정부의 코로나19 대응을 비판하는 시민과 언론인들이 법적 소송과 정부의 괴롭힘(harassment)에 시달렸으며, 이집트와 요르단 등지에서도 언론의 자유가 심각하게 위축되었다. 최근에는 미얀마에서 또다시 군부 쿠데타가 발생했고 반(反)군정 시위에 대한 군경의 강경 진압으로 사상자 숫자가 나날이 늘어가고 있다.

물론 권위주의화가 일어난 나라들에서 모두 코로나19가 심각했던 것도 아니고, 꼭 코로나19가 권위주의화의 빌미를 제공했던 것도 아니다. 하지만 코로나19 이후 전 세계적으로 민주주의 형세가 이전에 비해 더 강해졌다고는 말할 수 없는 상황이다. 오히려 권위주의, 의사(疑似) 권위주의, 비(非)민주주의의 영향력과 동형화(isomorphization) 추세가 강해진 편이라고 해야 할 것이다.

요컨대 코로나19 발생을 전후로 세계 민주주의의 형세를 살펴본다면, 코로나19 이전부터 이미 대내외적 위기론에 시달리던 구미 민주주의는 코로나19로 말미암아 그 위기가 더욱 깊어졌고, 중국으로 대표되는 현존 권위주의는 구미 민주주의의 강력한 대안으로 급부상할 기세였다. 바로 이러한 맥락 속에서 한국의 상대적인 방역 성공을 평가해야 한다. 물론 백신의 등장과 접종이 시작되었음에도 아직 코로나19의 진정이 목전에 있는 것이 아니기 때문에 방역을 포함하여 그 어떤 것의 '성공'도 단정하기는 선부르다. 하지만 다른 나라들과 비교할 때 한국이 코로나19 1년 차를 넘어 2년 차에 들어서면서 그동안 몇 차

례의 위기에도 상대적으로 코로나19를 잘 통제하고 그에 효과적으로 대처해 왔다는 사실은 소속 정파를 불문하고 부인하기 힘들다(Moon, 2020; Park, 2021; Lee, et al., 2020).

한국 사례의 핵심은 국경 봉쇄나 전국적인 록다운, 권위주의적 강제 등을 한 번도 사용하지 않고 투명성, 개방성, 민주성에 입각하여 상대적으로 성공적 방역을 이루어냈다는 것이다. 즉 전형적인 자유민주주의 체제임에도 코로나19 대처에 성공해서 구미 민주주의 국가들과 대조를 이루고 예외를 만들어냈다는 데에 한국의 가치가 있다. 전 세계적 민주주의 형세를 놓고 본다면 한국은 코로나19 정국에서 말하자면 민주주의의 전 지구적 퇴조를 막는 '안전판(safety valve)'의 역할을 수행했다고 볼 수 있다. 왜냐면 만약 '민주주의' 한국의 성공 사례가 없었다면 '중국 표준(Chinese standard)'은 구미식 자유민주주의의 가공(可恐)할 만한 대안으로 부상하여 전 세계적 차원에서 개도국 등에 대해 상당한 영향력을 가지게 되었을지도 모르기 때문이다.

한국이 세계 민주주의 진영의 대표 주자로서 코로나19 방역에 상대적으로 성공한 것의 가장 중요한 정치적 효과는 아마도 민주주의 국가의 리더십과 역량에 대한 국민의 신뢰가 상당히 증대되었다는 점일 것이다. 분석가들은 한국 성공의 요인으로 국가의 역량, 자원, 사회적 합의, 정치적 리더십, 그리고 신뢰를 꼽고 있다(Fukuyama 2020). 이러한 신뢰는 두 가지 측면에서 조명해 볼 수 있다. 하나는 사회 문제를 결단력 있게 처리하는 것이 권위주의 국가만의 고유한 강점이 아니라는 점을 우리 국민이 깨닫게 되었다는 것이다. 즉 "민주주의도 잘할 수 있다"라는 일종의 자신감을 갖게 되었다. 정치적 레짐(민주주의 對 권위주의) 상의 특성과 정책 상의 특성을 개념적으로 구분해내고, 단순한 정책의 실패를 정권 혹은 정체(政體)의 실패로 오해 혹은 곡해하여 권위주의로의 회귀를 주장하기보다 선거를 통해 정권 교체를 도모하는 것은 민주 시민의 대단히 중요한 덕목이다. 코로나19 방역의 상대적 성공이 시민의 의식과 역량을 증진시켜 궁극적으로 한국 국민의 시민적 문해도(文解度, civic literacy)를 향상시키고 세련화시킨 점은 아주 중요한 성과다. 나아가 이는 민주화 이후에도 오랜 기간 잔존했던 개발권위주의에 대한 향수(nostalgia)가 이제 드디어 상당히 약화, 심지어 소멸했을 수도 있다는 희망 섞인 진단을 가능케 한다.

둘째, 코로나19 방역의 상대적 성공이 가져온 또 다른, 더 중요한 정치적 결과는 민주주의의 '효과성'에 대한 담론이 상당히 의미있는 변화를 겪고 있다는 점이다. 다시 말해 권위주의 발전국가가 늘 전가의 보도처럼 제시하곤 하는 국가 목표, 즉 경제성장이라는 불변의 잣대로 권위주의 이후, 민주화 이후 국가의 성과를 평가하는 관행이 약화되고 있다는 것이다. 민주화 이후, 코로나19 이전에 민주주의를 공격하는 중요한 담론 양식은 "민주주의가 밥 먹여주냐?"였다. '밥 먹여주는 민주주의'가 '효과적인 민주주의(a democracy that works)'와 동치(同値)되었다. 하지만 기실 이러한 질문은 과거 개발독재는 인권 유린 등 다른 모든 문제점에도 불구하고 밥은 먹여준 편인데 민주주의는 어떠냐 라고 묻는 것으로서, 결국 권위주의 시대의 국가 역량 및 국가 성과 평가 논리와 프레임을 그대로 답습하는 꼴이 된다.

코로나19는 권위주의 시대 - 민주주의 시대 간 국정 철학적·담론적 연속성에 중요한 균열을 가져왔다. 코로나19 이후 한국에서 '효과적인 민주주의'는 먹고사는 것보다도 더 중요한 가치이자 목표인 인간의 생명과 건강을 보호해 주는, 즉 "국민의 생명과 건강을 지켜주는 민주주의"로 재정의되었기 때문이다.

한편, 앞에서 언급한 개발권위주의에의 집단적 항수의 약화 내지 소멸 가능성과 관련하여, 한국에서 과연 개발권위주의를 이끌던 발전국가 자체가 약화, 소멸되었는가 라는 질문에는 결코 긍정적으로 확답하기 힘들다. 왜냐하면 우수한 공무원, 효과적인 정책 추진체계, 강력한 집행력을 자랑하는 발전국가의 모습은 코로나19 대처 과정 곳곳에서도 빛을 발했기 때문이다. '국가의 귀환' 현상은 국가의 체감도(palpability)가 상대적으로 낮은 미국에서마저 강력한 국가의 중요성이 조명되고, "문제가 아니라 해답으로서의 국가(government as the solution, not as the problem)"가 강조되고 있는 것을 고려하면(Fukuyama, 2020) 별로 놀라운 일은 아니다.

한국에서도 중국식의 노골적 권위주의는 아니었지만 민주화와 경제개혁, 신자유주의적 세계화라는 다양한 격랑을 겪으면서도 살아남은 후기발전주의적(post-developmental) 혹은 신발전주의적(neo-developmental) 국가가 코로나19 대처 과정에서 상당히 활발하게 작동하였다(Jang, et al., 2021). 적극적인 국가는 방역뿐 아니라 방역 이후 경제 회복과 부흥이라는 목표를 두고서도 목하 활발하게 활동 중이다. 세계적으로 보더라도 1980년대에 '동아시아의 네 마리 용(four little dragons in East Asia)'이라는 칭송을 들었던(Vogel, 1991) 발전주의(developmentalism)의 모범생 한국, 대만, 홍콩, 싱가포르가 이번 코로나19 대처에서 비교적 우수한 성적을 올린 것은 우연으로 보이지 않는다(Yen, 2020; He, 2021).

하지만 동시에 발전국가의 유산이 성공의 '충분조건'인 것 같지도 않다. 발전국가의 원조 격인 일본이 코로나19에 효과적으로 대처하지 못했기 때문이다. 일본의 상대적인 실패를 설명하려면 발전국가의 유산이 그 원조 격인 일본에서는 흔적도 없이 사라지고 모방 사례인 '네 마리 용'에서만 잔존했다고 주장해야 하는데 그렇다고 볼 증거는 별로 없다. 결국 코로나19 대처의 성공은 발전국가라는 국가 유형(state type)으로 대표되는 '강한 국가'에 다른 무엇이 더 합쳐져 귀결된 것이 아닌가 하는 추정이 더 타당해 보인다.

한국 모델의 핵심은 국가의 적극적 역할이 어디까지나 민주주의의 틀 안에서 이루어졌고, 그 방식도 시민사회의 협조와 순응을 주로 활용했다는 점이다. 이 점에서 한국 사례 성공의 또다른 핵심 축은 시민사회라고 볼 수 있다. 한국 모델은 중국식처럼 권위주의 국가가 감시와 통제 위주로 방역을 주도하는 유형과는 판이한, 국가-시민사회 간 협력과 협업을 바탕으로 한 민주주의적 방식이었다.

구체적으로 방역 성공을 이끌었던 시민사회적 요인들은 헌신적이고 희생하는 의료진, 정부의 더 나은 정책 조달을 부단히 압박하는 강한 시민사회, 정부 시책에 순응한 높은 시민의식과 민도(民度) 등이라고 볼 수 있다. 결국 한국은 코로나19 대응에서 강력한 발전주의 국가의 유산과 함께 활성화된 시민사회의 전통이라는 자산을 효과적으로 결합, 활용한 것이라 볼 수 있고, 이렇게 볼 때 결국 성공의 비결은 '강한 국가'와 '강한 시민사회' 간의 협력과 협업이라 할 수 있을 것이다.

Ⅳ. 코로나19와 정치사회

민주주의 관점에서 본다면 강한 국가와 강한 시민사회 간 협력과 협업은 궁극적으로 '강한 민주주의(strong democracy)'의 비전을 보여준다. 강한 민주주의는 형해화되고 잠식당한 대의민주주의를 창의적으로 극복하기 위해 시민 숙의와 참여를 주요 기제로 적극 활용하는 민주주의의 한 형태다(Barber, 2003).

하지만 보통 구미의 학자들이 강한 민주주의를 이야기할 때 너무나 당연해서 언급조차 않는 한 가지를 우리는 거론하지 않을 수 없다. 그것은 바로 정치, 정당, 의회의 영역이다. 코로나19 대처 과정에서 정부의 적극적이고 유능한 주도, 시민사회의 적절한 협응(協應) 등과는 대조적으로 정치권의 역할은 별로 두드러지지 못했다. 전면에 등장한 행정부에 비해 정치권은 뒷전으로 밀려났다(임성호, 2020: 95). 무대 한가운데서 이리 뛰고 저리 뛰며 엄청난 존재감을 드러내는 주역으로 등장한 국가에 비해 정치사회의 역할이라는 것은 주로 국가와 시민사회의 강력하고 급박한 공동 요구와 압력에 떠밀려 수동적, 소극적으로 입법과 예산안을 처리하는 것에 국한되었다. 그나마도 이러한 소극적 역할은 일상화된 당파적 정쟁(꼬투리 잡기, 반대를 위한 반대 일삼기 등), 일관성을 결여한 입장 표변(豹變: 과거 자신들이 야·여당일 때 취했던 입장을 알면서도 혹은 잊어버리고 뒤집기 등)으로 얼룩져 전반적으로 코로나19 대처에 정치권이 기여한 바는 별로 없다 해도 과언이 아니다.

전통적 정치 영역인 정당과 의회 분야에서는 아직 코로나19로 인한 근본적 변화가 목격되지 않고 있다. 코로나19 국면에 진입한 후 민주주의와 관련해 고민해 볼 문제들이 꽤 많이 제기된 것은 사실이다. 예컨대 집회결사의 자유, 차별의 문제(외국인, 성소수자, 특정 종교 신봉자 등), 책임 떠넘기기와 희생양 찾기 등의 정치 병리 현상, 반민주·비민주 세력의 득세 및 세력 확장 등이 그것이다(임성호, 2020). 코로나19 이후 다양한 쟁점들이 제기되고 공론장을 뜨겁게 달군 것은 분명하지만, 무엇보다도 코로나19가 최근에 자주 운위되던 '양극화의 정치'에 어떠한 영향을 미치고 있는지는 앞으로 면밀하고 심층적인 연구가 필요하다.

물론 코로나19 사태로 갑자기 강요된 '비대면 일상'의 전격적 도입과 확산은 정치의 방식에도 일정한 변화를 불러일으켰다. 예를 들어 2020년 총선에서 화상 공천면접, e-창당대회, 디지털 선거운동 등이 등장했다든지, 그동안 물리적 대중 동원을 중심으로 '세(勢) 과시'에 치중했던 선거운동 방식이 변화의 조짐을 보였다든지 하는 것들이다. 또한 비례대표 후보자 선출, 당내 주요 현안 결정 등에 전자투표가 시행되기도 하였다. 하지만 이러한 모든 기술적 시도들이 정당 구조 자체의 변화, 나아가 정당체계의 변화로 이어질 조짐은 아직 별로 크지 않다고 보아야 할 것이다.

당연한 이야기지만 강한 민주주의는 강한 국가와 강한 시민사회만으로는 이루어질 수 없다. 대의민주주의를 포기하고 현대 사회에서 구축과 운영이 쉽지 않아 보이는 직접민주주의 체제로 전면 이행할 것이 아니라면, 강한 민주주의가 지향하는 투철한 시민의식을 가진 시민들의 생활화된 참여를 통한 '참여 모드의 정치(politics in the participatory mode)'(Barber, 2003: 139-162)는 어디까지나 대의정치의 보완물일 수밖에 없다. 혹시 장차 기술혁신의 도움을 받아 시민의 참여정치가 지금보다 훨씬 더 용이해지고, 상시화되고, 고도로 제도화된다면 대의정치 자체가 시민의 직접 참여에 의해 대체될 수 있을지도 모른다. 하지만 적어도 단·중기적으로 볼 때 참여정치는 대의정치의 보완재다. 따라서 일단은 대의민주주의의 수리·보완이 우선이다.

만약 정치의 영역이 코로나19라는 전대미문의 대격변에도 구태의 연하게 남는다면, 그리고 코로나19 국면의 극복과 해결에 가시적 기여를 하지 못한다면 한국의 민주주의는 정치 영역이 상대적으로 위축되고 비활성화된, 다소 기형적인 민주주의로 전락하고 말 것이고 그 결과 한국의 민주주의는 그다지 강해질 수 없을 것이다.

특히 그동안 강조되어 오던 정당, 정당체계, 나아가 정치제도 일반의 혁신이 일어나지 못한다면 한국 정치는 점차 국가와 시민사회 간 직접적인 숙의(deliberation), 협의(consultation), 협력(cooperation), 협업(collaboration) 중심으로 그 초점이 옮겨가고 정당정치는 결국 주변화될 개연성마저 있어 보인다.

보다 구체적으로는 정당, 정당체계, 정치제도 등 다차원의 개혁과 혁신이 동시다발적으로 일어나야 할 것이다. 정당 차원에서는 공천 개혁과 시민·생활정치 중심의 정당, 디지털 정당으로의 전환이 화두가 될 수 있을 것이다. 정당체계 및 선거 개혁과 관련해서는 세기의 웃음거리가 되어버린 2020년 선거제도의 '개악'을 수선하여 비례성이 증진되도록 재(再)개혁하는 과제를 지적할 수 있을 것이다. 그리고 보다 거시적으로는 정치제도의 개혁도 이루어져야 한다. 이에는 이제 시즌 2로 접어들고 있는 권력기관 개혁의 안착과 완성, 그리고 정권 후반기 그 동력이 약화된 듯 보이는 분권화의 심화 및 업그레이드, 중·장기적으로 보다 품격 있는 정치문화의 조성 등이 포함될 것이다.

V. 결론: 발전주의를 넘어서는 '강함(strength)'

한국은 코로나19 국면 속에서 민주주의 국가 중에서는 드물게 방역에 성공함으로써 국민의 생명과 건강을 지켰고 이후 경제회복을 포함하여 다양한 개혁 의제를 추진해 나갈 수 있는 소중한 모멘텀을 확보했다. 하지만 이제 그 모멘텀은 빠르게 증발하고 있고, 근시안적 선거 전략에 몰두하는 국면으로 정국이 빠르게 전환하고 있다. 물론 다가올 중대 선거에 어떤 정파가 정권을 잡느냐 하는 문제도 한국 민주주의의 미래를 위해서는 상당히 중요하다. 하지만 보다 거시적·장기적으로 코로나19 국면은 우리에게 의례적인 정치(politics as usual)를 좀 더 깊이 성찰해 보고 구조적이고 제도적인 숙제들, 특히 오랜 기간 밀린 숙제들을 돌아볼 것을 요구하고 있다.

무엇보다도 국가의 역할과 기능에 대한 담론의 틀을 경제성장 지상주의에서 탈피시켜 재구조화하려는 노력이 필요하다. 발전주의 시대가 끝나고 민주화, 경제위기, 세계화 등 다양한 변화가 일어났음에도 한국에서는 발전주의 국가 혹은 그 후신(後身)들이 그다지 약화되지 않았다. 개발독재에 대한 집단적 향수는 여주(如舊)했고, 정치적 분열의 단초로 작용했으며, 권위주의적 정책 행태 혹은 권위주의로의 레짐 회귀를 승인함으로써 언제든 민주주의를 잠식시킬 수 있는 위험으로 남아 있었다.

한편 한국에서 발전주의 국가의 후신인 후기발전주의적(post-developmental) 혹은 신발전주의적(neo-developmental) 국가 유형들은 집권 정부의 이념적 지향(진보 혹은 보수)과는 무관하게 경제개혁, 세계화 등을 오히려 자신의 권한과 역량을 더 강화하는 수단으로 삼아 확대와 팽창을 거듭하면서 익숙한 경제성장 지상주의를 답습해 왔다.

코로나19 정국은 발전주의 시대의 패러다임인 '경제성장 對 다른 모든 것(everything else)'이라는 틀을 탈피하여 '국민 생명·건강'이 경제성장보다 더 중요한 가치이고 경제성장을 포함해 모든 다른 가치들이 이것에 복속되어야 한다는 새로운 패러다임으로의 전환을 위한 중요한 계기를 제공해주고 있다. 따라서 코로나19의 '극복'이 '발전지상주의적 구질서'로의 회귀와 그 복원이 아니라 '발전주의를 넘어서는 신질서'로 이어지도록 치밀하게 개혁을 디자인하고 실행하지 않으면 안 된다.

나아가 위에서 코로나19 방역 성공의 주요 요인이라고 지적한 '강한 국가'와 '강한 시민사회'의 협력과 협업도 비판적으로 재고찰할 필요가 있다. 현재 우리 국가와 시민사회의 모습은 필연적으로 경로의존적이며 과거 발전주의 시대, 민주화 이전, 그리고 민주주의의 초기 단계 모습을 답습하고 있기 때문이다. 우리가 가진 '강한 국가'에서 '강하다'는 의미는 일반적으로 행정력, 규제력, 기획력, 관리력, 조직력 등 주로 발전국가적 속성이 강하다는 뜻이다. 반면, 우리가 보유한 '강한 시민사회'에서 '강하다'는 의미는 주로 비판정신, 저항력, 견제력, 동원력 등 발전국가적 권위주의에 대한 대항적·저항적 속성이 강하다는 뜻이다.

하지만 이러한 식의 기존의 '강함'으로는 '강한 민주주의'를 지향하기 힘들다. '새로이 강한' 국가는 전략적 사고, 장기적 비전 제시, 국민적 합의 및 단합 유도, 견인력, 조정력, 협의 및 협치 능력, 현명하고 신속한 의사결정력, 시민사회의 중요성과 가치 인식 및 존중, 사회적 가치 중심의 정부 및 공공기관 혁신, 국회와의 긴밀한 소통과 협조, 투명성, 접근성, 책임성 등에서 강한 국가로 탈바꿈하지 않으면 안 된다. 그리고 그 중요한 동반자가 될 '새로이 강한' 시민사회는 대안 생산 및 전파 능력, 신뢰성, 독립성, 높은 시민의식과 민도, Tocqueville적인

'민주주의의 큰 학교'로서의 결사체 활동, 숙의, 의제 발굴 및 형성, 투명성, 책임성, 대표성, 온라인과 데이터의 적극 활용, 지방적(local)이고 일상적(daily)인 문제 해결 능력 등의 측면에서 더 강해지지 않으면 안 될 것이다.

코로나19는 한국 민주주의, 특히 구래(舊來)의 국가-시민사회 관계를 근본적으로 성찰하고 고민할 수 있는 중요한 계기를 제공했다. 이를 계기로 한국 민주주의의 진로(進路)와 미래 내용을 채워나가는 것은 우리의 몫이다. 코로나19에 상대적으로 잘 대처한 'K-방역'은 좋은 시작이기는 하지만 끝은 아니다. 코로나19가 다 지나갔을 때 개막되는 본 게임은 한국 민주주의의 체질 개선이고, 그것의 핵심은 강한 민주주의, 실효적 민주주의로의 업그레이드가 되어야 한다.

| 참고문헌 |

Barber, Benjamin R. 2003. Strong Democracy: Participatory Politics for a New Age, 20th Anniversary Edition. Berkeley, CA: University of California Press.

Bell, Daniel A. 2006. Beyond Liberal Democracy: Political Thinking for an East Asian Context. Princeton: Princeton University Press.

Bell, Daniel A. 2015. The China Model: Political Meritocracy and the Limits of Democracy. Princeton: Princeton University Press.

Fukuyama, Francis. 2020. The Pandemic and Political Order. Foreign Affairs 99(4): 26, 28-32.

He, Tian. 2021. The Political Economy of Developmental States in East Asia: South Korea, Singapore and Taiwan. Cham, Switzerland: Palgrave-Macmillan.

Jang, Jiho, Chonghee Han, and Sunhyuk Kim. 2021. Dealing with COVID-19 in South Korea: The Role of the Post-Developmental State and the Emergence of a Provident State. ms.

Lee, Sabinne, Changho Hwang, and M. Jae Moon. 2020. "Policy Learning and Crisis Policy-making: Quadruple-loop Learning and COVID-19 Responses in South Korea." Policy and Society 39 (3):363-81.

Levitsky, Steven, and Daniel Ziblatt. 2018. How Democracies Die. Largo, Maryland: Crown.

Lührmann, Anna, and Staffan I. Lindberg. 2019. "A Third Wave of Autocratization Is Here: What Is New about It?" Democratization 26 (7):1095-113.

Moon, M. Jae. 2020. "Fighting COVID-19 with Agility, Transparency, and Participation: Wicked Policy Problems and New Governance Challenges." Public Administration Review 80 (4):651-6.

Park, June, and Eunbin Chung. 2021. "Learning from Past Pandemic Governance: Early Response and Public-Private Partnerships in Testing of COVID-19 in South Korea." World Development 137:105-98.

Runciman, David. 2018. How Democracy Ends. London: Profile Books.

Vogel, Ezra F. 1991. The Four Little Dragons: The Spread of Industrialization in East Asia. Cambridge, MA: Harvard University Press.

Yen, Wei-Ting. 2020. "Taiwan's COVID-19 Management: Developmental State, Digital Governance, and State-Society Synergy." Asian Politics & Policy 12 (3):455-68.

임성호, 2020, 코로나 사태로 급해진 민주주의 패러다임의 변화: 자유주의와 공동체주의의 조화를 향해, 철학과 현실(2020. 9): 87-104.

제2장

포스트코로나 시대 정당정치의 변화

한정훈 서울대학교 국제대학원 교수

Ⅰ. 서론

정당은 대의민주주의 사회의 발전과 함께 공동체 구성원의 선호와 공공정책을 매개하는 필수적인 기능을 수행하는 제도이다(Schattschneider, 1942; Dalton et al., 2011). 정당은 공동체 구성원들이 지닌 다양한 정책적 선호를 집약하거나 대안을 제시할 뿐 아니라 선거과정을 통해 구성원들의 선택을 받고 약속한 정책을 실현함으로써 공동체 다수의 지지를 받는다. 또한 그와 같은 역할을 효과적으로 이행하기 위해 구성원에 대한 정치적 교육을 담당하며 정치 지도자를 양성함으로써 공동체의 민주적 발전에 기여한다. 이기적이고 근시안적인 정치인들이 장기적 시각에서 협력할 수 있게 함으로써 집합행동의 문제(collective action problem)를 해결하는 것 역시 정당의 기능 가운데 하나다(Aldrich, 2011). 그 결과 서구의 공고화된 민주주의 국가뿐 아니라 라틴아메리카, 아시아, 동유럽, 아프리카 등에서 발전하는 신생민주주의 국가들 역시 정당을 중요한 정치적 행위자로 간주하며 성숙한 정당정치를 발전시키기 위한 노력을 경주한다.

그러나 이러한 정당의 역할에 대한 믿음은 한때 위기에 직면했을 뿐 아니라 정당의 필요성에 대한 의문 역시 제기되었다. 1960년대 후반 이후 탈물질주의적 사고가 발전하고 후기 산업사회가 도래하면서 기성 정당들이 대변하지 못하는 다양한 사회, 경제적 이슈에 대한 시민들의 욕구가 분출되었다. 반면 립셋과 로칸(Lipset and Rokkan, 1967)의 연구가 보여주듯 당시 정당은 근대국가 형성과정에서 이루어진 사회적 분화(social cleavage)를 대변하는 전통적 역할에 정체되었다.

변화하는 사회를 반영하는데 실패한 정당에 대한 시민들의 반응은 기존에 지녔던 정당에 대한 지지로부터 이탈하거나 정당에 대한 지지를 철회하는 것으로 나타났다. '정당의 쇠퇴'로 명명 지워진 이러한 현상은 선거참여의 감소, 정당에 대한 유권자 지지의 급격한 변동, 정당 일체감의 약화, 정당원들의 수적 감소, 기성 정당을 부인하는 신생 정당을 포함한 제3의 정치적 행위자들의 증가, 그리고 기성 정당들이 점차적으로 국가의 대리인 정도로 전락하는 변화를 수반하였다(Katz and Mair, 1995; Mair, 2005).

'정당 쇠퇴론'에 대한 그동안의 반응은 두 방향에서 이루어진 것으로 판단된다. 하나는 '정당의 쇠퇴'라는 주장이 과장되었다는 것이다. 특히 과거에 비해 급격히 감소한 당원 수를 중심으로 정당이 쇠퇴했다는 주장은 현실적으로 정당조직이 다양한 유형으로 분화하고 있음에도 과거 선거권의 확대와 함께 대중 동원을 목적으로 한 대중정당(mass party) 조직만을 이상적인(ideal) 정당조직으로 간주하는 오류를 범하고 있다는 것이다(Dalton et al., 2011). 따라서 '정당의 쇠퇴' 근거로 제시되는 자료들이 상당 부분 선별적 오류(selective bias)에 해당하거나 주장과 달리 그렇게 심각한 문제가 아니라는 것이다.

다른 하나는 정당이 사회적 변화에 대응하면서 조직적 변화를 꾀했다는 주장이다. 예를 들어, 파네비안코(Panebianco, 1988)의 선거 전문가 정당(electoral professional party)의 등장이나 카츠와 메이어(Katz and Mair, 1995)의 카르텔 정당(cartel party)의 등장에 관한 주장이 이에 해당한다. 특히 카르텔 정당 이론에 따르면, 현대 정당은 감소하는 정당원에 대응하기 위해 점차적으로 시민사회로부터 멀어지는 반면, 국가와의 관계를 강화하는 조직적 변화를 통해 생존을 유지하고 있다는 것이다. 일례로 과거 정당원들의 당비(membership fee)가 정당 재정의 주요 구성요소였다면 현대의 정당들은 국가가 제공하는 정당보조금(state subvention)에 의존하는 경향을 강화하고 있다.

또한 새로운 디지털 미디어의 등장과 그로 인해 더욱 빨라진 정당 조직의 변화 속도에 인식 및 네트워크형 정당조직의 필요성에 대한 주장도 이와 맥락을 함께 한다(Chadwick and Stromer-Galley, 2016). 한국 학계에서도 이러한 조류에 맞춰 한국 정당들의 새로운 발전 방향에 대한 다양한 모색이 이루어졌다. 디지털 정당에 대한 논의(장훈, 2008), 네트워크 정당에 대한 논의(채진원, 2016), 한국 정당의 카르텔화에 대한 주장(장훈, 2003; 정병기, 2019; Han, 2021) 등이 이러한 사례이다.

결국 사회의 변화에 따라 정당의 중요성 및 역할에 대한 인식은 역사적 부침이 있었음에도 그에 대한 필요성은 여전히 강하게 유지되고 있다고 할 수 있다. 사실 전 세계적으로 아주 소수의 공동체를 제외하고 정당이 없는 사회는 없다. 미크로네시아(Micronesia), 키리바시(Kiribati), 마샬군도(Marshall Islands), 투발루(Tuvalu), 팔라우(Palau)와 나우루(Nauru)와 같은 태평양의 매우 작은 섬나라들이 정당없이 정치체제를 운영한다(Anckar and Anckar, 2000). 이들을 제외하고는 정당은 여전히 전 세계적으로 민주주의 발전을 위한 필수불가결한 기제로 인식하고 있다. 이와 같은 정당의 발전 역사와 역할을 고려할 때, 코로나19 팬데믹 상황은 정당정치 발전을 가로막는 또 하나의 역사적 장애물이라 할 수 있다. 특히 코로나19 팬데믹으로 인해 직접적인 접촉을 통해 유권자를 동원하던 정당 역시 비대면 의사소통으로의 전환이라는 방법론적, 전략적 요구에 직면하고 있다. 더구나 한국 정당의 제도화 수준이 낮을 뿐 아니라(Hellman, 2014), 그로 인해 아직까지 정당과 유권자 및 정당과 당원과의 긴밀한 정책적 연대가 형성되었다고 보기 어렵다는 점을 고려할 때 한국 정당이 이러한 문제에 성공적으로 대처할 수 있을 것인가는 더욱 심각한 질문으로 다가오고 있다.

이러한 문제의식에 근거하여 이 글은 과연 코로나19 팬데믹 상황이 초래하는 한국 사회의 변화는 무엇인지, 그리고 그러한 변화에 한국의 정당이 적절히 대응해나갈 준비가 되어 있는지를 살펴보고자 한다. 또한 포스트코로나 시대에 한국 정당이 나아가야 할 방향을 모색하고자 한다.

Ⅱ. 한국 정당의 문제점과 코로나19 시대의 영향

1. 코로나19 팬데믹이 초래한 정당정치 환경의 변화

2019년 겨울부터 시작된 코로나19 팬데믹 현상은 한국 사회에 어떤 변화를 가져오고 있으며, 그러한 변화가 정당정치에는 어떤 영향을 미치고 있는가? 벌써 2년 가까이 지속되고 있는 코로나19 팬데믹 현상 초기 한국 사회는 K-방역으로 알려진 성공적 대처를 통해 방역 선진국의 면모를 보였던 것이 사실이다. 집단면역 가능성의 실험 등 신속한 초기 대응에 실패한 다른 국가들에 비해 모범 사례라 할 수 있었다. 그러나 초기 확산 방지에 대한 성공과 달리 방역의 장기화로 인해 한국 사회가 두 가지 측면에서 정당정치 또는 대의정치의 위기를 맞을 가능성을 고려할 필요가 있다.

우선, 대의정치는 정당, 정치, 정부에 대한 신뢰를 바탕으로 성장한다는 점을 고려할 때, 포스트코로나 시대는 정부의 대처 방식에 대한 시민들의 피로감 및 사회적 불만을 통해 축적된 정부와 정치에 대한 불신과 함께 출발할 가능성이 높다. 사실 유럽 등 여러 선진국이 여전히 몇 천 명의 하루 확진자가 나오고 있는 상황이나 새로운 변종 바이러스까지 창궐하는 상황을 생각하면 코로나19 팬데믹에 대한 한국 정부의 대응은 매우 성공적일 뿐 아니라 상대적으로 안전지대를 구축하고 있다고 평가할 수준이다. 물론 대만이나 뉴질랜드 등 한국보다 더 성공적으로 대응한 사례도 없진 않다. 그럼에도 팬데믹 상황이 이미 1년이 지난 시점임에도 7일 평균 하루 확진자가 1만 명 이상씩 나오고 있는 독일 등과 비교할 때[1] 한국 정부의 대응은 성공적이라는 평가가 객관적일 것 같다.

그러나 방역의 상대적 성공 여부와 무관하게 시민들이 느끼는 피로감은 무시하기 힘들다. 이러한 피로감이 거리의 시위와 정부에 대한 시위로 이어지고 있는 이탈리아나 독일의 상황을 고려하면[2] 그나

1 https://investingmatters.co.za/german-government-pitches-plan-to-reimpose-harsh-lockdown-measures/?fbclid=IwAR1b-iPdHADzp3VV3m0fJhr1KRGSzFMGYcjxcoDPEI7dfFQPZV56U3RNBLo (검색 일시: 2021년 4월 12일)

2 https://news.nestia.com/detail/Italian-demonstrators-gather-at-parliament%2C-

마 한국 국민들은 표면적으로는 잘 견디고 있는 것 같다. 그럼에도 지역사회 내에서 확진자가 생기는 경우 이들에 대한 우려와 걱정을 함께 나누기보다 심각한 배척과 낙인을 찍는 태도는 오랜 시간 팬데믹 상황에 따른 확연한 사회적 피로감을 암시할 뿐 아니라 사회 내 상호 이해보다는 불신이 만연하고 있음을 함의한다.

이와 같은 코로나19 팬데믹 상황 아래 잠재된 피로감이 야기하는 정치에 대한 불신은 정당들의 일관되지 않는 대응 및 정책으로 인해 더욱 강화되는 양상이다. 코로나19 팬데믹 상황에 대한 대응은 전 세계적으로 다양한 방식으로 이루어지는 반면, 한국 정당들은 그와 같은 다양한 방안을 비교 검토하고, 한국 정부의 조치에 대한 객관적 평가와 대안을 제시하는 노력을 기울이지 않는다. 집합금지 인원에 대한 기준은 5인 이상, 7인 이상 또는 세 가정 이상(영국), 10인 이상(뉴질랜드) 등 다양하다. 각국이 자국 상황에 맞는 집합금지 기준을 제시하기 위해 노력하는 과정에서 한국 정당은 어떠한 역할도 수행하고 있지 않는 것이다. 오히려 때때로 대중의 불만을 배경으로 아무런 객관적 기준 없이 정부를 비판하는데 열중한다. 심지어 과학적 근거는 차치하고 비판의 구체적인 내용도 없다. 코로나19 팬데믹 상황이라는 중차대한 문제를 두고도 여야의 구분이라는 정쟁만이 있을 뿐이다.

포스트코로나 시대는 코로나19 팬데믹 상황에서 잠재되었던 불만을 해결하기 위한 정치적 갑론을박으로부터 시작될 것으로 생각된다. 코로나19 팬데믹 상황을 해결한다는 공동 목표가 이루어지고 나면, 공

block-roads-over-lockdown/6453993?fbclid=IwAR3AZD753OT9oCjnx1WtYonfbjTqAg8qErnzGmcB1k_U7viAMOb9-3aD8cA (검색 일시: 2021년 4월 12일)

동 목표 아래 침묵하였던 불만이 제기되는 것은 자연스러울 것이다. 성공적인 대응에도 투명하고 객관적인 정보 제공이 부족했을 뿐 아니라 때때로 개인의 인권을 침해했던 기록들을 두고 정부와 야당 간은 물론이거니와 사회 전체적인 정치적 갈등과 대결의 강도는 높아질지 모를 일이다. 포스트코로나 시대는 한국 정당들에게 팬데믹 상황 아래 잠재되었던 다양한 사회적 불만들을 과학적이고 객관적인 자료를 바탕으로 대화와 타협하고, 평화적으로 해결해야 할 과제를 던져줄 것으로 보인다. 현재 팬데믹 상황에서도 정쟁을 최우선으로 삼는 한국 정당들을 고려할 때, 이러한 과제에 성공적으로 대응할 수 있을지 우려가 크다.

둘째, 코로나19 팬데믹 상황에 대한 정부 대처 과정에서 진전되고 있는 사회적 양극화와 그에 따른 정치적 갈등의 심화 가능성이다. 식당이나 카페 등에 대한 일시폐쇄(shut-down) 조치를 반복하고 있는 독일을 비롯한 유럽 여러 국가들의 상황과 비교하면, 일시폐쇄 조치 없이 핀셋 규제 방식을 활용하고 있는 한국 정부의 정책은 중소상인의 어려움을 완화하기 위한 조치라고 평가할 수 있다. 그럼에도 핀셋 규제의 효과나 정부규제로 인해 피해를 입은 중소상인에 대한 보상정책 등에 대한 문제 제기가 이루어질 수 있을 뿐 아니라 핀셋 규제 아래서도 손해의 경중이 다르며, 일부 자본력 있는 상인의 경우 오히려 이익을 창출하는 차이를 낳고 있다. 더구나 한국의 쿠팡이나 미국의 아마존 사례에서 관찰되듯이 무인자동화 시스템을 구축할 수 있는 자본력을 지닌 거대 기업과 중소상인의 이익 격차는 더욱 커지고 있다.

국제적인 상황 역시 이러한 한국 사회 내 양극화를 가중시킬 것으로 보인다. 미국, 이스라엘 등 막강한 자본을 바탕으로 백신 구입 전쟁에 승리한 강대국들은 점차적으로 팬데믹 위기에서 벗어나고 있다. 신규 확진자 상황이 아직 한국보다 좋지 않음에도 영국도 광범위하고 빠른 속도의 백신 접종을 통해 집단면역에 가까운 상황에 도래하고 있는 듯하다. 반면 백신 구입에 뒤처진 약소국들은 여전히 더 많은 시간을 견디기 위한 인내를 감수해야 할 것으로 보인다. 한국 역시 백신 접종 수치는 많이 뒤처진다. 그만큼 코로나19 팬데믹이 낳는 사회적 양극화에 대한 대처는 늦어질 것이다.

이러한 상황을 고려할 때, 한국 정부는 자본력의 보호 아래 놓인 대기업과 일자리를 잃은 노동자 간, 상대적으로 빠른 팬데믹 상황으로부터 해방된 이들과 더 오랜 시간을 통제 아래 견뎌야 했던 시민 간 사회적 형평성과 균형을 유지할 수 있는 준비가 필요하다. 유럽연합은 최근 이를 위해 과학적 자료를 바탕으로 더욱 환경친화적이고 더욱 디지털화되었으며, 더욱 지속가능할 뿐 아니라 생명력있는 유럽을 재건하기 위한 장기 예산 플랜을 마련하고 있다.[3] 단순히 팬데믹 상황에 대한 단기적 대응을 뛰어넘어 현재 위기를 정확히 진단하고 새로운 미래를 재건하기 위한 계획을 동시적으로 마련할 필요가 있는 것이다.

그러면, 한국 정부가 이러한 건설적인 포스트코로나 시대를 준비하기 위한 정치적 환경은 갖추어져 있는 것인가? 아쉽게도 민주주의의 공고화 과정에 놓인 한국의 정치 상황은 선진국보다 불리하다. 특히 지역 또는 이념을 중심으로 한 정치적 힘의 분배에 따른 정치적 경쟁에 익숙한 한국 정당들이 이에 성공적으로 대처하기 위해서는 상당

3 https://ec.europa.eu/info/strategy/recovery-plan-europe_en (검색 일시: 2021년 4월 12일)

한 조직적, 기능적 개혁이 이루어져야 한다는 과제를 안고 있다. 특히 다음에서 논의할 한국 정당정치의 몇 가지 중요한 한계가 걸림돌이 될 가능성을 배제하기 어렵다.

2. 한국 정당정치의 문제점

일반적으로 한국 정당은 신생민주주의 국가 정당들과 유사하게 정당의 제도화 수준이 낮은 것으로 알려졌다(Hellman, 2014). 유권자들은 정당의 빈번한 명칭 변경으로 인해 정당에 대한 애착심이 낮을 뿐 아니라(한정훈, 2019a), 정당원조차도 당비를 내고 충실한 정당 활동을 하기보다는 이름만 걸고 있는 명목적 당원이 다수다(한정훈, 2019b). 더구나 국고보조금에 대한 재정적 의존이 강하고 영호남의 전통적인 지역적 기반에서 쉽게 벗어나지 못하는 조직적 한계도 관찰된다. 특히 단기적인 선거 승리에 정당의 사활을 거는 경향은 정책적으로 일관된 입장을 유권자에게 전달하고 그를 통해 지지를 호소하기보다 권력 획득이라는 이기적 목표에 근거한 대결정치를 창출하고 있다.

위와 같은 한국 정당이 지닌 다양한 한계 가운데 특히 주목할 점은 조직 내적으로 안정적이고 응집력 있는 정당으로 발전할 수 있는 조직적 기반이 허약하다는 점이다. 이는 한국 정당의 당원 현황과 당원에 대한 교육의 문제를 통해 확인할 수 있다. 우선 한국 정당의 당원 현황을 살펴보면, 일반적인 우려와 달리 선진국의 정당과 비교할 때 오히려 수적으로 많은 정당원을 보유하고 있다. 최근 유럽 주요 국가들의 정당조직의 변화에 관한 스케로우 외(Scarrow et al., 2017:33)의 연구에 따르면 정당정치가 발전한 것으로 잘 알려진 북유럽의 스웨덴이나 노르웨이의 정당들은 2010년대 초기 시점을 기준으로 전체 유권자수 대비 정당원 비율이 3.5~4.5% 수준이다. 독일도 2.3%에 그치고 있을 뿐 아니라 전통적으로 유권자 동원을 강조하는 대중정당(mass party) 조직이 일찍부터 발전한 영국도 1.2%에 머무르고 있다. 이에 비해 중앙선거관리위원회가 매년 간행하는 〈정당의 활동개황 및 회계보고〉 자료에 따르면, 한국 정당은 2018년을 기준 시점으로 전체 유권자의 18% 정도의 정당원을 보유한 것으로 알려졌다. 유럽의 주요 국가 가운데 오스트리아만이 유일하게 10% 이상의 유권자가 정당원으로 활동하고 있다는 점을 고려할 때, 정당원의 절대적인 수치만을 놓고본다면 한국 정당들의 유권자 동원력은 상당히 높다고 할 것이다.

[그림 2-1] 정당원 수와 진성당원 수의 변화, 2004~2018

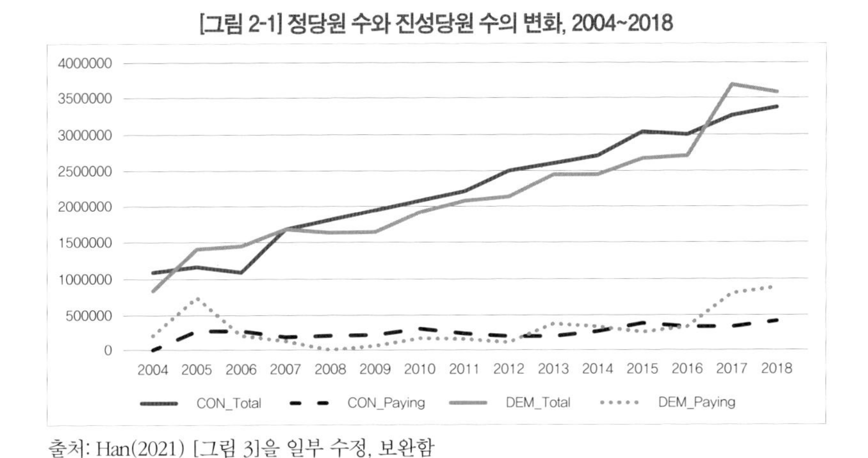

출처: Han(2021) [그림 3]을 일부 수정, 보완함

그러나 이와 같은 한국 정당의 당원 비율은 당비를 내는 당원수를 고려할 때 상당히 과장된 것으로 보인다. [그림 2-1]은 2004년 이후 민주당 계열과 국민의힘 계열 정당들의 당원수와 당비를 내는 당원수

를 비교하고 있다.[4] 실선으로 표시된 정당원수는 두 정당이 모두 2004년 이후 꾸준히 당원수를 늘려오고 있다는 것을 알 수 있다. 반면 점선으로 표시된 당비를 내는 당원수를 살펴보면 지난 15년이 넘는 시기 동안 거의 변동이 없다는 점을 알 수 있다. 이러한 사실은 유럽의 주요 국가 정당들의 경우 당원으로 등록된 이들의 수에는 국가마다 차이는 있으나 모두 일정한 당비를 내는 당원이라는 사실과는 대비된다.

한국 정당의 절대적인 당원 수치만으로 정당의 유권자 동원력을 측정하는 것은 무리라는 것을 의미한다. 특히 전체 유권자의 2.3%에 그치고 있는 당원을 보유하고 있는 독일 정당들의 재정구조를 살펴보면 정당의 전체 수입 가운데 41.7%가 당비에 해당하는(Scarrow et al., 2017) 반면, 한국 정당들은 적게는 10%에서 많게는 30% 정도의 수입을 당비가 차지할 뿐이다.

다시 말해 한국 정당의 상당수 정당원들은 당비를 내지 않은 채 이름만 걸어두고 있는 것이다. 국민의힘은 당규 제2조에 "모든 당원은 당비를 납부할 의무가 있다"고 규정하고 있으며, 더불어민주당은 당규 제6조에 "당원으로서 일정한 권리와 의무를 지닌 권리당원이 되기 위해서는 당비를 납부해야 한다"는 규정을 두고 있다는 점을 고려할 때, 당비를 납부하지 않은 다수의 당원들은 실제 정당 활동에도 거의 참여하지 않을 것임을 짐작할 수 있다.

결국 [그림 2-1]의 당비를 내는 정당원의 수에 근거할 때, 한국의

4 여기서 민주당 계열과 국민의힘 계열이라는 표현은 빈번한 당명의 변화로 인해 하나의 당명을 사용하지 않고 2004년 이후 동일한 계보에 속한 정당을 포괄한다. 각 정당의 동일한 계보(party family)에 포함되는 구체적인 당명은 한정훈(2019a)의 연구를 참고할 것.

주요 양당에서 적극적으로 권리와 의무를 행사하는 정당원은 대략 전체 유권자의 3% 정도 수준이라고 보는 것이 타당할 것 같다. 한국 정당들이 자발적으로 중앙선거관리위원회에 보고하는 과장된 정당원 수를 이와 같이 교정하는 경우 한국 정당의 정당원 비율은 1970년대 이후 정당원 감소의 문제에 직면했던 유럽의 주요 국가 정당들의 정당원 비율과 큰 차이는 없는 것으로 보인다.

그러나 한국 정당의 문제는 이와 같은 정당원의 양적 측면보다 그 안에 감춰진 정당과 당원 간 질적 관계에 있다. 첫째, [그림 2-1]에서와 같이 한국 정당이 모집한 당원의 절대적 수가 당비를 내고 있는 당원의 수와 큰 차이를 보인다는 사실은 한국 정당은 일시적인 필요에 의해 당원을 모집하는 경향이 있음을 함의한다. 예를 들어, 정당이 선거 과정이나 전당대회 과정에서 세몰이를 목적으로 당원을 모집하고 그러한 과정이 종료됨과 동시에 이렇게 모집된 다수의 당원들이 더 이상의 추가적이고 활발한 정당 활동을 지속하지 않는다는 의미다. 이들은 유럽 여러 국가에서 재정적인 측면에서 뿐 아니라 정당의 정책개발 및 책임정치를 실현하는데 기여하는 정당원들과 달리 당원으로 등록한 정당과 밀접한 유대관계를 형성하지 않을 가능성이 높다.

둘째, 이와 같이 허수인 당원이 많다는 사실은 정당과 당원의 관계가 동일한 이념이나 정책적 지향을 공유하는 동질성을 바탕으로 하지 않다는 점을 함의한다. 정책과 이념 등을 공유하기보다는 정치권력의 획득이나 공직에 대한 열망 등 단기적이고 이기적인 이해관계를 중심으로 당원 등록과 탈당을 반복할 것이기 때문이다. 또한 정당에 대한 동질성이 약한 만큼 정당을 통해 민주정치 발전과 관련된 사회 내 공공재 공급을 위한 집합행동의 문제를 해결할 수 있는 능력 역시 낮을 것을 예상해볼 수 있다.

마지막으로 한국 정당은 다양한 조직적 변화를 통해 생존하려는 서구 정당과 달리 지역 의존성을 크게 변화시키지 못하는 조직구조를 유지하고 있음도 고려할 필요가 있다. 전국 정당을 표방하고 있으나 당원을 동원하는데 한계를 보이고 있다는 사실은 여전히 과거의 지역 대결구도를 탈피할 수 있는 정당 내 전략이 마련되지 않았다는 것을 의미한다. 지역적 지지기반이 유지되는 한 정당이 협소한 이해관계를 넘어 사회 전체의 이익을 위한 정책을 펼치기도 어려울 것으로 보인다.

한국 정당이 당원과의 관계에서 보이는 위와 같은 한계는 당원에 대한 교육기능이 약하다는 두 번째 문제를 통해 악화될 가능성이 높다. 정당의 당원 교육은 정당이 표방하는 정책적 입장, 이념적 지향 아래 당원을 결집시킬 뿐 아니라 당내 동질성을 유지함으로써 정책 추진의 효율성을 확보할 수 있는 기제이다. 또한 그러한 과정을 통해 노출된 정당의 정책적 입장을 바탕으로 유권자가 정책적 책임 소재를 파악할 수 있게 함으로써 책임정치의 강화 및 민주주의 발전에 기여하는 역할을 수행한다. 더구나 정당의 당원교육은 정치에 관심이 높은 젊은 정치인들을 영입하고 정치적 리더로 성장시키는 필수적인 과정이라 할 수 있다.

유럽의 주요 정당들은 이러한 인식 아래 당원 교육과 청년당원 교육 과정을 두고 있다. 독일과 같이 정당과 밀접한 관계에 놓인 정치재단을 활용하기도 하며, 당내 교육프로그램을 활용하기도 한다. 콘라드아데나워재단이나 프리드리히에버트재단의 경우 시민대학을 통한 정규적인 교육활동과 비정규적인 교육활동을 통해 기독교민주연합과 사회민주당의 이념적 가치를 교육함으로써 정당원들의 성장에 기여하고 있는 것이다. 또한 이러한 교육과정의 운영은 재정적으로 정당으로부터 독립적으로 이루어짐으로써 교육과정을 통해 성장하는 신진 정치인 또는 당원과 기성 정치인들 간 토론과 경쟁을 위한 합리적 기반을 마련하고 있다. 교육 내용 역시 소속 정당 내 구성원들의 동질성을 강화하기 위한 내용이 중점을 이룬다. 예를 들어 스웨덴 사민당은 당원 기초교육을 통해 사민당의 이념과 역사, 사민당의 형성과정과 그 역할 및 기능에 대한 광범위한 지식을 전달할 뿐 아니라 "당신은 왜 사민주의자인가?"라는 공통의 질문을 제기한다(중앙선거관리위원회, 2012). 프랑스 사회당의 청년당원조직인 청년사회주의자 운동 역시 사회당으로부터는 자율성을 지니며 철저히 청년 당원들에 의해 조직 지도자가 결정되는 구조를 통해 사회당의 기성 지도자와 경쟁하며 미래 지도자로 성장할 수 있는 기회를 제공하고 있다(홍태영, 2012).

이에 비해 한국의 주요 정당은 체계적인 당원교육은 물론이거니와 청년당원들의 교육에 필요한 조직적 정비가 이루어지지 않은 상태다(윤종빈, 2012). 〈표 2-1〉은 더불어민주당과 국민의힘 두 주요 정당의 당원교육에 관한 당규를 비교하고 있다. 두 정당은 모두 약간의 차이가 있지만 양당 모두 당헌을 통해 당원은 당이 실시하는 교육을 받을 의무를 규정하고 있다는 공통점을 지닌다. 정당이 당원을 책임지고 교육시키겠다는 의지를 드러내는 부분이라 할 수 있다. 반면 이러한 당헌을 실현하기 위한 당규의 구체적인 내용과 체계성에서 차이를 보인다.

더불어민주당은 2021년 3월 29일 중앙조직규정 제59조에 교육연수원에 관한 규정을 신설함으로써 당원에 대한 교육을 대폭 강화하였다. 교육연수원이 실시하는 당원교육을 의무화하고 있으며, 공직후보자 심사에 당원교육 결과를 반영하며 교육연수원 안에 민주아카데미를 두고 당원과 예비당원에 대한 교육을 강화하겠다는 의지를 표명하고 있다. 이와 같은 최근 개정이 이루어지기 이전에는 당대표와 시도당위원장 주도 아래 중앙당교육연수원과 시도당교육연수위원회, 지역위원장이 당원에 대한 교육을 책임지게 하는 규정만을 두고 있었을 뿐이었다. 특히 년1회 이상 당원교육을 실시한다는 규정은 시기, 장소, 교육 주체 등과 관련하여 구체성이 떨어질 뿐 아니라 시도당교육연수위원회에서 실시하는 교육은 매우 단기적인 교육임을 알 수 있다.

국민의힘의 당원교육에 관한 규정은 더불어민주당의 당규 개정 이전판과 유사하다. 당원에 대한 교육은 책임당원에 한하여 년1회 이상으로 시도당이 주관한다. 더불어민주당과 동일하게 구체성이 떨어질 뿐 아니라 교육의 효과를 활용하는 방안도 마련되어 있지 않다.

〈표 2-1〉 주요 정당의 당원교육 관련 당규

정당명	당원교육 관련 당규
더불어민주당	〈당원및당비규정 제23조〉 당대표와 시도당위원장은 당원조직 강화를 위해 당원관리, 당원활동강화, 당원교육에 관한 계획을 수립해야 한다. 또한 중앙당교육연수원장과 시도당위원장이 신규입당 권리당원에 대하여 입당일로부터 1년 이내에 1회 이상의 교육연수를 실시한다는 계획을 포함하여야 한다. 〈중앙조직규정 제59조〉 당소속 공직자, 당직자 및 당원은 교육연수원이 시행하는 교육연수를 반드시 이수해야 함. 공직후보자 심사와 당직자 인사 시 교육연수 등 관련자료를 반영함. 교육연수원장은 권리당원 년 1회 이상의 교육을 포함해 교육을 위한 기본계획을 수립하여 최고위원회에 보고하여야 함. 또한 교육 연수 종료 후 결과를 평가하고 분석하여 최고위원회와 당무위원회에 보고하여야 함. 교육연수원은 당원 및 예비당원의 교육 강화를 위해 민주아카데미를 둘 수 있으며 이들의 교육을 담당함.

	〈중앙조직규정 제91조〉 사무처 내 교육연수국을 운영함. 〈지방조직규정 제41조〉 시도당교육연수위원회는 해당 시도의 기초단체장과 지방의원은 16시간의 교육연수, 신입당원은 4시간의 교육연수, 권리당원은 4시간 교육연수를 실시함. 〈지방조직규정 제66조〉 지역위원장은 당원조직 활성화를 위한 교육연수를 년 2회 이상 실시하고 계획 및 결과를 해당 시도당에 보고함
국민의힘	〈당원규정 제3조〉 당원의 윤리교육 규정 〈당원규정 제3조의 5〉 당은 책임당원을 위한 년 1회 이상의 교육계획을 수립하고 이를 시행하며 그 결과를 평가함. 〈중앙연수원규정 제6조〉 중앙연수원은 당원 교육계획을 수립하고 성과를 분석하며, 중장기적 당원교육에 관한 사항을 심의함. 〈지방조직운영규정 제24조〉 당원협의회는 시도당이 주관하는 당원교육 및 당원집회 등을 지원함.

정당의 당원교육과 관련된 상황이 이렇다 보니 한국 정당은 정당에 가입한 정당원들 사이에서 이념적, 정책적 동질성이 강할 것으로 예상하기 힘들다. 당원으로 등록된 경우에도 허수인 경우가 많으며 당비를 내고 적극적인 정당 활동을 수행하는 당원들조차도 정당의 정책적 입장을 습득하거나 동료 당원들과 공유된 정책적 선호를 개발할 수 있는 기회가 부족한 것이 한국 정당의 현실인 것이다. 포스트코로나 시대는 이와 같은 한국 정당의 한계가 더욱 심화되지는 않을까 우려된다. 포스트코로나 시대에 예견되는 과거와 다른 소통 방식이 지금까지 한국 정당의 행태를 고려할 때 정당과 당원의 관계를 더욱 멀어지게 할 가능성이 높기 때문이다.

Ⅲ. 포스트코로나 시대 한국 정당정치의 미래

포스트코로나 시대에 대한 명시적인 규정은 아직 마련되지 않았다. 2020년 여름 재정경제부가 발표한 포스트코로나 시대를 위한 한국판 혁신정책(Korean New Deal for the post-COVID-19 era)에서 그 단초를 찾자면,[5] '디지털 혁신(Digital New Deal)', '녹색 혁신(Green New Deal)', '더 강력한 안전망(Stronger Safety Net)'에 기초한 사회를 포스트코로나 시대로 규정해볼 수 있을 것 같다. 이 가운데 이 연구에서 초점을 맞추고 있는 한국 정당정치의 미래와 관련하여 주목할 부분은 교육 기반시설을 포함한 사회간접자본의 디지털화, 비대면 산업 발전, 초고속인터넷 연결망을 통한 전 국토의 연결 등이다. 이로부터 예상되는 인간 활동은 온라인, 비대면 소통의 강화일 것 같다.

과거와 달리 온라인, 비대면 의사소통이 강화되는 사회에서 정당은 시도당 사무실과 같은 물리적 거점을 활용한 대면접촉 중심의 당원의 모집 및 유권자 동원의 전통으로부터 혁신적 변화를 요구받을 것으로 보인다. 이러한 요구는 사실 페이스북, 유튜브 등 새로운 소셜 미디어의 등장과 함께 이미 제기되었다고도 볼 수 있다. 그러나 코로나 이전 시대에 이러한 요구는 정보의 전달과 획득이라는 정치적 의사소통의 장에 머물러 있었다면, 포스트코로나 시대에는 시민들의 생활 영역 전반에 걸쳐 광범위하게 확대될 것임을 의미한다.

이와 같은 전 사회적 변화 가운데 미래 한국 정당이 유권자의 정책

5 https://english.moef.go.kr/pc/selectTbPressCenterDtl.do?boardCd=N0001&seq=4945 (검색 일시: 2021년 4월 12일)

적 선호를 공공정책으로 매개하는 역할을 지속하고 강화할 수 있기 위해서는 당원에 대한 새로운 이해와 당원 교육을 위한 방법론적 개선이 필요하다. 과학기술의 발전을 통해 다양한 방식으로 유권자와 접촉할 수 있는 현대 정당이 다수의 당원을 중심으로 운영하는 것은 더 이상 필수적인 것은 아니다(Young, 2013). 다수의 당원을 지닌 정당조직 유형인 대중정당(mass party) 조직은 정당조직의 다양한 유형 가운데 하나일 뿐이다. 그러나 정당에게 당원은 재정적 측면에서, 캠페인 과정의 자발적 참여 측면에서 자원의 의미이기도 할 뿐 아니라 시민의 참여를 통한 정당성을 확보하기 위한 원천이기도 하다.

따라서 당원의 양적 측면보다는 정당의 내적 응집력을 강화하는데 기여하면서 정당의 정책적 입장을 공유하는 질적 측면에 초점을 맞출 필요가 있다. 비대면적 사회 활동 구조가 강화되는 포스트코로나 시대에 이와 같이 정당과 당원 간의 질적 유대관계의 진전은 정당정치가 유지, 강화할 수 있는 전제조건이 될 것으로 보인다.

이러한 이해에 근거할 때 포스트코로나 시대 한국 정당정치는 다음과 같은 변화가 필요하다. 첫째, 정당은 다양한 유형의 당원 유형을 수용함으로써 내적 통일성과 외적 확장을 시도할 필요가 있다. 정치학자 수잔 스케로(S. Scarrow, 2015)의 최근 정당원에 대한 '다변속적 정당원(multi-speed membership)'이라는 개념을 통해 6개 유형의 정당원을 구분하고 이들이 각각 상이한 강도로 정치활동에 개입할 수 있다고 주장한다. 이에 따르면 당비를 내는 전통적인 당원이 정회원(full members), 경회원(light members), 사이버회원(cyber members), 재정지원형(financial sustainers)과 같이 구분되며 각각 정당에 대한 권리와 의무가 상이한 방식으로 규정된다. 이외에도 당비를 내지 않으면서 지지자 또는 친구

(followers and friends) 및 정당동조형(party sympathisers)과 같은 방식으로 정당활동에 개입하는 이들이 존재한다. 예를 들어, 영국 노동당은 정회원이 아닌 이들이 노동당을 지지할 수 있는 공식적 방안을 제시하고 있다. 이러한 지지자들(followers)이 노동당에 결합할 수 있는 방안을 마련하는 이유는 정회원이 아닌 일반 시민들에게 노동당이 더 가까이 다가가기 위한 시도이며 노동당이 지역(local) 정책을 결정하는 과정에서 해당 지역공동체의 경험을 반영하려는 의도를 지닌다. 또한 일반 시민의 입장에서도 당비를 내고 정식 노동당원이 되는 것보다 이와 같은 방식으로 정당에 참여하는 것이 덜 부담되며 시간을 허비하지 않는 정치활동의 방식일 수 있다.

영국 노동당이 2013년 '당신의 영국(Your Britain)'이라는 온라인 자문기구(consultation initiative)를 발족한 사례 역시 비대면 의사소통이 확대되는 포스트코로나 시대에 함의하는 바가 크다. 이는 노동당의 온라인 정책 허브로 알려진 것으로, 노동당은 이를 통해 노동당원, 노동당과 연대가 깊은 노동조합원이나 자발적 결사체의 대표 및 사업가 또는 이와 아무런 관련이 없는 시민 모두가 다음 노동당 정부가 이끌어갈 영국에 대한 선호를 표출할 수 있도록 하였다(Gauja, Anika, 2015).

지금까지 단기적인 정치적 목적을 달성하기 위해 당원 모집에 급급했던 한국 정당들이 포스트코로나 시대와 관련된 사회적 변화에 적응하기 위해서는 이와 같은 당원에 대한 새로운 개념화와 다양한 유형의 지지자 집단이 실질적으로 정치에 참여할 수 있는 통로를 마련하려는 해외 사례로부터 교훈을 축적해야 한다. 이러한 사례는 한국 정당들이 당원 모집을 위해 과거에 쏟았던 노력과 비교할 때 과중한 노력을 요구하는 것은 아니다. 반면 한국 정당들이 과거와 달리 정당 내적인 정책적 동질성과 규율을 유지하면서 외연을 넓힐 수 있는 방안을 제시한다. 특히 온라인 비대면의 소통이 강화될 포스트코로나 시대에 엄격히 규정된 권리와 의무에 근거한 당원이 아닌 다양한 강도의 권리와 의무를 지닌 당원 유형의 차별화를 통해 정당의 생존과 정당정치의 진전을 꾀할 수 있음을 함의한다.

둘째, 한국 정당은 온라인을 활용한 비용 절감과 수평적 관계에 근거한 당원교육 방안을 마련할 필요성이 강하다. 한국 당원교육의 문제는 구체적이고 체계적이지 않은 당규에서 알 수 있듯이 한국 정당의 관심과 노력 부족에서 상당 부분 기인한다. 그러나 당원들이 정당 활동을 생활의 근거로 삼지 않은 상황에서 바쁜 생업으로 인해 당원교육에 할애할 시간적 여유가 부족한 당원들에게도 일부 책임이 있을 것으로 보인다. 일정한 장소에 모여 몇 시간에서 며칠에 걸친 당원교육을 받는 것은 일반 시민들에게 상당한 부담이 될 수 있다. 더구나 자신이 속한 정당의 정책적 입장을 이해하고, 그에 부합하는 인식과 사고를 키우는 일은 짧은 시간에 완성될 수 있는 것도 아니다.

당원교육과 관련된 이러한 문제를 고려할 때 포스트코로나 시대는 오히려 정당에게 당원교육을 위한 새로운 전기가 될 수 있을 것 같다. 온라인을 통해 전국적인 당원 연결망을 구축할 수 있으며 이를 활용한 비대면 교육을 활성화할 수 있는 것이다. 이는 비용과 시간의 측면에서도 당원들에게 접근이 용이한 방안이다. 다만 온라인 당원교육을 위한 기반시설과 인프라를 구축하기 위해 상당한 초기 비용이 필요할 것으로 보인다. 한국 정당이 당원교육을 통해 당내 정책적 동질성을 향상시키기 위한 목표 아래 과감히 초기 비용을 감당하는 것이 포스트코로나 시대가 초래한 도전을 넘어서기 위한 첫걸음일 것 같다.

한국 정당이 위와 같은 과정을 통해 포스트코로나 시대라는 새로운 사회 환경에 성공적으로 대응할 수 있는 개혁을 진행한다면 한국 정당정치는 한층 성숙된 단계에 진입할 수 있다. 코로나19 팬데믹 상황 아래 잠재한 정부에 대한 불만과 불신 및 그로 인해 정치적으로 표면화할지 모를 정치적 대결과 사회적 양극화의 문제는 그 안에서 평화로운 해결의 대안 방안을 찾을 수 있다. 당원 유형의 다변화를 통해 유권자의 정치적 참여를 확대할 때 정당이 마련한 각각의 대안이 지닌 정통성(legitimacy)은 강화될 것이다. 각각의 대안은 당원교육의 활성화를 통해 더욱 동질적인 선호를 지닌 당원들 간 논의를 통해 과거와 달리 체계적이고 논리적인 설득력을 지니게 될 것이다.

이와 같은 대안들 간의 경쟁은 단순히 권력쟁취를 위한 정쟁이 아닌 대화와 타협을 가능하게 하며 한국 사회 내 민주주의 발전에 기여할 것이다. 결국 포스트코로나 시대라는 새로운 사회 환경에 한국 정당들이 내적 동질성을 강화하고 외적 외연을 넓혀 가는데 성공할 것인가가 한국의 정당정치가 포스트코로나 시대에 이와 같이 순기능을 강화하는 방식으로 변화할 수 있는 전제조건이다. 만일 이러한 대응에 실패하는 경우 한국의 정당정치는 과거 서구 정당들이 탈물질주의 사회의 도래와 함께 겪어야 했던 '정당의 쇠퇴'를 반복할지 모를 일이다.

| 참고문헌 |

윤종빈, 2012, "한국의 당원교육 운영실태 분석 및 개선방안", 『21세기정치학회보』 22(2).

장훈, 2003, "카르텔 정당체제의 형성과 발전: 민주화 이후 한국의 경우", 『한국과 국제정치』 19(4).

장훈 (편), 2008, 『한국의 디지철 정당』, KINS.

전인성, 2019, 『정당 교육훈련에 관한 비교연구』, 서울대 행정대학원 석사학위 논문.

정병기, 2009, "민주화 이후 한국 정당체제의 현황과 전망: 보수적 지역주의 카르텔 정당체제의 형성과 해체", 『대한정치학회보』 17(2).

중앙선거관리위원회, 2012, 『외국 정당의 정치교육과 제도화에 관한 연구』, 연구보고서.

채진원, 2016, "시민정치의 흐름과 네트워크 정당 모델의 과제", 『민주주의와 인권』 16(1).

한정훈, 2019a, "정당의 명칭 변경에 대한 한국 유권자의 인식과 정당일체감", 『한국과 국제정치』 35(2).

한정훈, 2019b, "한국 정당의 당원과 당비", 『미래정치연구』 9(1).

홍태영, 2012, "프랑스 시민교육과 정치교육: 학교의 시민교육과 정당의 정치교육 사례", 『정치와 평론』 10: 81-104.

Aldrich, John H. 2011. *Why parties? A second look*. University of Chicago Press.

Anckar, Dag and Carsten Anckar. 2000. "Democracies Without Parties" *Comparative Political Studies* 33(2).

Chadwick, Andrew, and Jennifer Stromer-Galley. 2016. "Digital Media, Power and Democracy in Parties and Election Campaigns: Party Decline and Party Renewal?" *International Journal of Press/Politics* 21(3).

Dalton, Russell J., David M. Farrell, and Ian McAllister. 2011. *Political Parties and Democratic Linkage: How Parties Organize Democracy*. Oxford University Press.

Gauja, Anika. 2015. "The Construction of Party Membership" *European Journal of Political Research* 54(2).

Hellmann, Olli. 2014. "Party System Institutionalization without Parties: Evidence from Korea." *Journal of East Asian Studies* 14: 53-84.

Karz, Richard, and Peter Mair. 1995. "Changing Models of Party Organization: The Emergence of Cartel Party" *Party Politics* (1): 5-28

Lipset, S. M., and S. Rokkan. 1967. *Party Systems and Voter Alignments: Cross-National Perspectives*. New York: Free Press.

Mair, Peter. 2005. *Democracy Beyond Parties*. Irvine: University of California.

Panebianco, Angelo. 1988. *Political Parties: Organization and Power*. Cambridge University Press.

Scarrow, E. Susan. 2015. *Beyond Party Members: Changing Approaches to Political Mobilization*. Oxford University Press.

Scarrow, Susan E., Paul D. Webb, and Thomas Poguntke. 2017. *Organizing Political Parties: Representation, Participation and Power*. Oxford University Press.

Schattschneider, Elmer Eric. 1942. *Party Government*. Rinehart & Company, Inc.

Young, L. 2013. "Party members and Intra-party democracy" In W. Cross and R. Katz (eds.) *The challenges of intra-party democracy*. Oxford University Press.

제3장

포스트코로나 시대의 분권

김수연 정책기획위원회 위원, 대한민국시도지사협의회

Ⅰ. 코로나19 위기 속, 지방정부의 새로운 발견

코로나19가 전 세계를 강타한 2020년은 인류에게 매우 가혹한 한 해였다. 2021년에도 그 여파는 지속되고 있고, 백신을 개발한 이후에도 백신을 충분히 확보하지 못했거나 백신의 효과가 충분히 나타나지 않은 국가에서 여전히 감염자는 지속적으로 속출하고 있다.

다른 국가들에 비하면 한국은 모범적으로 코로나19에 대응해 왔고, 감염자 수와 사망자 수에서 다른 비슷한 규모의 국가보다 훨씬 양호한 상황이라 할 수 있다. 이것은 질병관리청을 중심으로 한 중앙정부의 대응 및 현장 의료진의 헌신이 큰 역할을 하였고, 현장에서 지방정부가 신속하게 대응한 결과라 할 수 있다.

코로나19라는 전대미문의 감염병 앞에서 어떻게 대처할 것인지 미리 아는 사람은 아무도 없었다. 현장에서 광범위한 검사 및 빠른 진단, 철저한 격리가 결국 치료방법을 알 수 없는 감염병 확산에 대한 유일한 대안이었다는 점에서 이를 주도하고, 적극적으로 대응했던 지방정부의 중요성과 그 위상을 다시 한번 확인하는 계기가 되었다.

코로나19 사태가 우리에게 가져온 것은 비대면 생활의 일상화, 다

른 사람들과의 격리이다. 학생들은 등교하지 않는 비대면 수업이 증대하였고, 비대면 수업을 위한 장비가 충분하지 않은 가정에서는 학생들의 학습 역량 차이가 크게 발생하였다. 소외계층 및 사회 약자계층에 대한 지원도 비대면으로 인해 상당 부분 위축되었다.

코로나19는 한국 사회에 계층격차를 악화시키고, 사회적 안전망에서 소외되는 사람들을 드러나게 만들었다. 백신 보급의 확대로 성공적인 집단면역이 달성된다 하더라도 비대면 활동의 일상화와 타인과의 단절, 공동체에서의 소외 현상은 포스트코로나 시대의 당면한 뉴노멀이 될 가능성이 매우 높다.

그렇다면 불확실성과 예측 불가능성이 상존하고, 비대면 생활이 뉴노멀이 되는 시대적 변화 속에서 분권은 어떤 의미를 가질 수 있을까?

이 글에서는 지방정부가 코로나19라는 미증유의 위기 속에서 보여준 대응력과 주도적 역할을 소개하고, 소위 포스트코로나 시대에 중앙정부와 지방정부 간 분권의 방향과 역할 분담에 관해 제언한다.

Ⅱ. 지방정부의 위기대응과 정책 제안

1. 경험에서 나온 대응체계 관리

코로나19에 대한 지방정부의 발빠른 대응은 지난 메르스사태를 겪으면서 얻은 경험의 결과였다. 2015년 메르스 사태 시기에, 질병관리본부에만 확진검사와 판정 권한이 있던 것을 서울시의 정보제공 요구와 검사권한 요구를 계기로 시·도 보건환경연구원에서도 확진검사를 할 수 있도록 함으로써 빠른 진단이 가능해졌다. 진단 검사권한을 가진 지방정부는 의료진의 추가 감염 없이 안선하게 검체를 채취할 수 있는 방안에 대한 고민도 할 수밖에 없었고, 그 결과 여러 가지 다양한 아이디어도 나오게 된 것이다.

메르스 이후, 한국의 감염병 대응체계가 전반적으로 개선되었다. 우선 중앙정부는 2015년 9월 1일「국가방역체계 개편방안」을 발표하였다. 개편방안은 '국내 유입 차단 및 초기 현장대응', '유행 확산 대응', '거버넌스 개편', '의료환경 개선' 등 4대 영역 48개 추진과제로 구성되었다. 개선된 대응체계를 통하여, 2018년 9월 재유행하였던 메르스 상황에서 국내 확진자를 1명으로 막는 성과를 거뒀다.

또한 보건복지부 및 당시 질병관리본부는「제2차 감염병 예방관리 기본계획(2018년~2022년)」을 통하여 '감염병 대응·대비 체계 강화', '원헬스 협력체계 구축', '감염병 예방관리 대책 강화', '감염병 대응 기술혁신 플랫폼 구축', '감염병 대응·대비 인프라 강화' 등을 5개 중점과제로 선정하였다. 이 밖에도「감염병의 예방 및 관리에 관한 법률」, 「검역법」, 「결핵예방법」, 「후천성면역결핍증예방법」 등 각종 유관 법령이 개정되면서 2015년 메르스 이후 한국의 감염병 대응체계는 한층 더 강화될 수 있었다.

한편 지방정부는 메르스 사태의 경험에서 지방정부가 막연히 중앙정부의 결정과 대응을 기다려서는 지역주민을 감염병으로부터 지켜낼 수 없다는 사실을 깨닫고, 코로나19가 발생하여 지역사회로 감염이 확산되자 적극적으로 대응하고, 아이디어를 제시하였다. 핵심 사례를 짚어보면 다음과 같다.

2. 드라이브스루 선별진료소 설치·운영

국내 확진자가 발생하기 시작하고, 대구에서 코로나19 국내 31번째 환자의 신천지예수교 대구교회 방문 사실 확인 및 그에 따른 확진자가 폭발적으로 증가하자, 즉시 신천지예수교에 대한 전수조사를 시행하여 방역활동에 집중하였다. 계속되는 환자의 급증으로 민간병원을 감염병 전담병원으로 전환하여 의료 공백을 최소화하였으며, 최초로 방문이동검진을 운용하여 신속하게 검사를 진행하였다.

세계적으로 모범 사례로 소개되고 있는 드라이브스루(Drive Through) 선별진료소 설치 및 운영은 지방정부의 창의적인 아이디어로 제시된 대표적 사례이다. 드라이브스루 방식의 감염병 검사는 2009년 신종플루 당시 미국 스탠포드대학에서 실험으로 이뤄진 것으로 알려져 있으나, 국가 차원에서 실제로 적용·시행된 것은 한국이 처음이다. 우리나라에서 코로나19 확진자가 급증한 2020년 2월부터 선별진료소의 혼잡을 최소화하기 위해 칠곡경북대병원에서 최초로 운영되었다.

드라이브스루 방식은 의료진과 환자 간 접촉을 최소화해 전파 위험을 낮추고 검사 속도는 높일 수 있으며, 대기시간 동안 일어나는 교차감염 위험을 감소시키는 혁신적 아이디어로 각광받아 전국적으로 확대 운영되었고, 미국, 영국, 독일 등에서도 도입되어 활용되었다. 이러한 드라이브스루 방식은 이후에 도서 대여, 특산품 판매 등 다양한 방면으로 응용 활용되었다.

드라이브스루에 유사한 워킹스루 방식의 검체 채취 방식도 역시 지방에서 나온 아이디어였다. 언론 보도에 따르면 최초는 부산 보건소에서 아이디어가 나왔고, 서울 에이치플러스양지병원이 2020년 3월 16

일부터 운영을 시작했다. 양지병원은 3월 16일부터 코로나19 검체 채취를 위한 1인 감염안전진료부스 시스템 'SAFETY'를 선별진료소에 설치해 운영하였다.

또한 이러한 방식을 전면적으로 도입하여 운영한 곳은 제주특별자치도이다. 제주국제공항 워크스루 진료소는 해외방문 이력이 있는 확진자의 발생에 따라 신속한 검체 의뢰 및 도내 전파경로 차단을 위해 제주국제공항 주차장 내 워크스루 진료소를 설치 운영하였다. 바이러스가 외부로 나가지 못하도록 압력을 낮추는 음압 설비를 갖춘 공중전화박스와 같은 부스를 설치, 검사받을 사람이 들어서면 의료진은 부스 밖에서 손만 집어넣어 콧구멍과 입안에서 검체를 채취하는 방식이었다. 검체 채취에 1분, 환기와 소독에 1~2분이 걸릴 정도로 시간을 대폭 단축시켰다.

3. 행정력을 동원한 과감한 선제적 대응과 창의적 제안

과감한 행정력의 투입으로 감염병 확산을 저지한 것도 지방정부의 힘이다. 감염 우려가 높은 다중이용시설에 대한 집합금지명령 등 행정명령을 통해 적극적으로 대응한 것도 감염병 확산을 막는데 중요한 몫을 했다. 특정 종교집회와 요양원, 콜센터 등 밀집공간의 확진세가 두드러지자 인천 등에서는 산후조리원까지 확대하여 선제적으로 전수조사를 진행, 공무원을 전담시켜 대응하였고, 대구시에서는 중앙정부보다 앞서 대중교통 및 공공장소에서의 마스크 착용 의무화 행정조치를 연장하고, 특정 장소 출입시 QR코드 출입관리 시스템을 시범 운영하는 등 감염병의 확산 방지 조치를 선제적으로 도입하였다.

지방정부는 중앙정부의 방역대책에 적극적으로 협조하여 손발이 되는 역할도 모두 감당했다. 지역별 선별진료소 운영은 물론, 생활지원센터 운영(당시에 생활치료센터의 운영과 같은 것은 중앙정부의 매뉴얼에 없었다), 해외 입국자 격리 수용시설 운영, 홈페이지에 코로나19 관련 정보 공유 및 확진자 동선을 실시간으로 공개하여 추가 감염을 막는데 행정력을 집중했다. 증상 발현 뒤 확진 판정을 받고 입원하기까지 과정 대부분이 3일 안에 이뤄졌다는 서울시 지표에도 나타나는 바와 같이 지방정부 차원의 대응이 매우 신속하게 이뤄졌다.

또한 서울시장은 지방정부 차원에서의 원활한 대응을 위해 마스크 수급 상황에 대한 정보가 공유될 필요가 있다고 제안하고, 경기도지사 역시 마스크 수급관리를 철저히 해야 한다는 의견을 제시하였다. 이후 중앙정부는 마스크 수급관리를 강화하고, 이어 마스크 5부제를 실시하기에 이르렀다.

4. 재난소득의 제안과 시행

지방정부는 코로나19 확진자 수의 감소세가 나타난 이후에는 위축된 지역경제를 살리기 위한 정책에 집중하였다. 확진자 동선 공개에 따른 소규모 자영업자의 손실을 최소화하기 위해 서울시는 클린존 제도를 운영하여 소독 및 방역을 완료하고 시민들이 안심하고 이용할 수 있도록 관리하였다. 또한 코로나19 상황을 재난 상황에 준하는 것으로 판단하고 국민들에게 이른바 '재난소득'을 지급해야 한다는 제안과 실행도 지방에서 먼저 시작되었다.

2020년 2월 18일 31번째 확진자 발생 이후 코로나19 확산세로 경제 상황이 크게 위축되고, 피해를 보는 국민들이 급격히 증가하자 재난기본소득이란 개념이 화두가 되기 시작하였다. 2월 29일 국민청원 게시판에 "코로나 경제위기에 50만 원의 재난국민소득을 국민에게 지급해 달라"는 청원이 올라왔다.

재난국민소득에 대한 논쟁은 2020년 3월 8일 김경수 경상남도지사가 "전 국민에게 100만 원을 지급하자"고 제안하면서 전 국민의 관심사가 되었다. 2020년 3월 전북 전주시가 전국 최초로 비정규직 근로자와 실직자 등 5만 명을 대상으로 1인당 52만 7,000원의 긴급생활안정 전주형 재난 기본소득지원금을 지급하기로 밝혔으며, 이후 강원도·서울시·경남·경기도 등 각 지방정부에서 긴급생계자금, 재난국민소득, 재난기본소득, 긴급생계비 또는 긴급재난지원금 등의 명칭으로 코로나19로 피해를 입은 국민이나 소상공인 등에 대한 재정 지원의 필요성을 강조하면서 긴급재난지원금 지급 논의가 본격화되었다.

지방정부들은 각각의 상황에 적합한 지원금 지급 대상, 금액 및 방법 등을 적용하여 중앙정부보다 먼저 긴급재난지원금을 지급하였다. 명칭 역시 긴급생계비, 재난기본소득, 긴급생활안정자금 등으로 다양하였다. 그러자 정부에서도 몇 차례 논의와 변경 끝에 전 국민을 대상으로 4인가구 기준 100만 원을 '긴급재난지원금'으로 지급하기에 이르렀던 것이다.

5. 지역경제 살리기

지방정부에서는 코로나19 피해 소상공인을 대상으로 하는 각종 지원책을 마련하여 시행하였다. 서울시는 확진자 이동경로상 피해 업체에 1% 초저금리로 자금을 지원하고, 상환기간 연장 및 신규대출 거치기간을 확대하였으며, 무방문 신용보증제도의 심사 금액을 확대하였고, 확진자 및 격리자에 대한 지방세 납부기한을 연장하는 등 지역 주민의 편의를 위한 제도를 마련하여 시행하였다. 또한 부산시는 '코로나19 피해 소상공인 3대 부담 경감대책'을 마련하였는 바, 공공기관 임대료 50%를 3개월간 경감하고, 노란우산공제회를 통한 업체 지원을 강화하고, 확진자 동선 내 직접 피해 업체에 위로금을 지급하는 등 대책을 시행했다.

코로나19로 가장 큰 타격을 입은 대구시는 긴급 경영안정자금을 지원하기로 하고, 금융기관 대출이자를 지원, 공유재산 임차 소상공인에 대한 임대료를 감면하는 등 조치를 취했다. 광주시는 피해 소상공인을 대상으로 무담보, 무보증, 무이자 대책을 시행하고, 공공요금을 동결하는 등 시민 혜택 정책을 추진했다. 대전시는 '경제회생 공동체 회복 종합대책'을 마련하여 중위소득 50% 초과 100% 이하 가구에 긴급생활지원금을 지급하였으며, 경기도의 경우 재난지원금을 전 경기도민을 대상으로 전국에서 제일 먼저 추진하였고, 전남은 중국 수출입 피해 기업에 지방세를 감면해 주었으며 전남형 농어민 공익수당을 상반기에 전액 지급하여 어려운 농어민의 생활에 융통하게 하였다. 경남은 제로페이 결제 금액의 5%(최대 5만 원)를 소비자에게 다시 돌려주는 페이백 서비스를 도입했고, 고용보험 미가입으로 실업급여도 받지 못하는 청년 실직자(만 18세~만 39세)에게 청년희망 지원금을 한시적으로 지원했다.

이 외에도 더 많은 수범 사례들이 있는 바, 핵심은 지방정부가 팬데믹 상황에서 매우 적극적으로, 그리고 능동적으로 대처한 결과 이른바

K-방역을 성공적으로 이끌었다는 점이다.

Ⅲ. 지속적 위기의 관리, 지방정부와 중앙정부의 역할 분담

전통적으로 국가적 위기 상황에서는 중앙정부의 역할과 기능이 강화되어 중앙집권적 행태를 보이고, 이것을 당연하게 받아들이는 경향이 있다. 가령 전쟁이라든가 대규모 재난 상황이 그러하다. 그렇다면 세계적으로 팬데믹 상황이 휩쓸고 간 포스트코로나 시대에서는 강한 중앙정부에 대한 요구가 강해지기 때문에 분권은 더 이상 논할 여지가 없는 것인가? 아니면 각 행정 주체들 간 적절한 권한 배분과 역할 분담과 같은 시스템화된 분권이 필요하다고 볼 것인가?

결론은 불확실성이 지배하고, 예측가능성이 떨어지며, 통제가 불가능하거나 어려운 지속적인 위기 상황에 대비하여 평상시 적절한 역할 분담과 기능 배분이 원활하게 작용할 수 있도록 시스템을 만들어두는 것이 필요하다.

이러한 주장의 논거는 이미 앞서 살펴본 지방정부의 활약을 통해 짚어볼 수 있다.

코로나19의 대응과정과 향후 포스트코로나 시대에서 정부(중앙정부와 지방정부를 포함하여)의 중요한 역할은 첫째, 감염병 등 재난 현장에서의 긴급 대응이고, 둘째는 사회적 약자 및 소외계층에 대한 지원책의 수립과 시행, 셋째는 지역사회의 다양한 거버넌스와의 연대·협력이라 할 수 있다. 이를 조금 더 설명하기로 하자.

1. 지방정부의 역할

첫째, 팬데믹 상황 또는 재난 발생 시에는 현장에서의 긴급대응이 일차적으로 가장 중요하다. 긴급대응이 적확하게 이루어져야 국민들의 생명과 건강, 안전이 제대로 보호될 수 있기 때문이다. 현장에서의 대응은 그 현장과 가장 가까운 지방정부가 중앙정부보다 빨리 접근할 수 있다. 또한 필요한 조치가 무엇인지에 대한 판단도 그 지역 상황을 잘 아는 지방정부가 보다 용이하다. 나아가 해당 조치를 취할 수 있는 절대적인 물리적 시간도 중앙정부에 비해 지방정부가 통상 우위에 있다. 중앙정부는 수치나 통계를 보고 움직이지만, 지방정부는 신속성, 체감성, 현장성을 가지고 움직인다는 의미이다.

2021년 6월 2일 정부는 「제2차 공공보건의료 기본계획: 2021~2025」를 발표했다. 기본계획에는 공공보건의료 인력 확충과 공공보건의료 인력 지원강화 방안이 담겨있다. 공공보건의료 인력은 의사와 간호사 인력을 확충하고 의료 인력의 파견 교류의 활성화를 포함하고 있으며, 공공보건의료 인력에 대한 지원강화를 위한 인력 지원·관리체계 마련, 근무여건 개선 및 교육훈련 체계 구축 등을 포함하고 있다.

그러나 이러한 계획의 내용에 현장에서 긴급의료, 비상시 위기대응을 전담해야 하는 지방정부의 역할은 없다. 중앙정부에서 체계를 구축하는 과정과 거버넌스의 구축에 지방정부의 의견을 수렴할 수 있도록 참여의 폭을 확대하여야 한다.

둘째, 우리 사회의 약자 및 소외계층 등에 대한 지원책을 마련하여 시행하는 것도 지방정부의 중요한 역할이 된다. 코로나19가 확산과 재확산을 거듭하면서 지구촌의 일상생활은 비접촉(untact) 또는 온라인 접촉(ontact)으로 개편되었다. 원격교육, 자택 여가문화생활, 재택근무와 사이버공간 업무처리, 비대면 산업과 경제활동 및 산업경제의 스마트화, 글로벌 가치사슬의 단절과 지역성 강화 등이 급격히 증가하고 일상의 형태로 자리잡고 있다. 이 과정에서 경제적 빈곤층, 노년층 등 사회적 약자층은 온라인 접촉을 통한 정보와 장비를 충분히 확보하지 못하기 때문에 더욱더 소외되고 각종 정보와 돌봄에 취약하게 된다. 아이들에 대한 돌봄 공백은 직장생활을 하는 부모들에게는 돌봄 부담 과중이 되고, 그 과정에서 또 돌봄 공백이 생기기도 한다.

코로나19가 한국 사회에 가져온 비대면 생활의 일상화 및 타인과의 격리에서 더 큰 타격을 입는 사회적 약자 및 소외계층, 돌봄의 사각지대에 있는 사람들에 대한 지원책을 수립하고 시행하는 것은 주민들 가까이에 있는 지방정부의 가장 큰 역할이라 할 수 있다. 또한 아이들에 대한 돌봄의 공백을 최소화하면서 동시에 부모들의 일·가정 양립이 가능하도록 하기 위해서는 현장감 있는 대응과 지원이 필수적이다. 중앙정부에서 이러한 구석구석까지 살피고 지원책을 마련하는 것은 한계가 있다. 위기 상황에서 구성원들을 보호하는 데는 정치 단위가 작을수록 더 효과적이라는 주장도 이러한 점을 뒷받침한다.

따라서 지방정부는 지역사회의 돌봄 대상 구성원에 대한 면밀한 분석과 지역사회에서 활동 내지 활용할 수 있는 주체들을 분석하고, 이들을 통한 지원체계를 마련하여야 한다.

셋째, 지방정부가 이러한 역할을 감당하기 위해서는 지역사회의 각 시민사회 단체를 비롯한 활동 주체들과의 연계 협력이 필요하다. 유사한 사례로 대구시에서는 민관협력의 상시 방역체제로의 전환이 필요하다는 판단에 따라 200여 명의 지역 오피니언 리더가 참여하는 범시민대책위원회를 구성·운영하여 코로나19 극복을 위한 범시민운동 전개에 노력을 기울이고 있다.

팬데믹 초기 국제적 상황을 보면, 기술과 자본의 힘이 아니라 연대의 힘이 강한 사회가 팬데믹 대응에 훨씬 효과적이었음을 알 수 있다. 소위 선진국이라고 하는 미국과 유럽의 다수 국가들에 비해, 공동체 의식이 강한 아시아의 작은 나라들이 상대적으로 팬데믹 초기 대응에 강점을 보였다는 점에서 확인할 수 있는 것이다.

지역사회를 기반으로 활동하는 각계 각층의 활동 주체들과 연계 협력하여 체계적인 거버넌스를 구축하고 평상시 대응과 비상시 대응체계를 마련하고, 이들의 정보력과 실행력, 기획력을 활용할 수 있도록 하는 것이 필요하다.

앞서 언급한 바와 같이, 지방정부의 사회구성원에 대한 보호망은 시스템으로 갖춰져야 하고, 보호의 사각지대를 걸러내 보호의 영역으로 포섭하는 것이 중요한데, 이를 위해서는 공동체 구성원들 간 유대와 연대의식의 강화가 중요하다. 이들과의 협력과 연대를 통해 사회안전망의 촘촘한 구축이 이뤄질 수 있기 때문이다.

넷째, 지방정부와의 협력 주체들에게 직접 정책을 기획하고 참여하는 기회를 제공하는 등 적극적인 활동을 할 수 있도록 장을 마련해 주는 것이 필요하다. 사회구성원들이 정책 수립의 주체로서 참여할 수 있도록 공적 영역을 개방하고, 행정서비스의 객체에서 나아가 스스로 행정을 기획할 수 있도록 할 필요가 있다. 이러한 체계가 마련되어 있을 때 행정기관 중심의 행정에 그치지 않고 현장성이 높은, 그리고 주민들에게 수용력이 높은 서비스가 가능하다. 그리고 다양한 사회 주체들의 참여를 통해 지방정부가 정책 플랫폼을 구축하고 활용하는 기능도 할 수 있다. 나아가 지역사회에서 참여 주체가 늘어나고 활성화되면 지역의 일거리와 일자리도 만들어질 수 있는 것이다. 이러한 의미에서 한국판 뉴딜 성공의 열쇠는 지역참여뉴딜에 있다고 할 것이다.

행정 주체들과 시민사회 활동 주체들 간의 역할 분담은 또 다른 의미에서의 분권이다. 단순히 행정기관들 사이에서만의 분권이 아니라 행정기관과 시민사회 활동 주체, 그리고 지역 주민들과의 분권에까지 나아갈 때 최대한의 시너지가 생길 수 있다.

2. 중앙정부의 역할

이상이 지방정부의 역할이라면 중앙정부의 역할은 어디에서 찾을 것인가?

재난이나 감염병 일선 현장에서의 긴급대응이 지방정부의 몫이라면 중앙정부는 평상시에 이러한 비상시 대응이 가능하도록 공공의료를 비롯한 지원체계를 마련하는 것이 중요하다. 비상상황이 발생했을 때 단일 시·도에서 조치가 어려운 상황이라는 판단이 지방정부와 동시에 서게 되면, 전국적으로 인력과 장비를 동원할 수 있도록 지원체계를 만들어두고, 각 지방정부에서 적용할 수 있는 대응 매뉴얼을 마련하는 등 그야말로 시스템을 만드는 것이 중앙정부의 역할이라 하겠다.

나아가 중앙정부에서 구축하는 공공보건의료 강화 체계 안에 지방정부와의 협력적 거버넌스를 만들고 지방의 참여를 확대 강화해야 한다. 중앙정부에서 지방정부의 자리를 만들지 않으면 중앙정부의 정책은 지역 현장에서 제대로 작동하기 어렵다.

또한 사회안전망으로부터 사각지대가 없도록 법적 제도를 촘촘하게 구축하는 것과 동시에 손발이 되어 현장을 확인하고 지원책을 마련하는 지방정부에 후원하는 역할을 담당해야 한다. 지방정부에서 지원책을 마련하여 시행하는 데는 상당한 인적·물적 비용이 발생하기 때문에 국민으로서의 최소한의 생활수준을 보장하고 긴급시 돌봄의 대상을 확인하여 시행하는 것은 국가의 이른바, 국가최저보장수준(national minimum)에 해당하는 부분이므로 국가의 재정적 지원이 필요하다.

중앙정부는 지방정부와 마찬가지로, 아니 좀 더 국가적 차원에서 기업이나 여타 주체들과 협력하는 방안을 마련하는 것도 중요하다. 코로나19 사태에서 정부가 진단키트의 공급에서 기업 당사자의 제조 역량과 소재 확보를 고려하면서 생산량을 정하고, 그에 따른 진단 방식을 결정한 것이나, 백신 공급 과정에서 최소잔존주사기 등의 확보와 공급 등이 민간 기업과 긴밀하게 협조한 좋은 사례라 할 것이다. 이러한 협조를 이끌어내는 것은 단일 지방정부의 힘만으로는 부족하다. 이런 점에서 중앙정부의 역량이 빛을 발할 수 있는 영역이 있는 것이다.

Ⅳ. 포스트코로나 시대, 분권을 위한 제도적 과제

코로나19의 위기는 아직 한국 사회에 깊이 남아 있다. 백신이 개발되었으나 완벽하지 않고(물론 완벽한 백신은 없겠지만), 전 세계 사람들이 모두 면역력을 확보하지 않으면 여전히 유행병으로서 우리 생활에 깊이 남아 있을 가능성이 매우 높다. 최근 전문가들이 코로나19가 마치 독감처럼 일상생활에서 함께 동행할 것이라는 예측을 한 것도 놀랍지 않은 상황이다.

앞서 말한 바와 같이, 중앙정부와 지방정부, 그리고 기업이나 여러 사회활동 주체들 간의 적절한 역할 분담이 무엇보다 중요하다. 이를 위해서는 지방에 대한 인식과 제도 개선이 우선되어야 한다. 지방은 전문성이 없다거나, 역량이 부족하다거나, 관리가 소홀할 것이라는 등의 부정적 인식부터 개선되어야 한다. 물론 이러한 인식이 형성되어 온 배경에는 미약한 지방자치의 현실에서 지방정부의 대표나 지방의회가 부족했던 점도 일정 부분 존재한다.

그러나 한편으로는 권한을 넘겨주기 싫은 중앙정부의 프레임이기도 하다(그리고 이 프레임을 만드는 과정에서 지방에 대한 언론의 부정적 보도도 일정 부분 작용했다고 본다). 지방정부가 부족한 부분이 전문성이라면 인력과 재정적 지원을 통해 전문성을 향상시킬 수 있도록 지원해 주어야 하는 것이 중앙정부의 역할일 것이다.

이제 이것을 중앙정부의 의지에 매달릴 것이 아니라 제도적으로 구현할 수 있도록 만드는 것이 필요하다.

우선은 분권을 지향하는 내용으로 헌법을 개정하는 것이 필요하다고 본다. 2018년 정부 주도의 개헌은 다소 부족한 부분이 있었으나 지방분권을 강화하는 내용이 상당 부분 포함되어 있었다. 이제 정부 주도의 개헌이 다시 추진될 수 있는 동력은 약해졌지만, 국회에서 개헌을 추진하는 선택지는 남아 있다. 개헌이라는 거대한 화두는 여러 정치적 쟁점을 빨아들이는 블랙홀과 같은 면이 있는 것은 사실이다. 그러나 한편으로는 하위 법령의 제·개정이나 행정적 조치만으로 기대하기 어려운 획기적 변화를 이룰 수 있다는 명확한 장점이 존재한다. 이러한 점은 프랑스 개헌의 과정과 그 후 변화를 보더라도 확인할 수 있다. 프랑스는 2003년 개헌에서 헌법 제1조에 지방분권을 지향한다는 점을 명확히 하고, 그에 따라 관계 법령을 대폭 제·개정함으로써 지방분권을 가속화하였다.

헌법을 구성하는 여러 다른 부분에 국민적 공감대를 일일이 형성하고 확인하는 것이 매우 어렵고 거의 불가능한 수준이라 하더라도, 적어도 민주주의적 관점에서 정당성을 인정할 수 있는 지방분권에 관한 사항만이라도 헌법개정을 추진해 볼 수 있는 것이 아닌가 한다. 현재 우리 헌법에서 지방자치에 관한 규정은 너무도 미약하고(전체 130개 조문 중에서 제117조, 제118조 2개 조문에 불과하다), 법률로 위임한 사항들은 중앙부처의 의견이 압도적으로 반영될 수밖에 없는 단원제 국회(지역대표형 상원이 없는 국회)에서는 한계가 있을 수밖에 없기 때문이다.

두 번째는 중앙정부와 지방정부의 대표가 지방의 행정적·재정적 상황에 영향을 미치는 국가 정책 내지는 지방의 협력이 필요한 국가정책을 결정하는 경우에 상호 협의하고 협력할 수 있는 회의체를 구성하고, 이를 통해 정책 방향을 결정하는 체계를 구축할 필요가 있다. 이러한 협력적 체계의 구축은 공공의료나 지역사회 돌봄 체계를 마련하는 데 더욱 필수적이다.

2020년 12월에 국회를 통과한 전부 개정된 지방자치법에서는 이러한 회의체를 '중앙지방협력회의'로 규정하여 근거 규정을 마련하였고, 2021년 7월 「중앙지방협력회의의 구성 및 운영에 관한 법률」이 제정되었다.

과거 지방세인 취득세의 인하 결정이나, 지방재정으로 부담하는 영유아 무상보육 확대를 중앙정부와 국회에서 일방적으로 결정했을 때 발생한 사회적 갈등을 해소하기 위해 상당한 유무형의 비용을 지불했던 사례에서 보듯이, 중앙정부나 국회에서 지방의 행·재정에 영향을 미치는 중요한 결정을 일방적으로 할 것이 아니라 지방정부의 대표들과 협의하여 결정하게 되면, 그 정책의 민주성과 정책의 이해 당사자인 지방정부의 수용성을 훨씬 더 높일 수 있다.

셋째 분야별로 지역 중심의 대응체계를 구축하여야 하는데 직접적으로는 지역의 공공의료 체계를 강화하는 것이 필요하다. 코로나19 사태에서 보듯이 감염병은 변이를 통해 계속 진화하고, 짧은 기간 동안 환자를 급증하게 할 수 있는 전파력과 파괴력을 갖고 있다. 효과적으로 감염병 환자를 치료하기 위해서는 지역 내에서 환자를 관리하고 치료할 수 있도록 병상 확보와 전문적 치료를 위한 체계적인 의료인의 관리 및 양성이 필수적이다.

지역별(권역별)로 응급시 대처할 수 있는 거점 병원 또는 센터를 운영하는 시스템은 어느 정도 마련되었다고 볼 수 있으나, 공공의료기관과 병상 자체의 숫자는 부족하다. 따라서 민간병원을 매입하거나, 기존 공공병원의 병상 증설, 그리고 병상이 없는 지역의 경우 신설하는 등의 복합적 방법을 통해 공공병상을 마련해야 한다는 의견도 있다. 또한 전문인력의 양성을 위해 지역별 거점 대학을 중심으로 의과대학 및 간호대학의 확대와 지역 의과대학·간호대학에 지역 인재의 진학을 독려하고, 졸업 후에는 지역의 의료인으로 남아 지역에서 기반을 가지고 의료서비스를 제공할 수 있도록 제도적인 체계를 만들 필요가 있다.

병상 확대와 인력은 결국 공공의료기관의 확충을 통해 이뤄질 수 있는데 지방은 지방의료원의 만성적인 적자를 감당할 능력이 부족하다는 점이 문제이다. 이를 해결하기 위해서는 단기적으로는 중앙정부의 지방정부에 대한 국고보조금 확대가 필요하고, 궁극적으로는 지방의 자율적인 공공의료기관 운영이 가능해질 수 있도록 지방 재정이 확충될 필요가 있다. 또한 지방의 공공의료기관 신설 등의 과정에 예비타당성 검토 등과 같은 절차는 생략하는 등의 방안도 고려할 필요가 있다. 공공의료의 강화는 단순히 재정적 관점에서만 바라볼 일이 아니라 지역 주민의 건강권과 밀접히 연결되는 분야이기 때문이다.

돌봄 영역에서는 지역단위 돌봄체계를 마련하는 것이 필요하다. 어린이뿐 아니라 청소년·노인 등 다양한 연령 및 계층에 대한 돌봄체계를 체계적으로 정비할 필요가 있다. 아이들을 대상으로 하는 온종일 돌봄의 강화, 노인층에 대한 1:1 관리체계의 구축, 비대면 교육 확대에 따른 장비의 불평등 완화(공공대여 등 아이디어가 필요하다), 긴급돌봄의 부실화 방지 및 일·가정 양립·지원 등을 효과적으로 추진하기 위해 지역 주민들 또는 지역 시민단체들과의 연계·협력을 통해 지역단위 돌봄을 체계적으로 마련하고, 관리 및 지원하는 내용이 관계 법률에 반영될 필요가 있다.

V. 맺는 말

전 세계적으로 코로나19라는 위기를 겪으면서, 일사불란한 위기 대응을 위해 국가의 역할강화론이 부각될 가능성이 없지 않지만 적어도 한국의 경우에 지역 현장을 잘 알고 빠르게 대처할 수 있는 지방정부의 역량에 의해 그 대응이 성공적으로 이뤄진 경험치를 무시할 수 없다.

코로나19 이후 위축된 지역경제를 살리고 일자리를 창출하기 위해 추진하고 있는 한국판 뉴딜의 성공은 매우 중요하다. 동시에, 한국판 뉴딜의 핵심은 지역에서 생기가 돌 수 있도록, 지역의 창의성이 발휘될 수 있는 구조로 작동되어야 한다는 점이 무엇보다 중요하다. 나아가 포스트코로나를 준비하는 지금 시점에서 한국판 뉴딜은 공공의료의 강화와 지역사회 중심의 돌봄체계를 구축하기 위한 뉴딜사업에 지방정부와 다양한 지역사회 활동 주체들이 주도적인 역할을 하느냐 못하느냐가 성공의 열쇠라고 본다.

이제 중앙정부가 정책을 기획·결정하고, 지방정부는 단순히 집행만 담당하는 역할에 머무르는 것이 아니라 주민과 가장 가까운 지방정부가 주민생활에 필요한 정책을 지역 주민들의 참여를 기반으로 주도적으로 결정하고 추진할 수 있도록 제도적 뒷받침이 이루어져야 한다. 이를 위해서는 지방정부에 보다 많은 행정적·재정적 권한을 부여함과 동시에 그에 맞는 책임성과 투명성을 강화하고, 주민들의 냉정한 평가가 지속적으로 이루어질 수 있도록 하는 것이 중요하다.

위기가 상존하고, 예측 가능성이 떨어지며, 비접촉·비대면 사회, 계층 간 격차가 커지는 사회, 이른바 포스트코로나 시대에서 중앙정부-지방정부-시민사회가 연대 협력할 수 있는 시스템을 구축하고, 우리 모두가 공동체로서 연대의식을 가지고 공존해서 살아갈 수 있는 길을 찾아가야 할 때이다.

| 참고문헌 |

〈도서〉

대한민국시도지사협의회, 대한민국시도지사협의회 코로나19백서(2021.2)

유창복 외 3, 포스트코로나와 로컬뉴딜, 책숲(2020.9.25)

〈논문 및 칼럼〉

김만권, '지속적 위기'의 시대, 보호망짓기의 새로운 방법으로서 '지방자치'의 가능성에 대한 정치철학적 제안, 사회와 철학 제40집(2020.10)

김보영, 코로나19의 시대, 사회서비스의 정책적 과제와 비전에 대한 탐색, 비판사회정책 제70호(2021.2)

김영미, 코로나19 속 한국의 일·가족 양립 현실, 위기로 끝낼 것인가, 변화의 기회로 만들 것인가, 월간 공공정책 174호(2020.4)

나백주, 의료계와 국민이 합의할 수 있는 공공의료 확충 방안, 여시재(https://www.yeosijae.org/research/1102), (2021.5)

이재완, 코로나 뉴노멀 시대 지역사회복지의 변화와 방향, 한국지역사회복지학 제74집(2020.8)

채효정, 누가 이 세계를 돌보는가? 코로나 이후 돌봄의 의미와 가치의 재구성을 위한 단상, 오늘의 문예비평(2020.12)

| 제2부 |

안전 사회로의 전환

제4장

포스트코로나 시대의 의료서비스, 비대면을 덧입다

이사람 서울대학교병원 융합의학과 교수

Ⅰ. 비대면 의료체계에 대한 요구

2019년 중국 우한에서 COVID-19라는 바이러스가 처음 확인된 이후 약 1년 반이 경과한 지금, 인류는 미증유의 상황을 맞이하게 되었다. 첨단을 달리고 있다고 자부했던 과학기술 수준으로도 코로나19의 확산을 저지하지는 못하였고, 오히려 국경에 구애받지 않고 전 지구를 하나의 생활권이 되게 해주었던 교통의 발달은 팬데믹 상황을 초래하는 기폭제가 되었다. 코로나19 이전에 팬데믹으로 선언되었던 2009년 신종 인플루엔자A(H1N1)의 경우 214개국에서 환자가 발생해 1만 8,500명이 숨진 것으로 알려졌으나 아직 진행 중인 코로나19의 경우 현재까지 408만 명에 달하는 사망자가 발생하였으며, 아직 그 끝을 가늠할 수 없는 상황이다.

단순히 질병의 심각성뿐 아니라 이 유래 없는 사태가 촉발한 전 지구적 사회변동으로 인하여 인류는 더 이상 코로나19 바이러스 출현 이전의 삶으로 돌아갈 수 없게 되었다. 정치, 경제, 사회, 문화 등의 모든 인간 생활 영역에서 변화가 불가피해진 것이다. 그중에서도 이 새로운 감염병에 직접적으로 대응하고 있는 의료체계 부문의 변화와 혁신의 필요성에 대해서는 두 말할 나위가 없을 것이다. 감염 확산 억제를 위한 사회적 거리두기가 일상화되면서 의료계에서 사그라지지 않는 화두였던 비대면 의료체계에 대한 필요성이 재점화되었고, 실제로 선택의 여지없이 그 첫 발을 내딛게 되었다.

코로나19가 의료계에 미친 영향은 실로 막대하다. 우리의 일상 깊이 자리 잡은 감염에 대한 공포는 환자로 하여금 의료기관 방문 자체를 기피하게 만들었다. 이것은 가뜩이나 재정적으로 어려움을 겪고 있는 1차 의료기관의 경영난을 가중시키게 되었을 뿐 아니라 취약계층의 의료 접근성을 더욱 낮추는 결과를 낳았다. 또한 환자가 감염을 인지하지 못하고 의료기관을 방문함으로 인해 의료기관이 셧다운되는 의료 공백의 상황도 빈번하게 발생하였다.

영국을 시작으로 전 세계적으로 백신 접종이 진행되고 있으나 아직 아무도 이 바이러스의 종식 시기를 장담할 수 없는 상황이다. 게다가 우리는 이미 전 지구가 하나의 생활권으로 묶여 있는 것이 낯설지 않은 시대를 살아가고 있기 때문에 새로운 감염병이 출현할 경우 이 같은 팬데믹이 반복되지 않으리라는 보장도 없다. 이 같은 상황에서 의료인과 만성질환자의 보호, 병원의 진료 및 치료체계의 안정적 유지, 의료권 보장을 위해 더 이상 비대면 의료는 미룰 수만은 없는 대안이 되었다.

Ⅱ. 비대면 의료체계의 사례

1. 해외의 사례

사실 이러한 비대면 의료는 OECD 회원국 37곳 중 5개국을 제외한 32개국에서 이미 허용하고 있을 정도로 해외에서는 상용화되어 있다. 특히 의료자원이 부족한 중국과 의료접근성이 낮은 미국 등의 국가에서는 비대면 의료에 대한 수요가 높을 뿐 아니라 시장 역시 지속적으로 성장하고 있다. 여기에 코로나19의 팬데믹 상황이 더해져 비대면 의료 시장의 규모와 진료 영역이 급속히 확대되고 있다. 미국에서는 비대면 의료에 대한 메디케어(Medicare) 커버리지 범위를 확대하였으며, 일본에서는 비대면 진료의 대상을 기존의 재진 환자에서 초진 환자까지 확대하였다.

영국의 공적의료보장제도(National Health Service : NHS)는 1차 병원의 모든 진료를 전화 및 화상을 통한 비대면 진료로 권고하고 대면진료를 줄이도록 하는 조치를 취하고 있으며, NHS 가입자에게는 실시간으로 영상이나 음성을 통해 진단이 가능한 영상진료(Online Consultation)를 받을 수 있도록 비대면 의료서비스를 제공하고 있다. 실제로 런던 등 일부 지역에서는 현재 NHS 가입 환자들을 대상으로 비대면 의료를 시행하고 있으며, 환자의 편의성과 의료진의 효율성에 대한 긍정적 평가로 인해 지속적으로 보급·확대할 방침이다. 특히 경증 환자의 경우, 스마트폰 앱 기반 AI 비대면 의료 서비스를 통해 진단과 처방이 이루어지며, 제휴된 약국을 통해 처방된 약을 배송 받을 수 있도록 하겠다는 NHS의 발표는 원스톱 홈 헬스케어를 가능케 한다는 점에서 더욱 주목할 만하다.

〈표 4-1〉 해외 주요 국가의 원격의료* 관련 정책 변화

국가	주요 내용
미국	- 농촌지역, 전문의 부족 지역에 한해 원격의료 시행('93)→ 원격상담에 한하여 건강보험 적용('97)→ 원격진료, 심리치료, 약물치료, 영양치료, 말기 신장질환 등 보험 적용범위 확대('00~)→ 코로나19 이후 장소 요건 완화 및 대면진료와 동등한 수가 적용('20) - 원격의료협회(ATA), 심리학회(APA) 등에서 다양한 원격의료 관련 가이드라인 제시
프랑스	- 의료복지시설, 동네 의원 중심으로 의사-환자 간 원격의료 시범사업 시행('14)→원격의료 허용 및 건강보험 적용('18)→ 동네 의원의 원격진료 장비 구입비용 지원('20~)→코로나19 이후 재진환자 한정 규정 완화('20)
중국	- 원격의료 집행 자격 및 내용 규정('99)→원격의료 자유화(신고제)('09)→ 의사-환자 간 원격의료 허용 및 광동성 온라인병원의 원격의료 개시('14)→ 원격의료서비스 관리규범 등 스마트의료 발전방향 제시('18)→ 코로나19 이후 원격진료 및 전자처방에 의한 약품 등 의료보험 적용('20) - 중국 내 의료 인프라 불균형 및 의료인력 부족문제 해결을 위해 정부 주도로 의사-환자 간 원격의료가 적극 장려됨
일본	- 도서·산간벽지 의사-환자 간 원격의료 시행('97)→ 동일본 대지진 이후 의료 소외지역에 대해 원격의료 허용('11)→ 만성질환 중심으로 원격의료 전국 확대 허용('15)→ 원격의료 건강보험 적용 및 3개 특구에서 원격 조제 허용('18)→ 코로나19 이후 재진환자 한정 규정 완화 및 진료과목 확대('20) - 유례없는 고령화 속도, 의사 부족과 지역 편중 현상, 물리적 의료 접근성 저하 문제로 원격의료가 도입되었으며 약 20년에 걸쳐 원격의료 대상을 점차적으로 확대됨.

*이 글에서는 '원격의료'라는 용어 대신 '비대면 의료'라고 표현하였으나 참고자료에서 사용한 용어를 수정하지 않고 그대로 활용하였음.
출처: 국제무역통상연구원, 2020, 디지털 헬스케어 활성화를 위한 산업통상 전략 보고서, 한국의료기기안정정보원, 2021 글로벌 의료기기 구제대응 전략보고서에서 내용을 발췌하여 재가공.

코로나19 상황 이전에 이미 그 가능성을 인정받고 활발히 서비스를 전개해오던 '텔라닥 헬스(Teladoc Health)' 서비스는 상용화된 비대면 의료 플랫폼의 대표적 사례라 할 수 있다. 2002년에 텍사스 댈러스에서 설립된 텔라닥은 3,100여 명의 의사 및 450개 의료 전문 분야에 5만 5천 명의 전문가 네트워크를 보유하고 있으며, 독감, 결막염, 피부질환에서부터 암에 이르기까지 급성 질환을 제외한 대부분의 질환에 대해 의료서비스를 제공하는 디지털 헬스케어 기업이다. 현재 미국 온라인 진료 서비스 시장의 70%를 점유하고 있으며, 팬데믹 상황으로 인해 수요가 급증하고 있다. 향후 이 헬스케어 서비스의 영역과 규모는 더욱 성장할 것으로 전망된다.

텔라닥은 미국의 긴 진료 대기시간을 획기적으로 단축시켰다. 원격의료 온라인 플랫폼을 통해 가정의학과 진료 대기기간을 평균 29일에서 10분으로 단축시켜 높은 고객 만족도를 이끌어냈다. 이 플랫폼에 기반을 둔 비대면 진료는, 진료를 받기 위해 의료진과 접촉하는 방식도 매우 간단하여 환자의 의료서비스 접근성을 높이는데 기여하고 있다. 환자가 앱을 설치하고 자신에 대한 기본적인 정보 및 의료기록을 작성하면, 대기 중인 의사가 영상통화로 문진 후 환자에게 적합한 약을 처방하여 처방전을 발송하는 방식으로 진료가 이루어진다. 미국의 경우, 선진국 중 유일하게 전 국민을 대상으로 하는 의료보장제도가 없기 때문에 국민 1인당 의료비 지출의 규모가 큰 편인데, 이와 같은 비대면 헬스케어 서비스는 의료 서비스에 대한 접근성과 형평성 문제를 해결할 수 있는 대안으로 대두되고 있다.

2. 한국의 사례

한국에서는 현재 의료법상으로 비대면 의료가 불법이지만 코로나19의 급속한 확산으로 인해 2020년 2월 24일부터 한시적으로 의사-환자 간의 비대면 의료가 허용되어 상급종합병원, 종합병원 및 병원, 의원급 의료기관들이 비대면 진료에 참여하게 되었다.

그동안 비대면 의료는 오진 시 책임 소재의 불명확성, 생체정보 또는 개인정보 오남용 위험성, 1차 의료시스템 붕괴 우려, 의료 영리화 문제 등의 이유로 반대 의견이 주도적이었다. 정부와 전문가들의 수많은 논의 끝에도 별다른 합의점이 도출되지 못해, 4차 산업의 중요 동력으로 거론되면서도 시행에 있어서는 지지부진하였다.

그러나 누구도 예측하지 못했던 유래 없는 감염병의 확산으로 인해 한시적이긴 하지만 이 논쟁적인 의료체계의 첫 삽이 뜨이게 되었다. 이로 인해 재진료 환자에 한하여 다니던 병원의 의사가 전화로 진료하고 약국으로 바로 처방전을 보내는 것이 가능해졌다.

중앙재난안전대책본부가 발표한 자료에 따르면 2020년 2월 24일부터 5월 10일까지의 기간 동안 전화상담 및 처방에는 3,853개 의료기관이 참여하였고 전화 진료 건수는 26만 2,121건에 달했다. 결과는 매우 흥미로웠다. 전화상담 청구액의 57%가 대학병원이 아닌 동네 의원으로 나타났으며 우려와는 달리 별다른 오진 사례는 발생하지 않았다. 이것은 비대면 의료시스템을 반대하는 대표적인 근거로 제시되었던 '1차 의료기관의 붕괴'라는 우려를 불식시킬 수 있는 경험적 데이터를 제시해 주었다.

코로나19로 인한 팬데믹 상황은 비대면 진료가 이루어지기 위해 필요한 제반 기술들과 의료시스템을 시도해 볼 수 있는 계기를 마련해 주었다. 생활치료센터의 운영이 바로 그것이다. 방역 당국과 의료계는 코로나19 확산에 대응하기 위해 의료 자원의 효율적 운영이 필요함을 절감하였다.

코로나19 바이러스 감염 환자들을 수용할 수 있는 병상과 의료 인력은 한정적이며, 병원이 담당해야 할 의료서비스 영역이 이 새로운 감염병에만 국한될 수는 없는 노릇이기 때문에 이들에 대한 효율적인 수용 및 치료체계가 필요했다. 특히 확진자 중 상당수의 비율을 차지하는 무증상·경증 환자 진료에 있어서 새로운 진료 모델이 필요함을 인식하게 되어 민관이 협력하여 생활치료센터를 운영하게 되었다.

그중에서 서울대학교병원이 운영했던 문경생활치료센터는 대구경북 지역의 3번째 생활치료센터였으며 2020년 3월 5일부터 4월 9일까지의 운영 기간 동안 8,500건의 비대면 진료가 이루어졌다. 문경생활치료센터는 중앙방역대책본부의 지침에 서울대학교병원의 내부 지침을 추가하여 동선관리 및 방역을 통한 오염구역과 청결구역의 분리, 비대면 진료를 통한 환자와의 접촉 최소화, 최선의 진료 제공 및 응급상황 대비를 위한 24시간 의료진 상주, 정신건강 관리를 통한 환자 불안감 최소화를 운영 원칙으로 하였다.

생활치료센터에 입소하는 환자들에게 혈압, 체온, 산소포화도, 호흡수 등을 제공된 장비를 통하여 자가 측정하도록 하였으며 몇몇 환자들에게는 ECG, PPG, SpO2, Pulse 등이 측정되는 착용형 활력징후 모니터링 장치를 제공하였고 입실 현황 및 환자 활력징후를 상시 모니터링 할 수 있는 온라인 대시보드(dashboard)까지 개발하여 설치하였다. 환자가 직접 측정하고 입력한 정보를 기반으로 서울대병원의 중앙모니터링센터 의료진과 문경생활치료센터 입소자 간의 비대면 진료가 스마트폰을 매개로 이루어졌다. 생활치료센터에서는 격리 기간 동안 엄격한 모니터링을 통해 환자의 증상 악화 시 신속하게 병원으로 이송할 수 있도록 하였으며, 타 병원으로 이송 시 영상 공유 플랫폼을 활용하여 환자 상태에 관한 영상자료를 이송 기관에서 공유할 수 있게 하였다.

비록 한시적이기는 하였지만 비대면 진료와 생활치료센터의 운영 경험은 다가올 비대면 의료체계의 병행을 위해 우리가 준비하고 보완해야 할 점이 무엇인지, 비대면 의료체계로 인해 기대할 수 있는 효과는 무엇인지에 대한 큰 시사점을 남겨 주었다.

〈표 4-2〉 병원-생활치료센터 간 시스템 구축 현황

지 역	구 분	내 용
서울대병원-문경생활치료센터	외부 의료영상 공유플랫폼	외부 의료기관 간 영상데이터를 공유할 수 있는 클라우드 플랫폼
	활력징후 측정 장비	환자가 활력징후를 측정, 해당 정보가 실시간으로 병원정보시스템에 인터페이스 됨.
	환자 모니터링 시스템	환자 주요 정보 통합 모니터링 (이름, 성별, 연령, 방 호수, 맥박, 산소포화도, 호흡수, 체온, 증상 유무, 발열, Chest x-ray 이상 유무)
	모바일 전자문진시스템	모바일을 활용하여 환자들이 직접 정보를 입력할 수 있는 전자문진시스템
	재택의료용 앱	생활치료센터 및 격리자를 위한 재택의료용 앱(향후 PHR로 확대 고려)

출처: 한국보건산업진흥원, 2020, 바이오헬스 리포트, 포스트코로나 헬스케어 디지털 트랜스포메이션 발췌.

Ⅲ. 비대면 의료체계에 대한 평가

1. 비대면 의료체계에 대한 환자 만족도

세계적인 경영 컨설팅 회사인 맥킨지가 2020년에 발표한 보고서를 보면 Telehealth 이용에 대해 코로나19 상황 이전에는 응답자의 11%만이 긍정적으로 답변하였는데, 코로나19 상황 이후 76%로 그 비율이 증가한 것으로 나타났다. 또한 실제로 Telehealth 서비스의 제공량도 코로나19 발생 이후 폭발적으로 증가하였으며, 전체 진료의 약 20%가 비대면으로 이뤄지고 있고 액수로는 약 2,500억 달러(한화 300조)에 달했다. 비단 양적 증대뿐 아니라 Telehealth를 경험한 환자 중 74%가 매우 만족한다고 응답하였다. 의사들의 경우에도 코로나19 발생 이전에 비해 Telehealth에 대한 태도가 우호적으로 변하였다는 응답이 57%에 달했으며, 64%의 응답자들은 Telehealth를 이용하여 진료하는 것이 더 편하다고 응답하였다.

한국에서도 생활치료센터 사례를 중심으로 비대면 진료서비스에 대한 유사한 보고가 있었다. 서울대학교병원이 문경생활치료센터 입소 환자 96명을 대상으로 비대면 진료서비스에 대한 인식조사를 수행한 결과 만족도와 편리성 항목에서 모두 5점 만점에 4.5점이 넘는 긍정적 평가를 하였다. 또한 응답자의 80% 이상이 비대면 진료가 대면 진료보다 못하지 않다고 평가하였다. 이를 통해 환자 본인이 자신이 직접 생체신호를 측정하고 입력해야 하는 불편함이 있었음에도 의료진과의 불필요한 접촉 및 진료 대기로부터 자유로우며, 환자 개인의 상태 변화에 대해 실시간으로 반응하는 비대면 의료서비스에 대한 만

속도가 상당히 높았음을 알 수 있다.

2. 비대면 의료의 기대효과

코로나19 상황을 극복하기 위하여 비대면 의료서비스가 시범적으로 도입되었고, 이를 통해 얻은 경험과 데이터들은 비대면 진료체계가 미래 의료체계의 일부로서 성공적으로 안착될 수 있을 것이라는 기대감을 심어주기에 충분하였다. 비대면 의료시스템은 감염병의 확산 방지에 기여하였으며, 특히 의료기관 내 감염으로부터 환자와 의료진 모두를 보호할 수 있는 대안이 되었다.

뿐만 아니라 비대면 의료체계는 의료서비스의 접근성을 더욱 높이고 의료 공급 부족을 완화하는 데에도 기여할 것으로 기대된다. 정부의 정책적 뒷받침과 스마트 기술(IoT, AI 등)에 기반을 둔 소프트웨어 및 하드웨어가 구축된다면 비대면 의료체계는 처음 우려와는 반대로 1차 의료기관의 새로운 역할을 모색할 수 있는 통로가 될 수 있을 것이다. 지역사회의 1차 의료기관이 스마트 의료기술을 바탕으로 비대면 진료를 병행하게 되면, 미래 의료서비스의 핵심인 인구 집단별 건강관리 서비스 및 만성질환 관리 서비스의 중심축으로 기능하게 될 것이다.

물론 아직도 많은 종류의 질환들이 의사와의 대면 및 의료기관 방문을 통해서만 진단과 치료가 이루어질 수 있기 때문에 전면적인 비대면 의료체계로의 전환은 애초에 불가능하며 적절하지도 않다. 그러나 우리가 경험한 비대면 의료서비스 시범 운영 사례들을 통해 비대면 의료서비스도 충분히 도입해 볼만한 의료체계라고 전향적으로 생각해 볼 수 있다. 비대면 의료체계가 기존의 의료체계와 함께 병행된다면,

신체 이상 징후 발생 시 내원 필요 여부를 미리 의료진에게 문의할 수 있고(특히 감염병과 관련하여), 퇴원 환자의 추적관리, 만성질환 관리 등과 같이 정기적 점검이 필요한 상황에 있어서 꼭 의료기관을 방문하지 않고도 주치의와 환자의 상태를 공유할 수 있다. 향후 비대면 의료 서비스에 대한 건강보험 적용 등과 같은 제도적, 경제적 유인들이 해결된다면 비대면 의료는 지역사회에서 주민의 건강 전반을 담당하는 1차 의료기관의 역할을 공고히 하고 주치의 제도를 보편화하는데 밑거름이 될 수 있을 것이다.

Ⅳ. 1차 의료기관의 역할 강화와 비대면 의료체계

1. 팬데믹과 1차 의료기관의 역할

코로나19 이후의 상황에서는 1차 의료기관의 역할 확대를 골자로 한 의료전달체계의 개편에 대한 요구가 더 커질 것으로 예상된다. 실제로 2015년 메르스 사태 이후로 감염병 확산을 막고 의료시스템을 효율적으로 운영하기 위해 의료전달체계를 개편해야 한다는 요구가 지속적으로 제기되어 왔다. 메르스 사태의 확산에 있어서 부실한 의료전달체계가 큰 문제로 지적되었기 때문이다. 감염 환자들이 아무런 제약 없이 여러 병원을 방문하고, 대형병원 응급실로 몰려들면서 감염을 확산시키는 결과를 낳았기 때문이다.

그러한 경험이 기반이 되어 코로나19 팬데믹 상황에서는 비교적 효과적으로 대응하였으나 상급종합병원 등의 3차 의료기관의 의료서비스 역량이 기존의 중증, 응급 환자 치료에 더하여 코로나19 환자 치료에도 투입되어야 하는 상황에서도 비교적 경증 질환의 환자들이 상급병원을 찾는 쏠림 현상은 환자회송과 진료협력 등의 노력에도 불구하고 여전히 해결되어야 할 문제로 보인다.

대형병원 쏠림 현상의 원인으로는 1차 의료기관에 대한 환자의 신뢰도 문제 및 1차 의료기관의 제한적 접근성이 거론된다. 1차 의료기관의 의료서비스가 시간에 구애를 받는 경우가 많기 때문이다. 거론된 문제들은 지역사회 주치의 제도를 기반으로 하는 1차 의료 체계의 확립을 통해 해결이 가능할 것이다. 환자와의 지속적이고 인격적인 관계 유지를 통해 환자의 건강정보를 습득하고 관리하며, 시의적절한 의료서비스를 제공한다면 1차 의료기관에 대한 신뢰가 회복될 수 있을 것이다.

또한 지역사회 1차의료 전담체를 구성하여 주말, 야간에 발생하는 진료 수요에 유연하게 응할 수 있도록 한다면 감염병으로 인한 팬데믹 상황 가운데서도 1차 의료기관과 상급의료기관 모두 본연의 역할을 충실하게 수행할 수 있게 될 것이다. 뿐만 아니라 의료비용의 절감, 의료 인력의 효율적 배분을 도모하여 보건의료 서비스 수준의 향상에 기여할 수 있을 것이다. 비대면 의료서비스는 효율적인 의료 전달체계 작동을 위한 1차 의료기관의 역할 수행에 있어서도 방법론적 대안으로 제시될 수 있다. 비대면 의료체계를 통해 지역사회 주치의와 환자 간의 건강정보 관련 의사소통 및 지역사회 1차의료 전담체 구축을 용이하게 해줄 수 있기 때문이다.

2. 1차 의료기관과 공중보건의료 그리고 비대면 의료

코로나19 상황 이전부터 우리가 직면해왔던 고령화 문제와 디지털 헬스케어의 발전 역시 비대면 의료서비스 확장에 새로운 기회를 제공하게 될 것이다.

한국은 기대수명의 증가 및 베이비붐 세대의 고령화 등의 원인으로 인해 고령인구가 급속히 증가하고 있다. 2000년의 고령화 비율[1]은 7.2%였으나 2018년에는 14.3%에 이르러 전체 인구 중 65세 이상 인구비율이 14% 이상인 고령사회에 이미 접어들었다.[2] 이러한 추세는 향후 급속도로 진전되어 2026년 즈음에는 전체 인구 중 65세 이상 인구 비율이 20% 이상으로 정의되는 초고령 사회에 진입할 것으로 예측된다.

기대수명이 길어지는 고령화 사회에서는 건강수명(Healthy Life Expectancy)의 중요성이 점차 증대된다. 건강수명은 평균수명에서 질병이나 부상으로 활동하지 못한 기간을 뺀 기간으로 '얼마나 건강하게 오래 사는가?'와 관련이 있다. 평균수명의 증가로 삶의 질의 문제가 더욱 중요시되고 있는 오늘날에는 대부분의 사람들이 기대수명보다는 건강수명에 더 많은 관심을 기울이게 된다.

1 전체 인구에서 65세 이상 인구가 차지하는 비율.

2 유엔은 65세 이상 인구가 전체 인구에서 차지하는 비율이 7% 이상이면 고령화 사회, 14% 이상이면 고령사회, 20%를 넘으면 초고령 사회로 구분한다.

[그림 4-1] 기대수명과 건강수명 추이

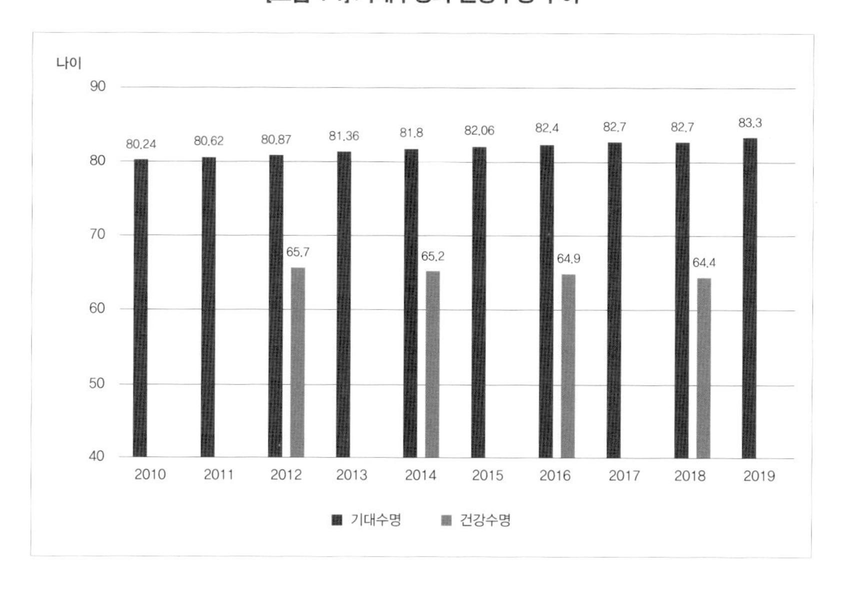

통계청이 발표한 자료를 보면 한국의 기대수명은 1970년 61.9세에서 2018년 82.7세로 꾸준히 증가해 왔다. 그러나 건강수명(유병기간 제외 기대수명)은 64.4세로 기대수명에 비해 18.3년이 더 짧은데, 이것은 이 기간 동안은 질병을 가지고 살아가야 한다는 것을 의미한다. 기대수명과 건강수명의 차이가 클수록 의료비 지출 증가와 삶의 질 저하가 초래될 수밖에 없기 때문에 이에 대한 사회적 차원의 해결책 모색이 필요하다.

건강수명을 늘리기 위해서는 발병한 질환을 치료하는 소극적 대응뿐 아니라 질병의 발병을 사전에 예방하고 건강상태를 지속적으로 관리하는 적극적 대응이 필요하다. 특히 이 지점에서 지역사회 1차 의료기관의 역할 증대가 요구된다. 1차의료는 환자의 가족과 지역사회에 대해 잘 알고 있는 주치의가 환자와 지속적인 관계를 유지하면서 보건

의료 자원을 모으고 알맞게 조정하여 주민들에게 흔히 나타나는 건강 문제들을 해결하는 분야를 말한다.[3] 지역사회 의료기관이 1차의료 본연의 역할을 충실히 감당하게 된다면, 질병의 원인, 치료 및 예방과 건강 증진을 위한 최선의 의학 지식을 인구 집단에 효과적으로 적용하여 전체적인 보건 수준을 최상의 상태로 향상시킬 수 있다. 나아가 건강관리를 위한 능력이나 자격 그리고 보건의료에 대한 접근성의 불평등 문제도 해결할 수 있을 것이다.

지역사회 의료기관의 1차 의료기관으로서의 역할 확립은, 붕괴되고 있는 지역사회 의료기관들의 회생을 위해서도, 국민의 건강증진을 위해서도 반드시 필요하다. 지역사회 의료기관이 1차의료의 역할을 충실하게 담당하기 위해서는 지역사회에서 1차의료를 맡는 주치의가 환자의 건강 문제 전반에 대한 관리, 조언, 조정의 역할을 담당하기 위한 공중보건시스템이 구축되어야 하며, 이를 위한 방법론적 측면에서 비대면 의료체계 역시 매력적인 대안으로 제시될 수 있다.

이러한 부문에 있어서 비대면 의료서비스의 활용 방안은 무궁무진하다. 4차 산업혁명의 요소 기술인 인공지능, 빅데이터, 사물인터넷 등을 기반으로 하는 다양한 의료기기 및 소프트웨어의 발전은 환자의 포괄적인 건강상태를 파악하고 지속적으로 추적하여 시의적절한 진단과 처방을 내릴 수 있다. 또한 현대인들의 건강을 위협하는 비만, 흡연, 음주, 운동 부족 등의 생활 습관 개선을 위한 교육과 상담도 비대면 의료

3 Lee JH, Choi YJ, Volk RJ, Kim SY, Kim YS, Park HK, Jeon TH, Hong SK, Spann SJ. Defining the concept of primary care in South Korea using a Delphi method. Fam Med 2007;39:425-431.

의 형태로 주치의가 보다 효율적이고, 경제적으로 진행할 수 있다. 도서산간 지역 거주자나 이동에 어려움이 있는 장애인의 의료서비스 접근 장벽을 낮추어 의료 형평성 문제도 해결할 수 있다.

이처럼 1차의료에 있어서의 비대면 의료체계 활용은 예방과 건강관리에 집중하는 의료서비스의 실현 가능성을 높이는 중요한 인프라가 될 것이다. 1차의료에 있어서 비대면 의료체계의 병행은, 환자 개개인의 고유한 특성에 적합한 맞춤의료서비스에 한 걸음 더 다가갈 수 있게 해 줄 뿐 아니라 지역사회 의료기관의 역할과 존립 근거의 외연을 확장해 주는 돌파구가 될 것이다. 또한 기존의 공급자 중심, 진단 및 치료 중심의 의료서비스가 수요자 중심, 예방 및 관리 중심 의료서비스로의 패러다임 전환을 가능케 할 것이다. 이는 비대면 의료서비스가 건강수명을 증대시키기 위한 의료체계 구축에 있어 중요한 축이 될 수 있음을 시사한다.

〈표 4-3〉 비대면 의료 플랫폼에 필요한 기술과 인프라 예시

기술과 인프라	기술 발전에 따른 변화
네트워크	5G와 향후 차세대 인터넷을 통해 빠르고 안전한 네트워크 보장
대용량 데이터 서버	클라우드 서버를 통한 안전한 데이터 저장
데이터 표준화와 보안	양자암호, 블록체인 기술 적용을 통한 보안 강화
원격진료를 위한 의료장비/기기	휴대전화와 웨어러블 기기를 사용해 각종 의료정보 수집 가능
수술로봇	로봇 기술의 발전에 따라 더 많은 수술 동작과 수술의 종류를 로봇이 수행하게 되어 비대면 수술의 범위가 넓어짐

출처: KISTEP Issue Paper 비대면 시대, 비대면 의료 국내외 현황과 발전방향

V. 비대면 의료체계의 안착을 위한 과제

우리는 비대면 의료체계가 가진 이점과 필요성에 대해 지난 2년여 시간 동안 몸소 경험할 수 있었다. 그러나 비대면 의료체계가 포스트 코로나 시대 의료체계의 일부로 자리매김하기 위해서는 아직 풀어야 할 숙제가 많이 남아 있다.

비대면 의료의 진단과 치료에 있어서 근거 자료로 활용되는 다양한 생체정보들을 정확히 측정하기 위해서는 기술적 부분이 뒷받침되어야 한다. 현재 다양한 생체정보 측정 장치들이 개발되어 있으며, 또한 개발 중이지만 아직도 미흡한 점들이 많다. 동일한 종류의 생체신호를 측정하는 경우에도 그 정확도가 기기마다 제각각인 경우가 많아 측정된 데이터들이 의료진의 의학적 판단에 신뢰할 만한 정보로 활용되기 어려운 경우도 있다. 향후 보다 정밀한 측정기술의 개발이 요구되며, 측정기술뿐 아니라 측정된 데이터들을 바탕으로 환자의 건강 상태와 질병의 징후를 정확히 파악해내기 위한 데이터 수집 및 분석 기술 측면의 진보도 요구된다.

개인 생체정보의 보안 문제도 매우 민감한 사안이다. 스마트 헬스케어 기술의 발달로 인해 개인의 생체정보가 실시간으로 축적되고 전달될 수 있는 기술적 토대가 마련되었다. 이는 동시에 막대하고 예민한 정보들이 유출되거나 오남용될 위험성이 도사리고 있다는 것을 의미한다. 따라서 생체정보의 소유 주체와 활용 범위에 대한 면밀한 논의와 생체정보의 보안을 강화하기 위한 기술개발이 동시에 이루어져야 할 것이다.

마지막으로 가장 큰 딜레마가 될 수도 있는 의료 형평성 이슈에 대해서도 고민해야 한다. 취약계층의 의료서비스 접근성을 높이고 건강 불평등을 해소하기 위한 대안으로 제시된 비대면 의료체계가 오히려 취약계층의 의료불평등을 야기할 수도 있다는 것이다. 경제적 능력 및 ICT 활용 능력이 상대적으로 낮은 취약계층에게는 오히려 비대면 의료체계의 기반이 되는 디지털 헬스케어 디바이스의 활용이 의료서비스 접근의 장애물로 작용할 수 있기 때문이다. 이러한 문제를 해결하기 위해 취약계층에 대한 디지털 헬스케어 디바이스 지원 및 활용 교육 등이 공공 차원에서 제공될 필요가 있다.

지금까지 언급한 문제들을 해결하기 위한 시작점은 비대면 의료서비스를 실현 가능케 할 주체들 간의 합의와 노력이 구체적으로 진행되어야 한다는 것이다. 정부는 규제를 완화하고, 제반 법령을 제정하며, 관련 분야의 연구개발 투자를 장려할 수 있는 경제적·제도적 유인책을 마련해야 할 것이다. 또한 비대면 의료체계 구축 및 운영과 관련하여 의료진과 기업, 시민사회 간의 활발한 논의의 장을 마련해야 할 책임이 있다. 의료진은 비대면 의료라는 새로운 의료체계를 기반으로 한 환자 중심의 건강수명 증대 방안을 끊임없이 모색할 필요가 있으며, 기업은 혁신을 거듭하여 새로운 스마트 헬스케어 기술을 개발하고 보완해 나가야 할 것이다.

이제는 더 이상 거스를 수 없는 흐름인 비대면 의료서비스가 의료불평등을 최소화하고 국민건강을 증진하는데 기여할 수 있도록 모두가 힘을 모아야 할 것이다.

| 참고문헌 |

통계청, 2021, 초과사망자 통계. https://kosis.kr/covid/statistics_excessdeath.do

e-나라지표, 기대수명 및 건강수명 추이, https://www.index.go.kr/potal/main/EachDtlPageDetail.do?idx_cd=2758

베키 데일 & 나소스 스틸리아누, 2020, "코로나19: 초과사망으로 알아보는 코로나19 '진짜 사망자' 수", BBC 뉴스, 2020년 6월 19일, https://www.bbc.com/korean/features-53103282

정승용, 2020, "COVID-19 대응 생활치료센터", SNU 국가전략위원회 제1차 코로나19 포럼, '코로나 팬데믹, 한국의 대응과 과제', 2020년 5월 21일, https://www.youtube.com/watch?v=yDo5HD5P6N0, https://www.snu.ac.kr/coronavirus/research?md=v&bbsidx=128166

박정희, 2020, 「코로나19에 따른 주요국의 원격의료 활용 사례」, 보험연구원, KIRI 리포트 글로벌 이슈, 8월 3일.

서울대학교병원, 2020, 「서울대병원 문경생활치료센터에 숨겨진 첨단정보 시스템」, 병원뉴스, 3월 19일. http://www.snuh.org/board/B003/view.do?bbs_no=5104&searchKey=&searchWord=&pageIndex=1

김지연, 2020, 「비대면 시대, 비대면의료 국내외 현황과 발전방향」, 한국과학기술기획평가원, KISTEP Issue Paper, 2020-10(통권 제288호).

이준명 외, 2020, 「디지털 헬스케어 활성화를 위한 산업통상 전략 보고서」, 국제무역통상연구원, TRADE FOCUS, 2020년 35호.

임영이 외, 2020, 「포스트코로나, 헬스케어 디지털 트랜스포메이션」, 한국보건산업진흥원, 바이오헬스 리포트 Focus On.

주민희 외, 2018, 「국민건강증진종합계획의 건강수명 지표 산출에 관한 연구」. 한국건강증진개발원.

한국의료기기안정정보원, 2021, 『글로벌 의료기기 규제대응 전략보고서-비대면 시대를 맞이하는 의료기기산업』.

이영한 외, 2020, 『포스트코로나 대한민국』, 한울아카데미.

이재호, 2014, 특별기고 「일차의료의 가치와 근거, 현실과 대안」, 한국보건의료연구원, 근거와 가치 vol 05, 2014년 9월.

Mckinsey & Company, 2020, Telehealth: A quarter-trilliondollar post-COVID-19 reality

Judy Murphy, 2016, Harnessing Population Health Management to Promote Quality Improvement in Healthcare, Himss

제5장

포스트코로나 시대의 노동 세계[1]

전병유 한신대학교 사회혁신경영대학원 교수

코로나19 이전 노동의 화두는 '일의 미래(future of work)'였다. 이른바 디지털 전환이 가속화되어 자동화, 플랫폼화가 진전되면서 일하는 방식과 형태가 크게 달라질 것이라는 전망 하에, 인공지능이 일자리를 줄이고 디지털 플랫폼이 새로운 비정형의 일자리만 늘릴 것이라는 담론이었다. 인공지능(AI)과 빅데이터 기반의 자동화로 '노동의 소멸'이라는 우려가 제기되었다. 더불어 디지털 플랫폼 노동의 확산으로 임금노동이라는 전통적 고용 형태가 크게 바뀔 것이라는 전망도 나왔다.

그러나 인공지능은 일부 기업을 제외하고는 빠르게 확산되지 않았다. AI 투자에는 돈이 많이 들고, 인공지능을 가르칠 데이터를 확보하는 것도 쉽지 않고 사람들은 작업장에서의 타성과 관행에서 벗어나기 쉽지 않았기 때문이다. '노동의 소멸'은 공포마케팅일 뿐이고, 인공지능의 세 번째 겨울이 올 것이라는 전망도 제기되었다.[2] 그런데 코로나

1 이 글은 창비에서 2021년에 발간된 『코로나 팬데믹과 한국의 길』에 실린 글을 출판사의 동의 하에 재수록한 글입니다.

2 Tim Cross는 Economist지 2020년 6월 11일자, "Artificial intelligence and its limits: An understanding of AI's limitations is starting to sink in"라는 칼럼에서 현재 AI가 직면하고 있는 한계에 대해 설명하고 있다.

19는 비대면 경제활동을 촉진함으로써 디지털 전환을 가속화하고 있다. 코로나19로 인하여 오프라인의 공간은 축소되는 반면 디지털 공간은 확대되었다. 코로나19는 생명, 생활, 생산에 커다란 영향을 주었을 뿐 아니라 '일의 미래'를 '현재의 일'로 빠르게 바꾸어나갈 것이라는 예측이다.

Ⅰ. 코로나19에 가장 취약한 '취약 노동자'

그러나 코로나19는 '일의 미래'를 현재화하기 이전에 '과거의 일'이 내재하고 있던 구조적인 문제를 매우 위급한 현재의 문제로 드러내고 있다. 전염병과 경제위기는 적자생존을 강요하여 불평등을 악화하는 경향이 있다. 특히 코로나19는 우리 사회의 취약한 지점들을 파고들어 숨기고 싶은 아픈 문제들을 더 들추어낸다. 코로나19는 노동의 세계에서 가장 취약한 계층에 가장 아프게 다가왔다. 근로계약 형태가 아니라는 이유로 노동법과 사회보험의 보호를 받지 못하는 '그날 벌어 그날 사는' 특수 형태 근로 종사자, 플랫폼 노동자, 프리랜서, 독립 자영업자가 여기에 해당된다.

사이먼 몽게이 등(Mongey et al., 2020)과 캐플런과 비올란테(Kaplan and Violante, 2020)는 일자리를 산업과 직업 특성으로 구분해 어느 계층이 코로나19로 인해 가장 큰 충격을 받는지 분석하였다. 산업을 사

https://www.economist.com/technology-quarterly/2020/06/11/an-understanding-of-ais-limitations-is-starting-to-sink-in

회적 대면 요소의 정도에 따라 사회적 산업과 일반적 산업으로 구분하고, 직업을 작업 장소 신택의 유연성과 원격 작업, 즉 재택근무 가능성에 따라 유연한 직업과 그렇지 않은 직업으로 구분했다. 그리고 이렇게 구분한 일자리 중에서 코로나19에 따른 경제활동의 변화와 경기위축의 효과를 분석하였다. 분석 결과는 상식과 부합한다. 사회적인 산업에서 유연하지 못한 직업군에 속하는 일자리를 가진 사람이 코로나19에 가장 취약한 것으로 나타났다. 대면 접촉이 필수적인 서비스 업종에서 긱 노동(Gig work)과 같은 재택근무가 불가능한 직업의 일자리를 가진 계층이 가장 큰 타격을 입었다.

코로나19 관련 진단, 체크, 간호, 간병과 청소, 배달은 코로나19 방역에서 가장 필수적이고 중요한 핵심 업무였지만 대부분 비정형, 비정규 노동자들이 담당했다. 반면 상층 노동자들에게는 바이러스를 피할 수 있는 피난처로 재택근무라는 혜택이 주어졌다. 한 조사에 따르면, 상위 20%는 재택근무 확률이 71%, 하위 20%는 41%, 중하위는 35%로 나타났다.

향후 코로나19로 인한 경기 침체가 장기화할 경우 이는 고용 위기를 초래할 수밖에 없다. 이로 인해 배달, 청소, 간병과 같은 저임금 노동시장에서 노동 공급을 증가시킬 것이다. 미래의 불확실성이 높은 상황에서 기업들의 아웃소싱이 증가할 것이기 때문에 이러한 일자리의 공급 역시 증가할 가능성이 높다. 그러나 기업들이 추진하는 무인화, 자동화 시스템으로 사람의 일자리는 더욱 줄어들 것이다. 이는 저임금 노동자들의 보수와 소득이 감소한다는 것을 의미한다.

그럼에도 이들은 대부분 실직 시 소득 상실의 위험으로부터 보호해줄 실업보험의 적용을 받지 못하고 있다. 코로나19 위기 시 기존의 고용보험 전달체계로 이들을 커버하기가 쉽지 않았다. 정흥준(2020)의 추계에 따르면, 고용보험이나 고용유지지원금을 실질적으로 적용받지 못하고 있는 노동자는 700만 명을 넘는다([그림 5-1] 참조). 이 때문에 정부는 긴급하게 고용 안정 지원을 위한 예산을 편성했다.

[그림 5-1] 고용보험과 고용유지지원금의 사각지대 현황

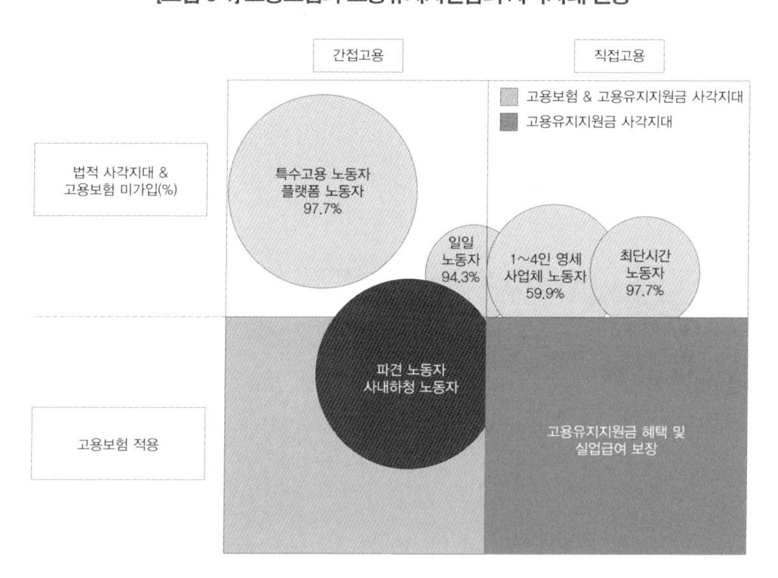

출처: 정흥준(2020), '코로나19, 사회적 보호 사각지대의 규모와 대안적 정책방향', 고용노동브리프 제97호(2020-04), 한국노동연구원.

정부는 용역파견근로자, 특수고용, 플랫폼노동, 프리랜서 등에 대해 고용 계약 여부를 따지지 않고 국세청, 건강보험공단, 그리고 금융기관의 전달체계를 활용하는 긴급고용안정지원금을 지급했다. 2020년 12월에서 2월까지에 비해 소득이 감소하거나 상실된 경우를 파악해서 직접적으로 빠르게 지원한 것은 시의적절한 정책이었다고 판단된다. 다만, 이러한 경험을 활용하여 취약한 계층의 실직 시 소득 상실의

위험을 보호하는 제도를 갖추어야 한다.

한편 제도적 대책으로는 기존 제도의 사각지대를 해소하기 위해 논의되었던 한국형 실업 부조인 국민취업지원제도가 국회에서 통과되었으며, 예술인에 대해서는 고용보험에 포괄하는 고용보험법의 개정안이 국회를 통과하였다. 그럼에도 특수형태근로종사자에 대한 고용보험 적용 법안은 아직도 국회에 계류중이다.

최근에는 모든 일하는 사람을 위한 전국민고용보험 도입 논의도 시작되었다. 모든 일하는 사람들의 일자리 상실 위험을 보호하자는 전국민고용보험은 고용 지위 여부(임금노동자로서의 종속성)와 특정 사업주에의 전속 여부(전속성)를 고용보험 가입과 수급의 조건으로 하는 기존의 고용보험제도를 일에서 발생하는 모든 소득을 기반으로 하는 소득 보장 보험 형태로 전환하자는 것이다. 그동안 종속성과 전속성 기준 때문에 대다수의 특수형태근로종사자나 프리랜서, 플랫폼노동자들은 고용보험에 가입할 수 없었다. 고용보험은 임금노동자의 실직 위험을 보호한다는 취지에서 만들어진 제도이기 때문이다(이를 비스마르크형 사회보험 제도라 한다). 그러나 이러한 임금노동 위주의 고용보험은 고용 형태가 매우 다양해지는 현실에 대응하는 데에는 한계가 있다. 따라서 고용 지위(임금노동자 여부)가 아니라 소득이 있는 일을 하는 경우 '소득'을 기반으로 고용보험에 가입하고 보험료를 지급하는 제도로 전환하자는 것이다.

사실 특수 고용이나 플랫폼 노동, 그리고 자영업자 전체를 전국적 표준제도인 고용보험으로 포괄하는 것은 쉽지 않은 과제이다. 전 국민 고용보험이 가능하려면 적절한 시점에 소득을 파악하고 지급할 수 있는 징수와 전달체계의 문제를 해결해야 하며, 자영업에까지 의무 가입을 하도록 할 경우, 보험료 산정이 되는 소득 기준의 형평성 문제, 세부적으로 소득에 기초하여 기여와 급여를 설계하는 문제, 소득의 완전한 상실이 아닌 부분적 소득 감소를 어느 수준에서 보전할 것인지의 문제 등 쉽지 않은 사안들을 해결해야 한다. 그럼에도 코로나19로 촉발된 위기는 취약 계층까지를 포괄하는 더 보편적인 고용 안전망을 구축하기 위한 기회가 되어야 할 것이다.

Ⅱ. 실직과 고용 유지, 그리고 사회적 대화

현재 코로나19로 인한 경제위기가 당장에 정규직의 고용위기로까지 나타나지는 않고 있다. 일단 정부의 고용유지지원금을 활용하여 해고를 자제하고 있는 것으로 보인다. 그러나 사회적 거리두기의 직접적 영향권 아래에 있는 항공이나 여행, 관광 업종 등은 커다란 고용조정의 압박을 받고 있다. 두산그룹이나 쌍용자동차 등 그동안 경영 사정이 좋지 않았던 기업들도 코로나19 이후 경제활동의 위축으로 고용조정 가능성이 대두되는 실정이다. 글로벌 경기 침체가 장기화할 경우 수출 감소에 따라 자동차, 석유화학 등 기간산업 기업들도 타격을 받게 될 것이다. 정규직 일자리에 대해서도 해고 위험이 증가할 수 있다. 유통업의 경우에도 당장은 배송 관련 일자리와 인력 수요가 증가하고는 있지만 비대면 경제활동이 확산되고 유통 서비스의 자동화, 무인화가 가속화하면 해고 가능성은 더 높아질 것이다.

이번 위기에는 미국을 제외한 많은 국가가 대량 실업보다는 고용

유지를 선택하고 있다.[3] 이는 2008년 글로벌 금융위기 이후 근로시간 단축이나 유·무급 휴직과 같은 고용 유지 전략이 대량 실업 후 재고용 전략(recall unemployment strategy)보다 효과적이었다는 판단에 근거한다. '일시 해고 후 재고용 전략'이 결국 해고는 하면서도 재고용하지 않는 기업들의 행위로 귀결되었기 때문이기도 하지만, 코로나19 위기는 자본 설비에 대한 직접적 타격보다는 노동에 대한 충격이 가장 강하게 왔기 때문이고 노동 충격은 인적자본이나 관계자본의 손실 등으로 장기적인 후유증으로 남는다는 것을 지난 글로벌 금융위기 때 확인했기 때문인 것으로 판단된다. 수요 사이드의 피해는 화폐, 금융정책으로 대응이 가능하지만, 공급 사이드의 피해는 쉽게 복원되지 않고 장기화할 수 있기 때문이기도 하다. 코로나19의 고용 충격은 단기간에 매우 심대하기 때문에 기업 또는 직업, 업종 특수적 숙련과 매칭이 상실되지 않고 보전될 수 있도록 할 필요가 있다는 것이다.

기존의 많은 연구가 고용 유지 전략이 해고 후 재고용 전략보다 생산과 고용 측면에서 효과적이었다는 것을 밝히고 있다. 유동성 위기 가능성이 있는 기업들도 정부 지원을 받고 고용 유지 전략을 택한 경우에는 위기가 종결된 이후에도 회복이 빨랐으며(Cahuc et al., 2018), 저생산성 기업들에 대해 고용 유지 지원을 집중했음에도 노동이동의 제약으로 인해 발생하는 구조조정 지연 효과(reallocation effects)는 상대적

3 유럽 국가들에 비해 미국의 실업률이 높은 까닭은 미국의 유연한 노동시장 채용과 해고가 자유로운 관행 탓도 있지만 실업급여 대신 고용 유지 지원 정책으로 대응하였다는 분석도 있다.
"Why the US jobless surge is worse than in Europe", 〈Financial Times〉, 2020. 05. 18., 〈https://www.ft.com/content/0a4f4bb0-94f7-11ea-af4b-499244625ac4〉(접속일: 2020. 06. 01.).

으로 적은 것으로 나타났다(Giupponi and Landais, 2018). 특히 코로나19로 인한 위기는 외생적 요인에서 기인한 것으로 창조적 파괴를 일으킬 것이라는 시장 주도 위기와는 성격이 다르기 때문에 고용 유지에 따른 구조조정 지연 효과는 상대적으로 적을 것이라는 판단이다(Giupponi and Landais, 2020).

한국 정부도 기업들이 해고를 하지 않고 고용유지를 할 경우 지원되는 고용유지지원금을 1조 원 이상 지급하였다. 그러나 기업들은 고용유지지원금은 6개월 이상 사용하기 어렵다. 경제와 고용 위기가 장기화할 경우 해고의 위험이 현실이 될 수 있다. 국무총리실 주재로 원포인트 사회적 대화가 진행되기도 하였다. 노동계는 해고 금지 의무화를 요구하였고 기업은 임금·근로시간 조정 등 고용 유지를 위한 비용부담에 노동계의 양보를 요구하여 최종 합의는 이루지 못했다.

코로나19에 기인한 고용 위기는 원칙적으로 기업이나 노동자의 책임이 아니다. 바이러스가 완화되거나 백신이 개발되면 고용 위기는 진정될 수도 있다. 따라서 정부 역할이 더 커져야 한다. 적어도 일정 기간 동안 기업은 해고를 자제하고 고용 유지 비용은 정부가 크게 부담하는 방식으로 노사정이 합의할 필요가 있다. 물론 노동계도 사회적 책임 차원에서 임금과 근로시간 조정을 어느 정도 수용해야 할 것이다. 고용 유지가 해고 후 재고용 전략보다 더 유연하게 작동할 수 있도록 정부의 세심한 지원제도 설계도 필요하다.

한편, 유급병가제도가 비정규직과 자영업자에 대해서는 적용되지 않고 있는 나라는 OECD 국가들 중에서 한국과 미국 정도이다. 코로나19 위기 대응에서 제도적 허점이었다. 비정규직에 대한 차별 시정조치에 유급병가제도를 포함시키는 제도 개선이 시급하고 복지제도

중에서 아직 한국에 아직 도입되지 않은 상병휴가제도의 도입도 시급히 고려해야 할 것이다.

Ⅲ. 코로나19 2020세대의 상처와 흉터

코로나19가 초래한 경제적 상흔은 누구에게 가장 깊이 남을까? 전염병은 중고령층에게 더 큰 위험이지만, 경제위기는 젊은 층에게 더 심각한 위험이다. 인쿠르트 조사에 따르면 청년들은 일자리 걱정이 34.5%로 감염 걱정 12.2%의 거의 3배에 달한다. 코로나19 위기가 초래하는 미래의 불확실성으로 기업들은 채용 중단을 일차적 대응 수단으로 하고 있다. 한 조사에 따르면, 주요 기업들의 85%가 채용 중단을 검토하고 있다고 한다.

학교를 졸업하고 사회에 첫발을 내딛는 졸업생과 취업준비생, 그리고 갓 입사한 신입사원들의 충격은 더 클 수 있다. 노동시장 진입 시기와 직장에 진입한 첫 번째 해는 숙련 형성과 경력 개발, 임금 상승에 매우 중요한 시기이다. 임금을 높이거나 다른 더 적합한 직종으로 이동할 수 있는 시기이다. 즉 일자리 매칭의 효율을 높이는 시기이다. 이때 경제위기를 당하면 커다란 타격을 받게 된다. 입직 시 임금이 크게 떨어질 뿐 아니라 선택할 수 있는 일자리 기회가 줄어들어 나쁜 일자리 매칭을 강요당한다. 전문가나 학자들도 초기에 일자리 매칭이 좋으면 연구 성과가 좋은 것으로 나타난다.

기존 연구들은 학교를 졸업하고 노동시장 진입 시기에 경제위기를 경험하는 '시대의 불운아'들의 상처가 쉽게 아물지 않고 흉터도 평생

간다는 것을 보여 준다. 기존 연구 결과들은 상식적이지만 요약해보자면 다음과 같다.

첫째, 기존 연구들은 이러한 '시대의 불운' 효과가 매우 장기에 걸쳐 나타난다는 것을 확인해준다. 학교를 졸업하고 노동시장에 진입하는 시기에 경기위기를 겪은 세대는 그렇지 않은 세대에 비해 10~15년에 걸쳐 임금이 평균 5~10% 적다. 이후 상처가 아물어도 흉터 효과는 평생 지속되며 이는 고용보다는 임금과 소득에서 더 뚜렷하게 나타난다. 생애 소비도 평균 5% 낮아진다. 이러한 상처 효과와 흉터 효과는 고졸 이하 저숙련 청년층에서 더욱 크게 나타난다.

제시 로스스타인(Rothstein, 2019)은 2008년 글로벌 금융위기에 따른 충격의 고용 효과를 단기 효과, 중기의 상처 효과(scar effects), 장기 코호트 효과(cohort effects) 등으로 분해해 분석한 결과 장기 코호트 효과가 크다는 사실을 실증하였다. 중기 효과는 상처가 아무는 10년 정도의 기간 효과이며, 장기 효과는 이들이 노동시장에 남아 있는 한 계속되는 효과이다. 경제위기 시 졸업하고 노동시장에 진입하는 청년층에 대한 장기적이고 누적적인 효과가 중기 상처 효과의 두 배에 달한다는 것이다. 즉 노동시장 진입 시의 충격이 장기적으로도 매우 클 수 있다는 의미이다. 기존 연구에서는 경제위기라는 불운의 효과(상처 효과)가 10년 이후에는 사라지는 것으로 알려졌으나 실상은 그렇지 않다는 것이다. 고용뿐 아니라 임금 측면에서도 노동시장에 진입하는 계층의 임금 손실이 적지 않은 것으로 추정된다.

미국에서도 코로나 세대론이 제기되고 있다. 2008~2009년 글로벌 금융위기의 효과를 분석한 결과를 보면, 밀레니얼세대들이 위기 이후 10년 동안 고용이 회복되었음에도 임금, 특히 연 단위 소득은 회복되지 않았다. 1981~1996년 출생한 밀레니얼세대들은 한국의 20~30세대이다. 이들은 2008~2009년 글로벌 금융위기 시 노동시장에 진입한 세대로 소득 피크로 향할 시점에 또 다시 타격을 받았다. 지난 3~4월 이들의 일자리 감소율은 16%에 달하여 베이비붐세대(1946~1964년 출생) 13%, X세대(1965~1980년 출생) 12%에 비해 높은 것으로 나타났다.

영국의 싱크탱크인 'The Resolution Foundation'은 〈2020년의 계급: 현재 위기 하에서의 졸업생들(Class of 2020: Education Leavers of Current Crisis)〉이라는 보고서에서 코로나19 위기로 대졸자의 임금이 향후 2년간 7% 낮아질 것으로 전망하였다(Resolution Foundation, 2020). 한국의 경우도, 최근 KDI 한요셉 박사의 연구에 따르면, 첫 입직이 1년 늦어질 경우 10년 동안 4~8%의 임금 하락을 경험하는 것으로 나타났다. 시대의 불운아들은 눈높이를 더 낮추거나 후배와 경쟁해야 하는 처지에 직면하기 때문이다.

둘째, '불황 졸업자'들은 일 경력이 미흡하고 독신일 확률이 높아 사회안전망의 지원을 받지 못하는 경우가 태반이다. 그러나 이들에 대한 사회안전망 지원은 상처를 빨리 아물게 한다.

셋째, 경제위기로 자산 가격이 임금보다 더 떨어질 경우 청년 세대에 대한 충격이 상대적으로 더 적을 수도 있고 청년에게 기회가 될 수도 있다. 그러나 '시대의 불운아'들이 경제위기로 자산을 취득할 확률은 높지 않다. 코로나19 팬데믹 위기에도 글로벌 자산 가격 하락 현상은 아직 나타나지 않고 있다.

넷째, 노동시장 진입 시 경기 침체의 영향은 일자리와 소득뿐 아니라 정신 상태, 일에 대한 태도, 정치적 선호에도 영향을 미친다. 취업 걱정으로 인한 우울증과 무기력감이라는 '코로나블루' 증상은 청년 세대에 더 심하다고 한다. '시대의 불운아'들은 인생의 성공이 노력보다는 운에 좌우된다고 생각한다. 직업 선호에서도 '의미 있는 일'보다는 '벌이(금전적 보상)'를 더 중요시하고 소득을 위해 일의 의미를 포기하겠다는 비율도 더 높다. '일의 의미'는 경제학적 의미에서 가치재(소득이 높아질수록 더 소비하게 되는 재화) 또는 사치재이기 때문에 이에 대한 수요는 경제가 좋지 않을 때 줄어드는 것은 당연하다. 다만 '시대의 불운아'들은 재분배 정책과 좌파 정당을 더 지지하는 것으로 조사되었다. 이들의 정치 성향은 상당한 정도로 왼쪽으로 아니면 포퓰리즘 쪽으로 갈 것이다. 10대 후반 20대 초반의 초기 성인기에 신념, 가치, 태도가 결정되고 그 이후 거의 변하지 않는다는 것이 심리학계의 정설이기 때문에 이러한 정치적 선호는 장기적으로 유지될 것이다.

코로나19가 노동시장에 미치는 1차 충격은 그날 벌어 그날 사는 특수형태근로종사자, 프리랜서, 영세 자영업자, 2차 충격은 대기업 구조조정으로 직장을 떠나야 할 40~50대 가장들, 그리고 3차 충격이 청년 채용 절벽일 것으로 전망된다. 그런데 이러한 충격이 순차적으로 몰려오기보다는 한꺼번에 몰려오는 듯하다. 정책도 긴급재난지원, 고용유지지원, 경기회복을 통한 일자리 창출이 순서대로 추진하는 것이 아니라 하나의 패키지로 집행해야 할 듯하다.

코로나19로 인한 경제위기로 인해 당장은 취약계층의 생활과 고용 안정, 그리고 고용 유지에 신경을 집중할 수밖에 없다. 그러나 장기적으로는 코로나19 2020세대가 일과 소득뿐 아니라 정신적으로도 상처받은 세대로 남지 않도록 해야 할 것이다. 물론 중장년층의 고용 유지와 청년층의 채용 유지가 상충되지 않도록 하는 것은 매우 어려운 일이지만, 이는 코로나19 이후 노동세계에서 사회적 합의가 필요한 매우 중요한 과제이다.

어느 세대나 '시대의 불운'으로 상처를 받을 수 있다. 다만 '불황 졸업자'들의 상처 효과는 더 깊고 흉터 효과는 매우 길다. 한국 사회가 'IMF 세대'의 흉터에 '코로나19 2020 세대'의 상처를 안고 가는 것은 매우 큰 부담이다.

우선, 긴급구호에서 정상경제로의 이행 단계로 넘어갈 때 일차적으로 채용 지원 정책이 필요하다. 채용지원금의 경우 경기부양 효과가 크고 불황기에는 사중손실 효과가 상대적으로 크지 않다. 신규채용에 대해 사회보험료를 한시적으로 면제하는 보편적 정책과 더불어 특정 계층과 특정 업종에 대해 채용장려금을 지원하는 타개형 정책이 결합되는 방식을 생각해볼 수 있다. 한편, 청년기본소득과 같은 현금 지원도 중요하지만 청년 자산 형성도, 더 많은 교육과 훈련도, 고용유지와 채용유지의 균형을 찾아내는 사회적 합의도 필요하다. 불리하게 시작하는 것이 개인의 책임이 아니라는 사회적 컨설팅도 필요하다. 우리는 현실의 어려움에도 장기 시야에서 수많은 재앙을 극복하고 커다란 일을 도모했던 호모사피엔스 아니던가.

Ⅳ. 재택근무와 언택트 노동

코로나19로 우리의 일상은 커다란 영향을 받았다. 그러나 디지털로 이루어지는 일상은 코로나19 이후 더욱 활발해지고 있다. 아마존, 구글, 네이버, 카카오 등 디지털 기업들의 주가는 코로나19 이전 수준을 넘어서고 있다. 많은 전문가가 포스트코로나 시대에 디지털 기술의 확산은 더 가속화할 것으로 예측하고 있다. 『글로보틱스(Globotics)』의 저자 볼드윈(Baldwin)은 막대한 일자리 손실, 막대한 부채 부담, 대규모 디지털 전환, 언택트 등 코로나 팬데믹 4대 충격이 '일의 미래'를 바꿀 것으로 전망하였다.[4] 원격지능(remote intelligence : RI)과 화이트컬러로봇(사무실의 자동화)이 확산되는 반면, 대면 접촉이 요구되는 일자리, AI가 다루지 못하는 일자리 등은 유지될 것으로 전망했다.

『기술의 덫』의 저자 프레이(Frey)도 역사적으로 불황은 자동화를 촉진했고 전쟁은 불황을 둔화시키는데, 코로나19 팬데믹은 전쟁 같은 상황이지만 불황으로 귀결되면서 자동화가 촉진될 것으로 전망했다. "소비자들은 대면접촉보다는 자동화된 무인 서비스를 더 선호할 것이고 기업들도 팬데믹에 안전한 방식으로 비즈니스를 재편할 것이다. 화상회의, 원격접속, 협력 소프트웨어(SW)가 일상이 된다. 로봇은 점점 더 정교해지고, 알고리즘의 패턴 인식 능력은 높아질 것이다. 일자리 유지 보조금이 종료될 경우, 자동화는 심화될 것이다."[5]

디지털 공간이 오프라인 공간의 상당 부분을 대체하면서, 일하는 방식에서도 온라인으로 소통하며 집에서 일하는 재택근무(work at home, telecommuting)가 확대될 것이라는 예측이 많다. 코로나 이전 유럽이나 미국의 경우 노동자의 16~17% 정도가 재택근무를 하고 있는 것으로 알려졌다. 그러나 유럽과 미국 등 많은 국가들의 경우, 봉쇄(록다운)와 사회적 거리두기 과정에서 40%가 넘는 노동자들이 재택근무를 경험했다. 기업들도 재택근무를 임시적 조치가 아닌 항상적 대안으

4 https://voxeu.org/article/covid-hysteresis-and-future-work
5 https://www.ft.com/content/817228a2-82e1-11ea-b6e9-a94cffd1d9bf

로 생각하기 시작했다. 페이스북은 향후 5~10년간 전체 직원의 50%를 재택근무로 전환한다고 밝혔다. 1980년대에 이미 앨빈 토플러가 예견했던 '지식 근로자들의 전자 오두막', 재택근무도 확산될 것이라는 예상이다.

재택근무는 생산성 향상과 일-생활 균형에 기여할 것이라고 한다. 니컬러스 블룸 등(Bloom et al., 2015)은 중국 콜센터에서 실시한 재택근무가 13%의 생산성 증가를 가져왔다고 실증 분석했고, 마르타 안젤리치와 파올라 프로페타(Angelici and Profeta, 2020)도 재택근무가 기업의 생산성과 종업원의 만족뿐 아니라 일-생활의 균형에도 기여하는 것으로 분석했다. 그러나 재택근무는 근로시간을 늘이는 경향이 있다는 연구도 적지 않으며, 일과 생활을 동시에 할 때 발생하는 스트레스도 적지 않은 것으로 분석되고 있다. 일이 산만해지고, 중단되거나 지연되기도 한다. 일과 생활의 균형이 아니라 일과 생활이 분리되지 않기 때문이다.

재택근무는 기업 내, 기업 간 불평등을 심화할 수도 있다. 재택근무는 기업 내 자주 보이는 사람과 그렇지 않은 사람으로 계층화할 수도 있다. 재택근무자가 할 수 없거나 미뤄두는 필수적인 조정 업무나 잔일감 처리는 온전히 비재택근무자에게 부담으로 떨어질 수 있다. 재택근무 가능성이 높은 대기업과 재택근무 여지가 없는 중소기업 사이의 격차는 더 벌어질 수 있다.

재택근무는 관계 지향보다는 업무 지향을 강조하여 능력주의를 확산시키고, 불필요한 회의나 대면 접촉을 줄여 생산성을 높이며, 값비싼 사무실 비용을 줄일 수 있으나, 대면 접촉에서 오는 창의와 혁신, 그리고 협력을 줄일 수 있다. 애플의 스티브 잡스 말대로, 정해지지 않은 시간과 공간에서 불특정한 만남에서 창의성이 나온다. 사람들 사이의 상호작용 속에서 협력이 가능하고 혁신도 그 과정에서 나오며, 이러한 사람들 사이의 상호작용은 작업실에서 이루어진다.

물론 재택근무나 화상회의의 기술과 방식이 진화할 수도 있다. 화상회의에 사회적 요소를 더 추가할 수도 있다. 그러나 사회적 상호작용의 중심지가 사무실이고 여기서 사회적 네트워크가 형성된다. 앞에서 언급한 니컬러스 블룸 등의 연구에서도 자발적 재택근무자의 50%가 결국 회사로 다시 돌아왔다고 한다.

그러나 보스턴대학 제시 쇼어 교수의 실험 연구는 과도한 집단 협업과 높은 수준의 연결성(온라인이든 오프라인이든)이 정보의 탐색에는 효과적이지만 창의적인 문제 해결에는 부정적이라는 사실을 보여준다. 과도한 접촉이나 접속보다는 짧고 간헐적인 소통이 더 효과적이라는 것이다. 구글의 인적자원관리 담당자였던 Mr. Bock은 1주일에 1.5일 정도는 집에서 깊이 있고 집중적인 업무를 하고 나머지는 사무실에서의 협력 작업을 하는 것이 바람직하다고 하였다.[6] 코로나19 이후의 노동 세계에서는 작업장 근무와 재택근무의 혼합 균형을 찾는 것이 필요해 보인다.

〈언컨택트〉의 저자 김용섭은 2020년은 우리 사회가 과잉 컨택트를 지나 적정 컨택트로 가는 중요한 분기점이라고 주장한다. '빨리빨리'와 '끈끈함'이 이종교배된 한국 사회가 생산성 신화와 일중독에서 벗

6 "Sorry, but Working From Home Is Overrated", 〈The New York Times〉, 2020. 03. 10., 〈https://www.nytimes.com/2020/03/10/technology/working-from-home.html〉 (접속일: 2020. 06. 01.).

어날 수 있는 계기가 될 수도 있으며, 상사와 부하, 선배와 후배 사이에 작동하던 작업장 내 권력 관계도 변할 수 있다고 본다.

재택근무에 대해 기성세대는 불편해하고 젊은이는 속으로 웃을 수 있다. 물론 젊은 층 내에서도 거리두기를 두려워하는 계층(Fear of Missing-Out : FOMO)과 즐기는 계층(Joy of Missing-Out : JOMO)이 있을 수 있겠지만, 기업 내 권력과 통제 관계는 상당히 바뀔 수 있다.[7]

접촉이 줄어도 접속은 확대되고, 상사나 관리자들은 직원들과 수시로 접속하고 싶어 한다. 재택근무를 하더라도 '무언가 항상 켜져 있는 생활(always-on-life)'이 24시간 지속될 수 있다. 더욱이 디지털 기술의 발전은 온라인 감시를 더욱 강화할 수 있는 기술적 토대가 된다. 회사는 개인에 대한 더 많은 개인 데이터를 확보하려 할 것이고 인공지능과 결합된 디지털 감시-통제 시스템이 강화될 수도 있다. '보이는 관리'는 줄어도 디지털 통제는 더 강화될 수 있다.

그러나 디지털 감시·통제가 무조건 기업의 효율성과 노동자의 만족도를 높인다고 보기 어렵다. 근무시간 외에는 상사와 '연결되지 않을 권리'도 보장되어야 한다. 통제 기반의 시스템을 진정한 자율 기반의 시스템으로 전환하기 위한 핵심은 회사와 종업원의 신뢰 수준을 높이는 것이다. 일하는 장소가 어디든, 통신과 소통 방법이 접촉이든 접속이든 노사 간의 신뢰를 유지하는 것이 여전히 기업 생산성과 개인의 만족을 동시에 높이는 핵심 요소이기 때문이다. 일에 대한 권력과

7 [김지수의 인터스텔라] "더 평등하고 더 깊어진 '언컨택트 사회'… 진짜 실력자만 살아남는다", 〈조선비즈〉, 2020. 05. 16., 〈https://biz.chosun.com/site/data/html_dir/2020/05/16/2020051600055.html〉(접속일: 2020. 06. 01.).

통제를 일에 대한 신뢰로 전환하는 것도 코로나19 이후 '일의 미래'의 과제이다.

V. 결론

코로나19가 거의 2년째 지속되면서 우리 사회는 커다란 비용을 선지불하였다. 이 비용의 부담은 국민들이 공평하게 분담해야 한다. 사실 앞에서 구체적으로 다루지는 않았지만 코로나19로 인하여 가장 직접적으로 가장 큰 타격을 받은 계층은 영세 자영업자들이다. 방역과 거리두기로 인하여 생업의 단절을 감내하지 않을 수 없었다. 모든 국민들이 코로나19로 인하여 정신적으로 경제적으로 커다란 피해를 감내해야 했다. 전국민 재난지원금이 타당성을 가지는 이유이다.

그러나 피해의 양과 질은 계층별로도 매우 차이가 컸다는 점도 사실이다. 금융 완화에 따른 자산 가격의 상승으로 자산계층은 커다란 이득을 보고 있고, 사상 최대 실적을 내고 있는 제조업 대기업들도 적지 않다. 부담과 보상이 선택적이고 타겟팅할 근거도 적지 않다. 재난지원금이 전국민 대상과 취약계층 타겟팅을 결합해야 할 이유이다.

사회적 비용은 회수되어야 한다. 위기를 계기로 새로운 제도가 만들어진다. IMF 외환위기 시 많은 사회정책 제도들이 구축된 경험을 가지고 있다. 그동안 취약했던 제도들을 보완하고 사회적 합의가 어려웠던 과제들을 해결해나가야 한다. 그중의 하나가 위기 시 소득 보장과 안전과 건강의 보장 문제이다. 정부는 2025년까지 2,100만 명 이상을 커버하는 소득보장형 전국민 고용보험제도를 완성하겠다고 했다. 다만 자영업자를 포함하는 제도로 조금 더 속도를 내어 구축될 필요가 있다. 모든 국민들을 대상으로 하는 상병수당도 사회적 합의를 통해 제도 구축해야 할 것이다.

코로나19를 계기로 일하는 형태와 방식도 빠르게 변화할 것이며, 성장산업과 쇠퇴산업의 변동성도 매우 커질 것이다. 이에 대한 노사 주체들의 협력과 합의에 기초한 대응이 요구된다.

| 참고문헌 |

Angelici, Marta & Paola Profeta.(2020), "Smart-Working: Work Flexibility without Constraints", CESifo Working Paper No. 8165.

Bloom, Nicholas., James Liang, John Roberts & Zhichun Jenny Ying.(2015), "Does working from home work? Evidence from a Chinese experiment", *The Quarterly Journal of Economics*, 130(1), 165-218.

Cahuc, Pierre., Francis Kramarz & Sandra Nevoux.(2018), "When short-time work works", CEPR Discussion Paper 13041.

Giupponi, Giulia., & Camille Landais.(2018), "Subsidizing labor hoarding in recessions: The employment and welfare effects of short-time work", CEPR Discussion Paper 13310, 2018.

Giupponi, Giulia., & Camille Landais.(2020), "Building effective short-time work schemes for the COVID-19 crisis", Vox EU.

Jesse Rothstein.(2018), "The Lost Generation? Scarring after the Great Recession", Working Paper, 2019, 〈https://eml.berkeley.edu/~jrothst/workingpapers/scarring.20190128.pdf〉.

Kaplan, Greg., Ben Moll & Gianluca Violante.(2020), "Pandemics according to HANK", Working Paper, 2020.

Mongey, Simon., Laura Pilossoph & Alex Weinberg.(2020), "Which Workers Bear the Burden of Social Distancing Policies?", *National Bureau of Economic Research*, Working Paper No. 27085, 2020.

Resolution Foundation.(2020). "Class of 2020: Education leavers in the current crisis", 2020. 05. 06., 〈https://www.resolutionfoundation.org/publications/class-of-2020/〉(접속일: 2020. 06. 01.).

제6장

포스트코로나 시대와 복지국가의 지속, 전환, 단절

윤홍식 인하대학교 사회복지학과

Ⅰ. 들어가는 글

코로나19 팬데믹 이후 우리는 어떤 세상을 살아갈까? 영국의 주간지 〈이코노미스트〉(The Economist, 2021a, 2021b)는 21세기 복지를 조망하는 특집을 기획하면서 "코로나19 팬데믹이 복지국가를 변화시키고 있다", "포스트코로나 시대의 사회안전망을 어떻게 만들까"라는 제하의 기사들을 실었다. 코로나19 팬데믹에 대응하는 미국을 보면서는 미국이 '미국 예외주의'에서 벗어날 수 있을지를 물었다(The Economist, 2021c). 새로 출범한 조 바이든 행정부가 아동 1인당 월 300달러의 아동수당 지급을 추진하는 등 미국이 전례 없는 복지 확대를 계획하고 있기 때문일 것이다.

균형재정에 묶여 있던 서구 복지국가들이 국가부채를 아랑곳하지 않고 코로나19 팬데믹에 직면해 엄청난 재원을 쏟아붓고 있는 모습을 보고 있노라면, 중도보수의 입장을 견지하는 〈이코노미스트〉가 왜 이런 질문을 던졌는지 이해가 된다. 코로나19 팬데믹에 직면해 미국과 영국은 각각 GDP의 16.7%와 16.3%에 이르는 막대한 현금지원(추가 지원)을 했고 뉴질랜드의 지원 규모는 무려 19.1%에 이른다(IMF,

2021a). 균형재정을 엄격하게 지켰던 독일도 2020년 한해에만 국가부채를 GDP의 14.1%p나 늘리면서 코로나19 팬데믹에 대응해 GDP의 11.0%에 이르는 추가 지원을 했다(IMF, 2021a, 2021b).

복지국가가 정말 균형재정이라는 신자유주의의 올가미를 벗어버린 것일까? 우리가 알고 있던 복지국가가 전환을 넘어 지난 40년과 단절하고 새로운 복지국가를 만들어가는 것일지도 모른다. 하지만 역사에서 단절은 없다. 모든 시대는 그 시대만의 흔적을 남기며 하나의 사건은 그 이전 시대부터 진행되던 변화의 누적된 결과이자 변화를 가속화하는 촉매이기 때문이다(윤홍식, 2019a).

또한 가속된 변화는 누적의 속도를 배가하면서 이전 시대의 특성을 전환시키기도 하고 그러한 전환이 때로는 우리 앞에 단절처럼 보이기도 한다. 그러나 현재가 그렇듯이 미래는 과거와 현재 없이는 존재할 수 없는 과거와 현재의 미래이다. 지속, 전환, 단절은 상호배타적이며 독립적인 것이 아니라 공존하며 밀접한 관계를 갖는 시대의 국면이 갖는 다양한 모습인 것이다.

이러한 인식에 기초해 이 글은 코로나19 시대 이후 복지국가의 모습을 조망했다. 먼저 코로나19 팬데믹 이전의 복지체제의 구조적 특성에 대해 살펴보았다. 이어 코로나19 팬데믹으로 나타난 변화를 살펴보고 코로나19 이후 복지국가의 미래를 전망했다. 마지막으로 포스트 코로나 시대를 대비하기 위한 과제를 복지국가의 관점에서 제기했다.

Ⅱ. 코로나19 이전 복지체제의 구조적 특성

1. 복지국가의 위기

1980년대부터 본격화된 인플레이션과 재정균형(긴축) 중심의 신자유주의 정책기조와 1990년대부터 본격화된 글로벌라이제이션은 국민국가 내에서 확장적 재정정책, 특히 인플레이션을 일정한 수준에서 용인하는 대신 완전고용을 추구했던 복지국가의 위기를 초래했다(Rodrik, 2011[2007]; Esping-Andersen, 2006[1999]: 64). 특히 경제정책의 기조가 완전고용과 소득보장에서 인플레이션을 통제하고 균형재정(긴축)을 유지하는 것으로 전환되자 중하층 시민들의 안전한 삶을 보장하는 복지국가의 역할이 급격히 축소되었다.

이러한 세계질서의 신자유주의화(정책기조의 변화와 글로벌라이제이션)는 복지국가에 크게 세 가지 압력으로 나타났다. 첫째, 제2차 세계대전 이후 복지국가가 완전고용을 유지하려는 정책은 제조업의 쇠퇴로 인해 더 이상 불가능한 목표가 된 것처럼 보였다. 특히 케인스주의 정책이 인플레이션과 경기침체를 동시에 유발하는 스태그플레이션으로 나타나자, 복지국가가 완전고용을 유지하기 위해 시장에 개입하는 정책은 명분과 실리를 모두 잃었다(Person, 2006[1994]: 23).

둘째, 복지국가가 완전고용을 포기하자 복지국가의 역할은 단순히 시민들이 직면한 실업, 질병, 노령, 돌봄 등 사회적 위험에 대응해 소득을 보장하고 사회서비스를 제공하는 것으로 변화했다(윤홍식, 2019b).

복지정책의 성격이 시민권에 기초한 보편적 복지급여에서 취약계층에게 노동시장 참여(또는 교육·훈련 참여)를 강제하는 근로장려세제

(EITC)와 같은 '근로연계'를 강조하는 복지정책으로 전환되었다.

셋째, 보건의료 등 사회서비스의 민영화, 시장화, 영리화가 확대되었다. 기존의 공공 사회서비스도 효율성을 높인다는 명목으로 민간 영리 서비스와 같이 비용 대비 효율성이라는 신자유주의 프레임에 기초해 운영되었다.

이러한 복지국가의 신자유주의화는 서구 복지국가에서 불평등과 빈곤의 확대로 나타났다. 지니계수로 측정한 영국의 소득불평등은 1970년대 중반 0.250에서 1990년대 중반이 되면 0.337로 높아졌고 동기간 동안 미국의 소득불평등도 0.315에서 0.361로 높아졌다. 보편적 복지국가의 모범으로 알려진 스웨덴도 예외가 아니었다. 1980년대 중반 0.198에 불과했던 지니계수는 2000년대에 들어서면서 0.243까지 상승했고 2014년에는 0.281을 기록했다.

불평등만이 아니다. OECD 국가 중 가장 빈곤율이 낮은 국가 중 하나인 스웨덴도 1970년대 중반 3.8%에 불과했던 빈곤율이 2010년대 중반이 되면 8.8%로 급증했다(윤홍식, 2019b: 77). 흥미로운 사실은 이러한 불평등의 증가가 [그림 6-1]에서 보는 것처럼 1980년대 이후 OECD 회원국의 GDP 대비 복지지출이 증가했음에도 나타난 현상이라는 점이다.

[그림 6-1] OECD 회원국의 GDP 대비 사회(복지)지출, %, 1980~2019

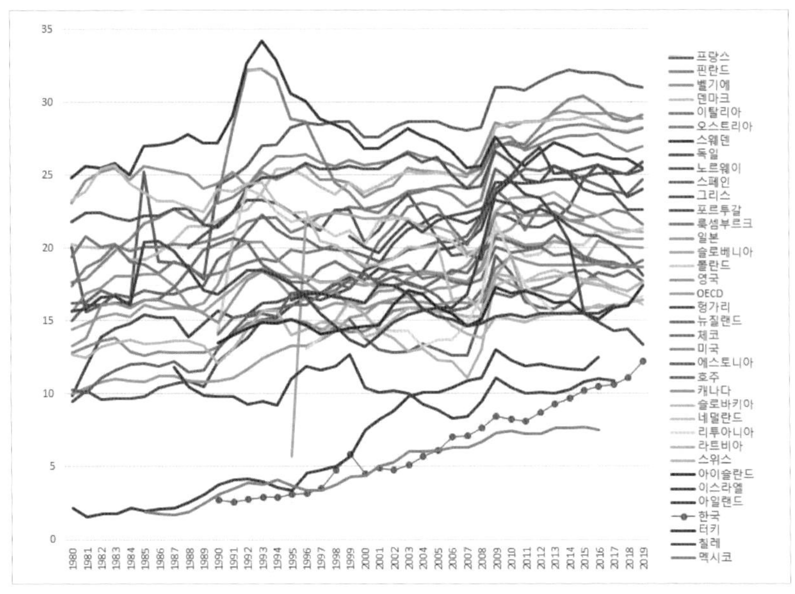

출처: OECD(2021), 임범례는 GDP 대비 사회지출이 높은 순으로 위에서 아래로 배율.

정치적으로 이러한 복지국가의 신자유주의화는 중하층 노동자들의 삶에 대한 불안을 가중시킴으로써 중하층 노동자들이 극우 포퓰리즘에서 대안을 찾는 경향을 가속화시켰다(Piketty, 2020[2019]). 중하층 노동자들이 전통적 복지국가의 지지 세력에서 이반되면서 서구 복지국가에서는 극우 포퓰리즘이 복지국가의 기초인 민주주의와 자유주의의 정치질서를 위협하는 양상이 나타나고 있다. 극우 포퓰리스트 정당인 '독일을 위한 대안(AfD)'은 2013년 4.7%를 득표하는데 그쳤지만 2017년이 되면 12.6%를 득표하면서 제3당에 올라섰다(Wikipedia, 2021a). 2017년 5월에 치러진 프랑스 대통령 선거에서는 극우정당인 국민전선(FN)의 마린 르 펜(Marine Le Pen)이 결선투표에 진출해 33.9%의 득표율을 기록했다(Wikipedia, 2021b). 전통적으로 사민당의 영향력이 강했던 스웨덴에서도 극우정당인 스웨덴민주당은 비약적으로 성장했다. 1998년 0.4%의 득표율을 기록했던 스웨덴민주당은 2013년 선거에서 사민당과 중도당에 이어 제3당이 되었고(12.9%) 2017년 총선에서는 17.5%의 득표율을 기록했다(Wikipedia, 2021c).

인플레이션 통제를 위한 재정균형과 긴축으로 대표되는 신자유주의 경제기조가 주류로 부상하면서 복지국가가 중하층 시민들이 직면한 사회적 위험에 제대로 대응하지 못하자 중하층 시민들이 사민주의 정당 대신 극우정당을 지지하기 시작한 것이다. 다만 긍정적인 변화는 코로나19 팬데믹 국면에서 국가의 역할이 강화되고, 이주민이 감소하자 극우정당에 대한 지지율도 낮아지고 있다는 점이다. 왜 하층노동자들이 극우정당을 지지했는지 이해할 수 있는 사례이다.

2. 코로나19 팬데믹 이전 한국 복지국가의 구조적 특징

1960년대 시작된 산업화는 한국 복지체제의 성격에 중요한 영향을 미쳤다. 1960년대 산업화 이후 한국 복지체제의 특성은 경제성장이 일자리를 만들고, 이렇게 만들어진 일자리가 저임금, 장시간 노동, 저(低)세금과 결합해 시민의 소득을 높이는 방식으로 빈곤과 불평등을 완화하는 개발국가 복지체제(Developmental State Welfare Regime : DSWR)가 만들어졌다(Yoon, 2019). 이러한 개발국가 복지체제가 중산층에게 제공한 안정적 일자리와 낮은 세금은 중산층이 부동산과 금융자산을 축적할 수 있는 기회를 제공하고 이렇게 축적된 사적 자산은 기업복지의 확대와 함께 중산층에게 공적 복지를 확대할 필요성을 감소시켰다. 성장과 사적 자산 축적이 공적 복지를 대신하는 개발국가 복지체제가 만들어진 것이다.

개발국가 복지체제는 [그림 6-2]에서 보는 것처럼, 1970년대 후반부터 1990년대 후반(또는 초반)까지 대략 15~20년 동안, 한국 자본주의 황금시대와 함께 전성기를 구가했다. 한국 복지체제는 '개발국가 복지체제의 황금시대' 동안 공적 사회지출의 유의미한 증가 없이(GDP 대비 사회지출은 1976년 0.87%에서 1997년 3.6% 수준으로 매우 낮은 수준을 유지함) 상대적으로 낮은 소득불평등(지니계수)을 유지할 수 있었다.

개발국가 복지체제에서 고도성장이 서구 복지국가의 완전고용 정책과 소득보장 정책의 기능적 등가물의 역할을 했던 것이다. 그러나 개발국가 복지체제는 1990년대 초중반부터 약화되기 시작해, 1997년 외환위기를 거치면서 해체되자 성장과 분배의 탈동조화(decoupling) 현상이 나타났다. 성장이 불평등과 빈곤을 확대하는 시대로 한국 사회가 진입한 것이다.

[그림 6-2] 한국 복지체제의 GDP 대비 사회지출과 지니계수의 변화, 1962~2018

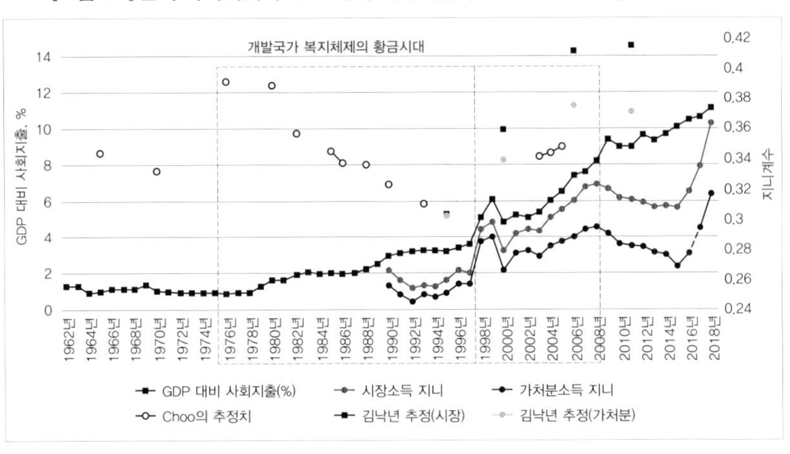

출처: 윤홍식(2019b).

성장을 통해 공적 사회보장제도의 확대 없이 불평등과 빈곤을 완화했던 개발국가 복지체제가 약화되면서 불평등과 빈곤이 증가하자 1997년 이후부터 한국 복지체제는 사회보험을 강화하는 방식으로 대응했다. 하지만 사회보험은 안정적 고용을 기반으로 정기적으로 사회보험에 기여금을 장기간 낼 수 있는 노동자들을 주 대상으로 하는 제도라는 점을 한국 사회는 간과했다. 한국의 산업구조는 서구와 달리 포드주의에 기초한 완전한 산업화를 달성한 적이 없었다. 한국은 서구에서 제조업 고용이 정점이었던 시점과 비교해 상대적으로 고용 비중이 낮았던 1980년대 후반부터 탈산업화가 시작되면서 노동시장에서 괜찮은 일자리를 충분히 만들지 못했다(Amirapu and Subramanian, 2015; Rodrik, 2015).

이처럼 한국은 1997년 외환위기 이전에 노동시장에서는 이미 비전형적 노동자의 비율이 높은 수준에 있었고 1997년 외환위기 이후 노동시장 유연화가 본격화되면서 비전형적 노동자의 규모는 더 증가했다. 이러한 조건에서 자유주의 정부(김대중 정부)는 사회보장제도의 보편성을 확대하기 위해 사회보험 중심의 복지국가 확대를 도모했다. 한국 복지체제에서 공적 사회보장제도가 상대적으로 안정적 고용과 임금을 보장받는 정규직 노동자를 중심으로 확대되는 역진적 선별성이 강화된 것이다(윤홍식, 2019b).[1] 더욱이 1980년대 이후 집권한 거의 모

1 일반적으로 복지의 선별성(또는 선별주의)은 상대적으로 소득과 자산이 낮은 취약계층을 대상으로 공적 복지가 제도화되는 경우를 지칭하는 용어이나, 여기서는 일반적인 의미의 선별성과 반대로 공적 복지가 상대적으로 소득이 높고, 고용이 안정적인 집단을 중심으로 제도화되어 있는 한국 사회의 특수한 현상을 설명하기 위해 사용한 개념임.

든 정부가 [그림 6-3]에서 보는 것처럼 낮은 세금을 유지해 중산층이 사적 자산(부동산과 금융자산)을 축적할 수 있도록 지원했다.

중산층이 사회적 위험에 대응하기 위해 공적 사회보장제도에 의존할 필요성이 낮아진 것이다. 흥미로운 사실은 개발국가의 전형으로 알려진 박정희 정권 시기 동안 GDP 대비 조세부담률은 지속적으로 높아지고 있었다는 점이다.[2] 즉 낮은 세금에 기초해 국가가 중산층이 사적 자산을 축적할 수 있도록 지원했던 개발국가 복지체제의 모습은 1960년대와 1970년대 개발국가의 특성이 아니라 1980년대 이후 전두환 정권이 추진한 균형재정(긴축), 신자유주의화의 결과였다.

[그림 6-3] 조세부담률과 국민부담률의 변화, 1961~2021

출처: 기획재정부(2020), 통계청(2021)

2 박근혜 정부에서도 GDP 대비 조세부담률은 지속적으로 증가했다.

정리하면 이러한 개발국가 복지체제가 1990년대를 경과하면서 약화되고 사회보험을 중심으로 사회보장제도가 확대되면서 한국 복지체제는 역진적 선별성이 강한 복지국가로 구성되고 있었다. 중·상층은 공적 사회보장제도의 대상인 동시에 사적 자산을 축적한 계층으로 사회적 위험에 대응할 자원을 구축했다. 반면 중하층은 사적 자산을 축적하지 못했던 것은 물론 공적 사회보장제도로부터도 배제된 상태였다. 이러한 조건에서 한국 사회는 1929년 대공황 이후 최대 위기라고 할 수 있는 코로나19 팬데믹에 직면했던 것이다.

Ⅲ. 코로나19 팬데믹의 성격

완전고용(또는 고용유지·확대)을 추구하는 정책역량이 거세된 복지국가는 코로나19 팬데믹에 직면해 심각한 위기에 맞닥뜨렸다. 코로나19 팬데믹으로 생산, 소비, 유통이 전면적으로 중단되면서 대부분의 산업화된 복지국가들은 고용위기에 직면했다. 그러자 복지국가는 고용을 유지하고 소득을 보장하는 방식으로 코로나19 팬데믹에 대응했다. 복지국가의 이러한 모습은 현상적으로는 복지국가가 1940년대부터 1970년대까지 유지되었던 역사적 복지국가[3]로 회귀한 것처럼 보였다. 〈표 6-1〉에서 보는 것처럼 북유럽 복지국가를 제외한 대부분의 복지

3 역사적 복지국가란 제2차 대전 이후부터 1970년대까지 자본주의 황금시대와 함께 했던 복지국가의 황금시대를 지칭하는 용어이다(윤홍식, 2019a). 1980년대 이후 신자유주의화된 복지국가와 구분하기 위해 역사적 복지국가라는 용어를 사용했다.

국가들은 시민의 고용유지와 소득보장을 위해 전례 없는 현금지원과 유동성 지원에 나섰다. 이러한 현실은 우리가 복지국가의 역할을 소득보장과 사회서비스를 제공하는 것으로 최소화시킨 복지국가의 신자유주의화를 재검토하는 계기가 되었다.

〈표 6-1〉 OECD 주요 회원국의 GDP 대비 추가지출과 유동성 지원

국가	추가지출 (A)	유동성 지원(B)	코로나19 (A+B)	국가	추가지출 (A)	유동성 지원(B)	코로나19 (A+B)
덴마크	1.8	4.3	6.1	이탈리아	6.8	35.5	6.1
핀란드	3.0	7.0	10.0	그리스	11.0	4.9	10
스웨덴	4.2	5.3	9.5	포르투갈	4.7	6.5	9.5
노르웨이	4.2	4.4	8.6	미국	16.7	2.4	8.6
오스트리아	8.6	2.4	11.0	캐나다	14.6	4.0	11
벨기에	7.2	11.9	19.1	영국	16.3	16.1	19.1
프랑스	7.7	15.8	23.5	호주	16.2	1.8	23.5
독일	11.0	27.8	38.8	한국	3.4	10.2	38.8
스페인	4.1	14.4	18.5	일본	15.6	28.4	18.5

출처: IMF(2021a).

하지만 복지국가의 이러한 대응이 위기로 인해 확대되는 불평등을 완화할 수 있을지는 여전히 알 수 없다. 일부에서는 코로나19 팬데믹이 제2차 세계대전과 같이 불평등을 완화하는 계기가 될 수도 있다는 전망을 이야기한다. 그러나 역사적으로 위기가 불평등을 약화시킬지 여부는 국민국가 내의 권력자원, 더 나아가 자본주의 세계경제의 패권질서와 밀접히 관련되어 있었다.

우리는 역사적 경험을 통해 포스트코로나 시대의 불평등의 양상을 추정할 수 있다. 14세기 유럽에서 발생한 흑사병은 유럽 인구의 30~60%를 감소시키는 엄청난 재난이었다. 상식적으로 추론하면 봉

건제 사회에서 노동력의 감소는 농노(민)의 권리를 향상시킬 것으로 기대할 수 있다. 하지만 흑사병으로 인한 농노의 권리는 농노의 권력자원에 따라 상이했다. 농민의 힘이 상대적으로 강했던 엘베강(Elbe)[4] 서쪽(서유럽)에서는 봉건제가 약화되면서 농민의 권리가 강화되었지만, 엘베강 동쪽(동유럽)에서는 노동력 감소가 오히려 영주의 권리를 강화하고 농민의 권리를 약화시키는 계기(재판 농노제)가 되었기 때문이다(1991[1985], 1991[1976]). 제2차 세계대전 이후 복지국가가 확대된 것도 유사한 맥락에서 이해할 수 있다. 1, 2차 대전을 거치면서 성장한 노동계급과 진보정당의 권력자원은 대전 이후 노동자와 중산층에게 유리한 복지국가를 확대할 수 있었던 결정적 요인이었다.

코로나19 팬데믹 이후 불평등의 양상 또한 역사적 경험에서 벗어나지 않을 것이라고 판단된다. 코로나19 팬데믹 이후 상황을 예단해 보면 민주주의, 진보정당, 노동자의 권력자원이 취약한 국가에서 복지국가가 중산층과 일하는 사람들에게 유리한 방향으로 확대되면서 불평등을 완화할 가능성은 낮다. 실제로 코로나19 팬데믹에 대응하는 강력한 방역 비용(희생)이 이미 취약계층에게 집중되면서 불안정 고용상태에 있는 취약계층의 대량실업과 소득 감소로 이어졌다.

IMF가 최근 발간한 보고서에서도 [그림 6-4]에서 보는 것과 같이 지금까지 발생한 대부분의 팬데믹은 불평등을 확대했다. 반면 취약계층의 권력자원은 조직화되어 있지 않고 취약계층을 대변할 사민당의 권력자원 또한 취약한 것이 현실이다. 물론 피케티가 이야기한 것처럼

4 체코에서 시작해 독일 함부르크를 거쳐 북해로 흘러가는 하천으로 독일 베를린의 서쪽에 위치한 강임. 전통적으로 동유럽과 서유럽을 나누는 경계로 알려져 있음.

[그림 6-4] 사스, 조류독감, 메르스, 에볼라, 지카 발병 이후 지니계수 변화

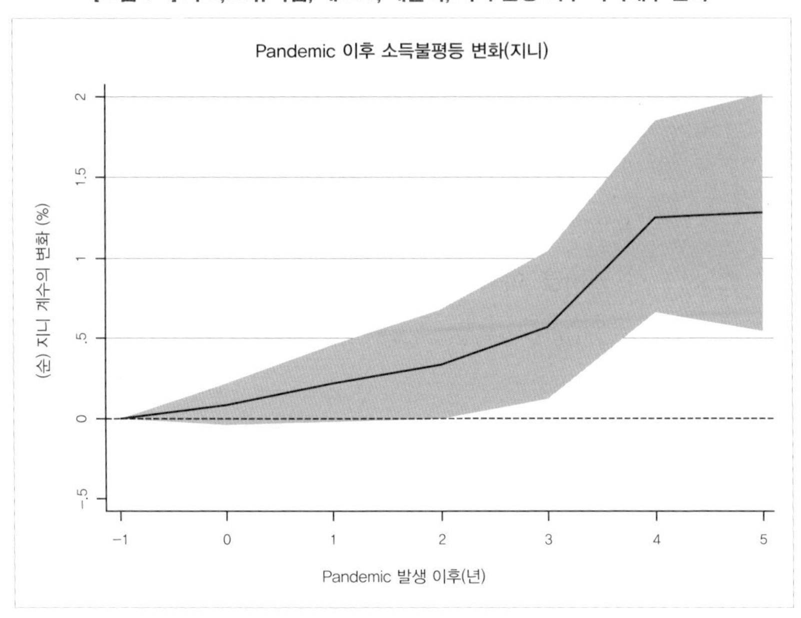

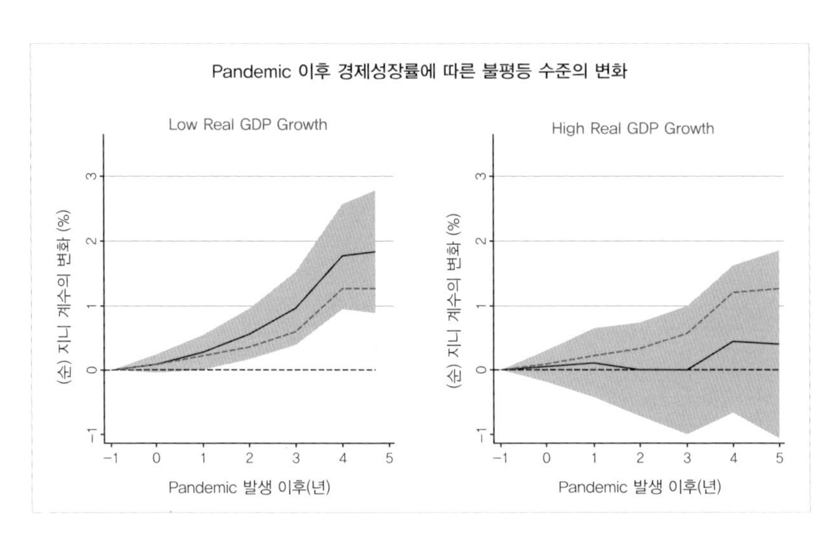

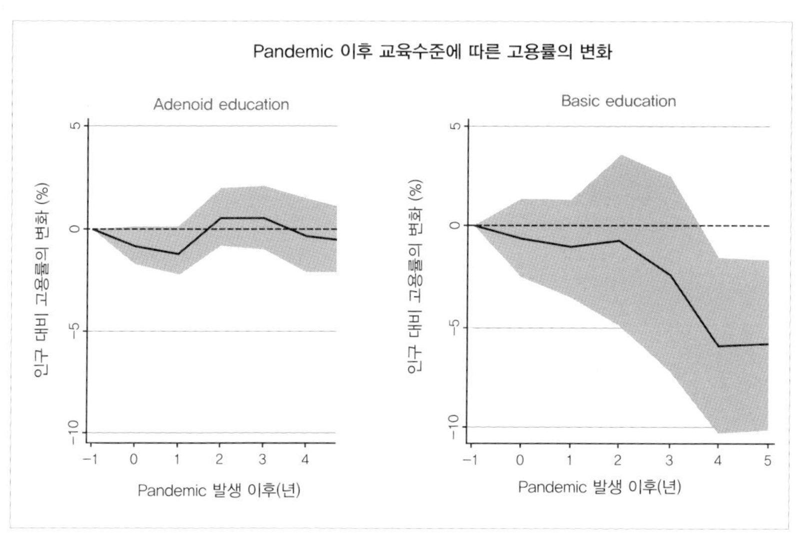

출처: Furceri, D., Loungani, P., Ostry, J., and Pizzuto, P. 2020.

사민당은 이미 중상층의 이해를 대변하는 브라만 정당으로 변화했기 때문에(Pikketty, 2020[2019]) 설령 사민당의 권력자원이 강력하다 해도 사민당이 취약계층의 이해를 대변하는 방식으로 복지국가를 재구조화할 수 있을지는 알 수 없다.

주목할 사실은 코로나19 팬데믹 와중인 2021년 3월 14일에 치러진 독일 주의회 선거에서 집권당인 기민당이 역대 최저 득표율로 패배했다는 점이다. 극우 포퓰리즘 정당인 AfD(독일을 위한 대안)도 지난 선거와 비교해 4~5%p의 득표율이 하락하면서 저조한 결과를 기록했다. 반면 바덴부르트템베르크주에서는 녹색당이, 라인란트파르주에서는 사민당이 승리했다(한겨레, 2021. 3. 16). 위기 국면에서 전통 좌파와는 다른 결의 녹색당이 부상하고 사민당도 일정한 세를 회복한 것처럼 보인다. 결국 중요한 것은 복지국가 확장을 위한 우호적인 정치세력이 팬데믹 국면에서 다시 권력자원을 강화할지 여부가 포스트코로나 국면에서 복지국가의 재강화에 중요한 영향을 미칠 것으로 보인다. 반면 2021년 서울과 부산 시장 보궐선거에서 나타난 한국 사회의 민심은 유럽과는 상이한 모습을 보이고 있는 듯하다.

Ⅳ. 포스트코로나 시대의 복지국가

1. 포스트코로나 시대 복지국가의 조건 변화

포스트코로나 시대에 복지국가의 모습은 지배적인 경제담론의 변화와 밀접한 관련성을 갖고 있기 때문에 포스트코로나 시대의 복지국가의 확장을(부분적으로) 기대해 볼 수도 있다. 2008년 금융위기를 거치면서 자본주의 세계체제의 기조를 결정하는 IMF, 세계은행(World Bank) 등의 정책기조가 변화하고 있기 때문이다. 세계은행은 그 이전부터, IMF는 2010년부터 경제정책의 기조가 인플레이션과 재정균형을 유지하는 것에서 고용과 임금 중심으로 변화하고 있다는 점은 코로나19 팬데믹 이후 국민국가의 대응역량을 강화할 수 있는 조건이 만들어지고 있다는 것을 의미한다(Ostry, Loungani, and Berg, 2019; Blyth, 2016[2013]).

유럽연합 중앙은행, IMF 등에서 모든 수단을 동원해 코로나19 팬데믹에 대응하라고 요구했던 것도 바로 이러한 기조 변화에 기초한 것이다. 엄격한 재정건전성 요구로부터 벗어난 복지국가는 불평등과 빈곤으로 대표되는 사회경제적 위기에 대응할 수 있는 재정정책의 자율성을 확대할 수 있고 이는 복지국가가 확장적 재정정책을 통해 시민의 고용과 소득을 적극적으로 보장하면서 불평등과 빈곤을 완화하는 역할을 수행할 수 있다는 것을 의미한다.

글로벌라이제이션의 약화도 복지국가의 자율성을 확대할 수 있는 중요한 변화이다. 코로나19 팬데믹으로 인한 글로벌 가치사슬의 재편은 글로벌라이제이션의 둔화로 나타나면서 로드릭(Rodrik, 2011[2007])이 주장한 국민국가가 직면한 주권, 민주주의, (Hyper)글로벌라이제션의 트릴레마로부터 탈출할 수 있는 계기가 될 수 있기 때문이다. 그러나 한국의 관점에서 보면, 글로벌라이제이션의 퇴조는 한국의 수출주도 성장체제의 위기를 의미하며 이는 지난 60여 년 동안 지속된 한국의 성장방식이 더 이상 지속될 수 없다는 것을 의미한다.

글로벌라이제이션의 약화는 한국 자본주의의 위기, 한국 복지국가의 위기로 연결될 수도 있다. 만약 한국 정부가 한국판 뉴딜에서와 같이 코로나19 팬데믹 상황에서 글로벌라이제이션의 약화로 인한 성장둔화를 만회하기 위해 대기업의 수출역량을 강화하는 방식으로 대응한다면(윤홍식, 2020a), 이는 한국 사회에서 복지국가의 확장을 제한하고 노동시장 유연화와 기업친화적인 정책을 강화하는 역설적 결과로 나타날 수 있다. 수출기업 중심의 정책지원과 불평등을 완화하는 복지강화가 동시에 이루어질 수도 있다. 하지만 1997년 외환위기에 대응한 복지 확대가 노동시장에서 발생하는 불평등을 완화하지 못했다는 역사적 경험을 기억할 필요가 있다. 산업구조와 노동시장 구조의 문제로 인해 발생하는 불평등은 복지 강화를 통해 완화할 수 없다.

코로나19 팬데믹이 한국의 자유주의 정당(민주당)과 정부(문재인 정부)의 진보적 성향을 강화하는 계기가 될 수도 있다. 더불어 문재인 정부가 조직된 노동자들은 물론이고 비조직된 노동자들의 조직역량을 강화하는 정책과 소수정당의 제도권 진출을 확대하는 정치개혁을 적극적으로 추진한다면 코로나19 팬데믹은 한국 사회에서 친복지 진영의 권력자원을 강화하는 전기가 될 수도 있다. 하지만 이러한 전망도 그리 밝아보이지는 않는다. 2021년 문재인 정부가 청와대에서 경제정책을 담당하는 정책실장, 경제수석, 경제비서관을 모두 기재부 출신의 관료를 임명한 이례적인 인사는(한겨레, 2021. 4. 1) 문재인 정부의 정책 기조가 코로나19 팬데믹이라는 위기에 직면해 새로운 전환을 도모하기보다는 위기를 안정적으로 관리하는 것에 중심을 두고 있다는 것을 의미한다. 더불어 한겨레의 조사에 따르면 21대 민주당 의원들의 정치성향은 20대 국회에 비해 보수적으로 나타나(한겨레, 2021. 1. 4) 포스트코로나 시대에 복지국가의 확장 여부는 불투명해 보인다.

2. 포스트코로나 시대, 복지국가의 길들[5]

큰 틀에서 보면 코로나19 팬데믹 이후 서구 복지국가와 한국 복지국가의 길은 4가지로 나타날 것 같다. 첫 번째 길은 코로나19 팬데믹 국면에서 복지국가가 일시적으로 확대되었다가 위기 이후에는 다시 과거로 되돌아가는 시나리오다. 가장 유력한 길 중 하나다. 코로나19 팬데믹 상황에서 고용유지, 급여 확대 등 확장적 재정정책에 기초해

5 '포스트코로나 시대, 복지국가의 길들'은 다음 글의 일부를 발췌해서 재구성한 것이다. 윤홍식, 2020, "코로나19 팬데믹(pandemic)과 복지국가의 정치경제학: 위기 이후 복지국가의 길'들'", 『비판사회정책』, 68: 113-142.

복지국가를 강화하는 조치들이 이루어지지만, 위기가 안정화되면 다시 팬데믹 이전으로 돌아가 인플레이션과 재정건전성 중심의 국가운영 기조로 복귀할 가능성이 높다. 역사적 전례도 있다. 2008년 금융위기 당시 선진국을 포함한 G20 정상들은 2010년 토론토 G20 정상회의에서 2008년 금융위기 이전 상황으로 돌아갈 것을 천명하면서 엄격한 긴축정책을 실행할 것을 결의했다(Blyth, 2016[2013]). 문제는 이러한 긴축정책으로의 복귀가 2008년 이후 심화된 불평등과 빈곤을 완화하지 못하면서 지난 10여 년 동안 서구 복지국가에서 극우 포퓰리즘이 성장할 수 있는 토양을 제공했다.

두 번째 길은 변화된 정책기조가 지속되는 경우이다. 〈이코노미스트〉가 제기한 핵심 문제이다. 앞서 언급했던 것과 같이 IMF의 정책기조가 인플레이션과 재정균형에서 고용과 임금으로 전환하면서 국가정책의 중심이 통화정책에서 재정정책으로 전환되고 이러한 기조가 코로나19 팬데믹 이후 더 강화되는 양상을 보일 수도 있다. 만약 이러한 정책기조가 유지될 경우 복지국가의 확대에 유리한 국면이 조정될 것으로 판단된다. 다만 이러한 전환이 아래로부터의 요구로 인한 것이 아닌 성장 위기에 직면한 위로부터의 개혁이라는 점에서 한계는 분명해 보인다.

세 번째 길은 권위주의 복지국가의 출현을 생각해 볼 수 있다. 역사적으로 위기 상황에서 시민들은 권위주의 체제에 우호적이며, 이는 코로나19 팬데믹 이전에 이미 세를 확산하고 있던 권위주의 세력이 성장하는 토양이 될 수 있다. 실제로 1929년 대공황 이후 파시즘과 전체주의(스탈린)의 지지가 높아졌다는 것을 기억할 필요가 있다. 한국에서도 확실해 보였던 자유주의 정부의 재집권 가능성이 흔들리고 있다.

헝가리, 폴란드 등에서는 이미 권위주의 정부가 집권했고 북서유럽에서는 스웨덴의 민주당, 독일을 위한 대안(AfD), 프랑스의 국민전선 등 극우세력을 지지하는 시민이 증가하고 있다. 다만 앞서 언급했던 것처럼 코로나19 국면에서 서구 복지국가의 적극적 대응이 최근 극우정당의 침체와 연관되는지는 조금 더 지켜볼 필요가 있다. 실제로 코로나19 팬데믹 상황에서 정부의 적극적 개입과 지원이 이루어지면서 극우정당에 대한 지지가 낮아졌다. 이에 위기를 인지한 오르반 빅토르 헝가리 총리, 마테오 살바니 이탈리아 극우 정당의 대표, 마테우시 모라비에츠키 폴란드 총리가 2021년 4월 1일 회동을 갖고 새로운 우파 세력의 출범을 모색했다는 보도가 나왔다(연합뉴스, 2021. 4. 2).

네 번째 길은 가장 가능성이 낮은 길이라고 생각된다. 아래로부터 조직되지 않은 노동이 조직되면서 복지국가의 현대적 재구조화를 위한 새로운 정치와 정책 변화가 이루어지는 상황이다. 하지만 이를 현실화하기 위해서는 비조직화된 노동자의 조직화와 소수 진보정당의 제도권 진입을 위한 강력한 지원 정책이 수반되어야 한다. 하지만 현재로서는 이럴 가능성은 거의 없다. 시민 또한 이러한 개혁 방향을 지지할지 판단하기 어렵다.

V. 결론: 지금 무엇을 할 것인가

복지국가를 이해하는 패러다임의 전환이 필요하다. 복지국가가 재분배 문제만이 아닌 시장에서 이루어지는 분배와 관련된 한 사회의 경제와 정치구조를 반영하는 총체적인 분배체계임을 인식할 필요가 있다. 복지국가는 한 사회의 정치경제와 무관하게 단순히 실업, 질병, 노령 등으로 인한 소득 상실과 돌봄 필요라는 사회적 위험에 대응해 소득을 보장해주고, 사회서비스를 제공하는 독립적인 분배체계로 존립할 수 없다. 한국에서 사회보장제도의 광범위한 사각지대의 존재는 사회보험이라는 제도의 문제 이전에 한국 산업구조의 문제가 반영된 결과라는 것을 이해할 필요가 있다.

이러한 이유로 코로나19 팬데믹 이후 복지국가와 관련된 가장 중요한 과제는 복지국가를 한국 사회의 정치경제에 기초한 분배체계로 재구성하는 작업이다. 포스트코로나 시대를 위한 복지국가의 정책 제안과 실천 대안은 이러한 관점에서 기획할 필요가 있다.

총체적 분배체제로서 복지국가의 복원 과제를 영역별로 살펴보자. 먼저 성장체제는 대기업 중심, 수출주도의 성장에서 대기업과 중소기업, 내수와 수출의 균형 성장체제로 전환할 필요가 있다. 수출 대기업이 주도하는 성장체제를 개혁하지 않고 복지국가를 확대하는 전략은 불평등을 지속적으로 완화할 수 없을 뿐 아니라 불평등을 확대하는 중요한 원인이었던 대기업이 주도하는 수출 중심의 성장체제를 재생산할 가능성이 높다. 그러므로 공적 복지의 사각지대를 완화하는 일은 대기업만이 아닌 중소기업, 내수산업에서도 안정적인 고용과 괜찮은 소득을 보장하는 일자리를 만드는 것과 밀접하게 연관되어 있다는 사실을 인식해야 한다. 이를 위해 소부장산업의 지원 확대는 물론 중소기업의 혁신역량을 높이기 위해 노동자의 작업장 숙련을 강화할 필요가 있다. 생산성 향상은 자동화와 함께 노동자의 숙련을 강화하는 방식이 균형을 이룰 필요가 있다.

이러한 전환은 복지국가의 보편성을 제도적·안정적으로 넓히는 기본 조건이다. 더불어 안정적 고용을 확대하기 위해 정부는 제조업 일자리의 감소를 사회서비스 분야에서 괜찮은 공적 일자리 창출로 대응할 필요가 있다. 실제로 스웨덴의 경우 1960년대부터 1990년대까지 신규 일자리의 90%를 중앙정부와 지방자치단체가 창출해, 제조업에서 발생하는 괜찮은 일자리 축소에 대응했다(Rosen, 1995). 다만 한국은 선진국 중에서도 제조업 역량이 강한 국가이기 때문에(정준호, 2020) 제조업의 경쟁력 유지와 사회서비스 확대를 통한 일자리 확대가 균형적으로 이루어질 필요가 있다.

권력자원을 강화하기 위한 개혁은 포스트코로나 시대를 대비하는 핵심적 개혁 과제이다. 제일 중요한 일은 중소기업 노동자와 불안정 고용상태에 있는 노동자의 권력자원을 강화하는 제도적 지원이 필요하다. 복지국가의 확대는 권력자원의 구성 및 수준과 밀접히 관련되어 있기 때문이다. 1930년대 루스벨트의 뉴딜이 성공적이었다고 평가받는 중요한 이유 중 하나는 루스벨트의 뉴딜이 노동자들의 권력자원의 강화에 기초했다는 점을 기억할 필요가 있다. ILO가 요구하는 비준협약은 물론이고, 산별노조를 강화하기 위한 조치, 플랫폼 노동 등 새로운 형태의 노동자성을 부여하는 조치가 필요하다. 더불어 2020년 선거에서 희화화된 비례대표성을 강화하는 정치개혁을 과감하게 추진해, 국민의 이해를 대변하는 정당들이 제도권에 진입할 수 있는 정치개혁이 요구된다. 다양한 국민의 이해를 제도정치에서 반영하는 노력이 복지국가를 현대적으로 재구조화하는 힘이 될 것이다.

마지막으로 복지제도의 개혁 중 가장 중요한 과제는 한국 복지체제를 임금노동 기반 복지제도에서 소득 기반, 더 나아가 시민권에 기초한 복지제도로 전환하는 것이다. 플랫폼 노동과 같은 새로운 노동 형태가 등장하고, 평생 고용을 보장하는 안정적인 정규직 노동이 감소하는 상황에서 사회보험은 임금노동 관계가 아닌 소득이 발생하는 모든 활동에 기초해야 한다. 이를 위해서는 현재 고용관계에 기초해 기여금을 내야 하는 사회보험을 소득에 기초한 사회보험으로 전환해야 한다. 소득이 발생하는 모든 곳에 세금을 부과하고 이에 기초해 소득활동을 하는 모든 사람을 사회보험으로 포용하는 정책이야 말로 코로나19 이후 한국 사회보장제도가 가야 할 길이며, 산업구조와 노동시장 변화에 대응하는 가장 적절한 대응이라 할 수 있다.

단기적으로는 어려움에 직면한 시민을 신속하게 지원하기 위해 공공부조가 시민들의 기본적인 생활을 보장하는 최후의 안전망이 되어야 한다. 공공부조의 생계급여는 물론 의료급여도 가족의 부양의무를 완전히 폐지하고 급여수준도 높여 공공부조가 명실상부하게 시민권에 기초한 최후의 안전망으로서 역할을 할 수 있도록 해야 한다. 사회서비스의 보편적 확대를 통해 돌봄이 필요한 누구나 사회서비스를 이용할 수 있도록 해야 한다(단 사회서비스의 보편적 확대는 무상을 의미하지 않으며, 비용은 필요한 사회서비스를 이용하는 걸림돌로 작용하지 않는 수준에서 각자의 능력에 따라 부담해야 한다). 사회보험과 공공부조의 적용 대상이 되지 않는 사각지대를 완화하기 위해 노인, 아동, 청년 등 취약한 인구집단을 중심으로 보편적 사회수당(기본소득을 주장하는 진영의 관점에서 보면 전환기적 기본소득)을 도입하는 방안을 적극적으로 검토할 필요가 있다.

끝으로 우리는 포스트코로나 시대가 어떤 시대인지 알 수 없다. 다만 우리가 분명하게 알고 있는 것은 지금 우리의 행동이 다가올 미래의 모습을 결정한다는 것이다. 결국 이 모든 것은 정치의 문제이다.

| 참고문헌 |

기획재정부, 2020, 「2020~2024년 국가재정운용계획 주요 내용」(2020~2024년 전망 수치).

연합뉴스, 2021, "팬데믹에 기반 잃은 유럽 포퓰리스트 우파 대연합 모색", 4월 2일, https://www.yna.co.kr/view/AKR20210402115400009 (접속일: 2021. 4. 2).

윤홍식, 2019a, 『한국 복지국가의 기원과 궤적 1: 자본주의로의 이행의 시작: 18세기부터 1945년까지』, 서울: 사회평론아카데미.

윤홍식, 2019b, 『한국 복지국가의 기원과 궤적 3: 신자유주의와 복지국가: 1980년부터 2016년까지』, 서울: 사회평론아카데미.

윤홍식, 2020, "한국판 뉴딜에서 복지국가 찾기: 루스벨트의 뉴딜에는 있고 문재인의 한국판 뉴딜에는 없는 것", 『복지동향』 263: 5-11.

윤홍식, 2020, "코로나19 팬데믹(pandemic)과 복지국가의 정치경제학: 위기 이후 복지국가의 길'들'", 『비판사회정책』 68: 113-142.

정준호, 2020, "한국 생산체제의 유산과 쟁점", 윤홍식 엮음, 『우리는 복지국가로 간다』, pp. 54-82, 서울: 사회평론아카데미.

통계청, 2021, e-나라지표: 조세부담률, http://www.index.go.kr/potal/main/EachDtlPageDetail.do?idx_cd=1122 (접속일: 2019. 12. 3).

한겨레, 2021, "2021년 한겨레 신년 여론조사", 1월 4일, 6면.

한겨레, 2021, "기재부 관료로 다 채운 청와대...홍남기 후임도", 4월 1일, 14면.

한겨레, 2021, "독일 집권당 메르켈 후임 결정 전초전 뼈아픈 패배", 3월 16일, 16면.

Amirapu, A. and Subramanian, A., 2015, "Manufacturing or services? An Indian illustration of a development dilemma.", Center for Global

Development, Working Paper 409, June 2015. Rodrik, D. 2015. "Premature deindustrialization." NBER Working Paper Series.

Blyth, M., 2016[2013], 『긴축: 그 위험한 생각의 역사』, 이유영 옮김 (Austerity: The hisgory of a dangerous idea), 서울: 부·키.

Brenner, R., 1991[1976], "전산업시대 유럽의 농업 계급구조와 경제발전", Aston, T. H. and Philpin, C. H. E. eds., 『농업 계급구조와 경제발전: 브레너 논쟁』, 이규연 옮김, (The Brenner debate: Agrarian class structure and economic development in pre-industrial Europe), pp. 19-89, 서울: 집문당.

Brenner, R., 1991[1985], "유럽 자본주의의 농업적 뿌리", Aston, T. H. and Philpin, C. H. E. eds., 『농업 계급구조와 경제발전: 브레너 논쟁』, 이규연 옮김, (The Brenner debate: Agrarian class structure and economic development in pre-industrial Europe), pp. 295-443, 서울: 집문당.

Esping-Andersen, G. (2006[1999]), 『복지체제의 위기와 대응: 포스트 산업경제의 사회적 토대』, 박시종 옮김, (Social foundations of postindustrial economies), 서울: 성균관대학교출판부.

IMF, 2021, Gross debt position, % of GDP. https://www.imf.org/external/datamapper/G_XWDG_G01_GDP_PT@FM/ADVEC/FM_EMG/FM_LIDC (접속일: 2021. 4. 1).

IMF, 2021a, Fiscal monitor database of country fiscal measures in response to the COVID-19 pandemic. IMF.

OECD, 2021, Social expenditure: Aggregated data, https://stats.oecd.org/Index.aspx?DataSetCode=SOCX_AGG (접속일: 2021. 3. 10).

Ostry, J., Loungani, P., and Berg, A., 2019, Confronting Inequality, New York: Columbia University Press.

Pierson, P. (2006[1994]), 『복지국가는 해체되는가』, 박시종 옮김 (Dismantling the welfare state?), 서울: 성균관대학교출판부.

Piketty, T., 2020[2019], 『자본과 이데올로기』, 안준범 옮김(Capital et Idéologie), 서울: 문학동네.

Rodrik, D. (2011[2007]), 『더 나은 세계화를 말하다』, 제현주 옮김(One economics many recipes: Globalization, institutions, and economic growth), 서울: 북돋움.

Rosen, S., 1995, "Public employment, taxes and the welfare state in Sweden.", Working Paper No. 106., Center for the study of the economy and the state.

The Economist, 2021a, "Covid-19 has transformed the welfare state. Which changes will endure?", Mar 6th 2021 edition.

The Economist, 2021b, "An end to exceptionalism: Reducing child poverty in America.", Feb 13th 2021 edition.

The Economist, 2021c, "How to make a social safety-net for the post-covid world", Mar 6th 2021 edition.

Wikipedia, 2021a, German federal election, https://en.wikipedia.org/wiki/2017_German_federal_election (접속일: 2021. 4. 2).

Wikipedia, 2021c, Swedish general election, https://en.wikipedia.org/wiki/2018_Swedish_general_election (접속일: 2021. 4. 2).

Wikipeida, 2021b, French presidential election, https://en.wikipedia.org/wiki/2022_French_presidential_election (접속일: 2021. 4. 2).

Yoon, H. S., 2019, "The South Korean Welfare State under the authoritarian rule.", Journal of the Korean Welfare State and Social Policy, 3(2).

| 제3부 |

회복과 혁신의 경제

제7장

포스트코로나 시대 경기부양정책 전망*

안재빈 서울대학교 국제대학원

Ⅰ. 서론

인류의 역사 속에서 오래도록 회자될 코로나19 팬데믹 위기는 아직도 현재진행형이다. 2020년의 시작과 함께 전 세계에 급격히 확산된 코로나바이러스는 전 인류의 일상 활동을 정지시키고 현대적 통계시스템이 도입된 이후 최고 수준의 세계 GDP 성장률 낙폭을 기록하게 만들었다. 때마침 개발된 백신이 본격적으로 보급되기 시작한 2021년 하반기 현재에도 여전히 델타변이, 돌파감염 등 코로나19 확산세는 그칠 줄 모르고 계속되고 있는 가운데 이로 인한 경제적 피해는 나날이 증폭되고 있는 상황이다.

코로나19 팬데믹 위기는 우리의 일상생활은 물론이고 각종 사회, 과학, 의료, 보건 등 거의 전 분야에 큰 변화를 가져온 것은 자명한 사실이다. 물론 경제 분야도 예외가 될 수 없다. 코로나19 위기에 대응하

* 이 글은 한국사회과학협의회 심포지엄(2021. 5. 25) 및 서울대학교 전문대학원 연계 정책심포지엄(2021. 9. 29) 발표 내용을 토대로 작성되었으며, Korean Social Science Journal에 게재 예정 중인 논문의 한글 번역본임을 밝힙니다.

는 과정에서 많은 국가들이 방역활동과 경제활동이라는 상충되는 목표를 두고 다양한 규모와 방식의 경제정책을 시도하면서 전통적 상식의 틀을 허물어가고 있는 상황이 이어지고 있다.

각국의 통화정책 당국은 이미 초저금리 수준으로 정책금리를 인하한 직후, 정부채권은 물론이고 일반 회사채까지도 매입하는 등 그동안의 금기를 깨고 직접 금융시장에 개입하는 형태의 비전통적 통화정책 운용을 통해 금융시장 안정화를 도모한 바 있다. 한편 다수 국가의 재정정책 당국은 코로나19 위기 초기 대규모의 보편적인 현금지원 정책을 포함하여 피해계층에 대한 두터운 지원을 바탕으로 경제적 피해를 최소화하고 정부재정을 통해 보전하는 등의 노력을 지속적으로 기울이고 있다.

그럼에도 여전히 사그라들 줄 모르는 코로나19 팬데믹 위기의 불확실성 하에서 이와 같은 경제정책 당국의 노력이 언제까지 이어질 수 있을지, 마침내 서막이 보이기 시작한 경기회복이 향후 지속될 수 있을 지에 대한 명확한 해답을 찾기는 쉽지 않다.

이 글은 국제적 관점에서 코로나19 위기 대응 과정에서 확대된 주요 선진국들의 재정정책 운용 현황을 개관하고, 최근 제기된 미국발 인플레이션 상승 우려가 초래할 미국 연방준비은행의 통화정책 정상화가 미칠 영향 및 정책적 시사점을 논의하고자 한다.

Ⅱ. 코로나19 위기에 대응하는 경제정책의 지속가능성

1. 코로나19 팬데믹의 경제적 영향

코로나19 팬데믹 위기가 강타한 2020년 세계경제는 현대적 통계시스템이 도입된 이후 최고 수준으로 위축되었다([그림 7-1] 참조). 1929년 세계대공황 이후 최대의 금융위기라 일컬어진 2008~2009 글로벌 금융위기 당시와도 비교할 수 없을 정도로 위축되었던 주요 선진국들의 경제는 다행히도 더욱 빠른 속도로 회복되는 조짐을 보이고 있다.

이와 같은 사실은 2021년 경기 전망을 통해서는 물론이고 각국의 주가지수 추이를 통해서도 확인할 수 있다([그림 7-2] 참조). 글로벌 금융위기 당시 대폭락을 거친 후 서서히 회복되었던 것과는 달리 코로나19 팬데믹 위기에도 불구하고 주식시장은 상승세를 이어가며 위기 이후 장밋빛 미래에 대한 기대를 엿볼 수 있다.

[그림 7-1] 주요 선진국들의 경제성장률 추이

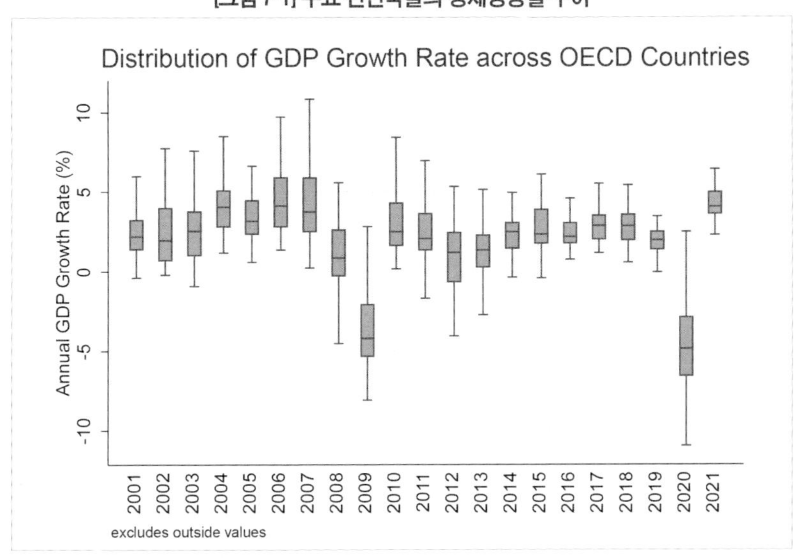

출처: IMF World Economic Outlook (April, 2021)

[그림 7-2] 주요 선진국들의 주가지수 추이

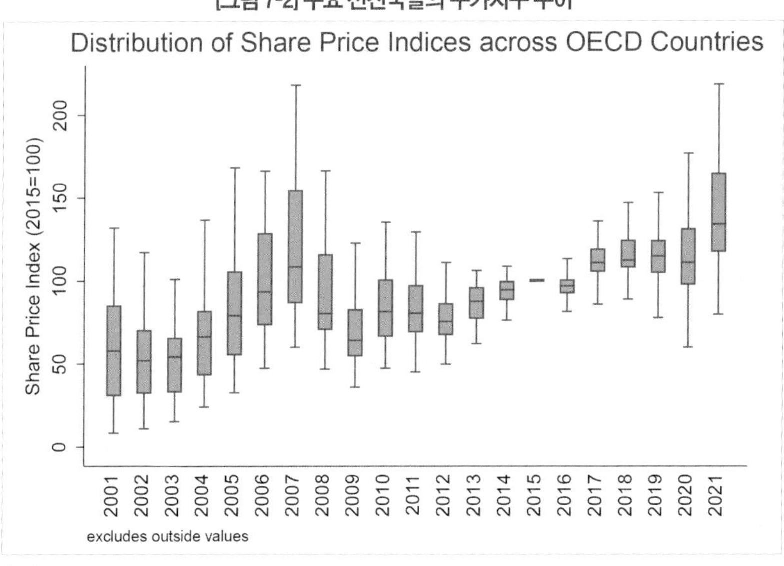

출처: OECD Statistics

그러나 일각에서는 이와 같은 빠른 경기회복세의 조짐은 유례없는 수준의 대규모 통화 및 재정정책의 일시적 효과일 뿐 향후 수년간 지속될 수 있을지에 대한 우려를 제기하고 있다.

상승세를 이어가는 주가지수는 시중에 과도하게 공급된 유동성이 자산시장으로 몰려가면서 실물시장과의 괴리가 커진 채 잠재적인 거품을 형성하고 있을 뿐이며, 빠르게 반등한 2021년 세계 경제성장률은 각국의 대규모 봉쇄정책이 시행되었던 2020년 하락폭에 기인한 기저효과를 일부 반영하는 것으로, 막대한 규모로 투입된 통화 및 재정정책의 정상화가 이루어지면서 강한 회복세는 점차 소멸될 것이라는 어두운 전망에도 힘이 실리고 있다.

이와 같은 견해의 타당성을 가늠해보기 위해 먼저 2020년 경제성장률과 2021년 경제성장률 전망치를 비교해보면 대체적으로 강한 음(-)의 상관관계가 있음을 확인할 수 있다([그림 7-3] 참조).

즉 2020년 경제 위축 정도가 심했던 국가들일수록 2021년 반등폭이 클 것으로 전망되는 한편, 2020년 경제 위축 정도가 약했던 국가들일수록 2021년 반등폭 또한 낮을 것으로 전망된다는 점에서 2021년의 강한 회복세는 일정 부분 기저효과를 반영하고 있음은 명확한 사실로 드러난다.

[그림 7-3] 주요 선진국들의 2020년 경제성장률과 2021년 경제성장률 전망치

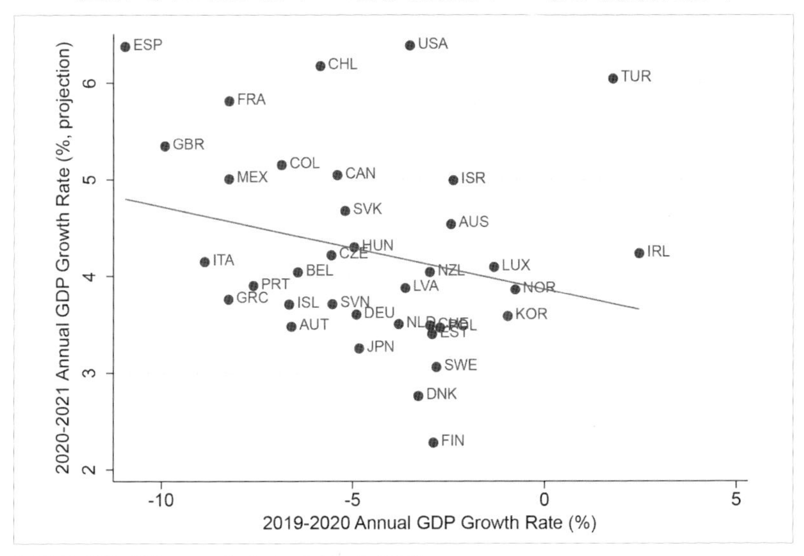

출처: IMF World Economic Outlook (April, 2021)

[그림 7-4] 주요 선진국들의 2020년 경제성장률과 코로나 누적사망자 수

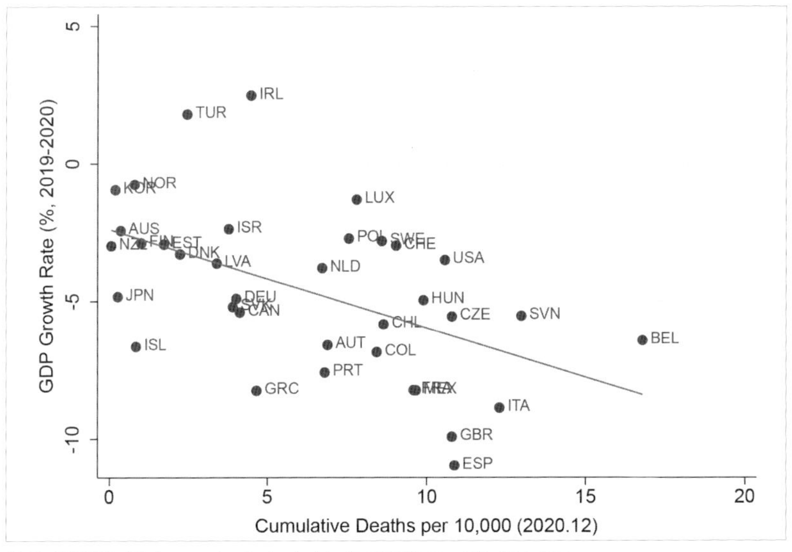

출처: IMF World Economic Outlook (April, 2021); Our World in Data

그렇다면 2020년 경제 위축 정도의 국가별 차이는 무엇에 기인하는 것일까? 지극히 당연하게도 근본적 차이는 국가별 방역정책의 성공 및 실패 정도에 의해 결정된 것으로 나타난다([그림 7-4] 참조). 초기 방역정책의 실패로 인해 코로나19 확진에 의한 사망자 수가 높게 나타난 국가들은 이후 불가피하게 고강도 봉쇄정책 등을 시행할 수밖에 없었고 결과적으로 경제시스템이 멈춰서면서 대규모의 경제 위축을 피할 수 없었다. 반면 성공적인 방역정책을 통해 전격적인 봉쇄정책 없이도 코로나19 확진자 수를 낮은 수준으로 유지할 수 있었던 국가들은 비교적 낮은 수준의 경제 위축을 경험하는데 그칠 수 있었다.

2. 코로나19 위기 대응 과정에서의 재정정책 운용 현황 및 전망

초기 방역정책 성과의 차이는 경기침체 정도라는 결과물뿐 아니라 국가별로 투입된 통화 및 재정정책의 시기와 규모 등 대응 방식에도 영향을 주었을 것으로 예상할 수 있다. 유례없는 수준의 적극적 재정정책을 통해 주요 선진국들의 정부부채 비율이 크게 상승한 것은 공공연한 사실이다([그림 7-5] 참조). 그러나 국가별 재정정책 투입 규모의 차이에 대해서는 아직 명확히 규명되지 않은 측면이 있다.

[그림 7-5] 주요 선진국들의 정부부채 분포 추이

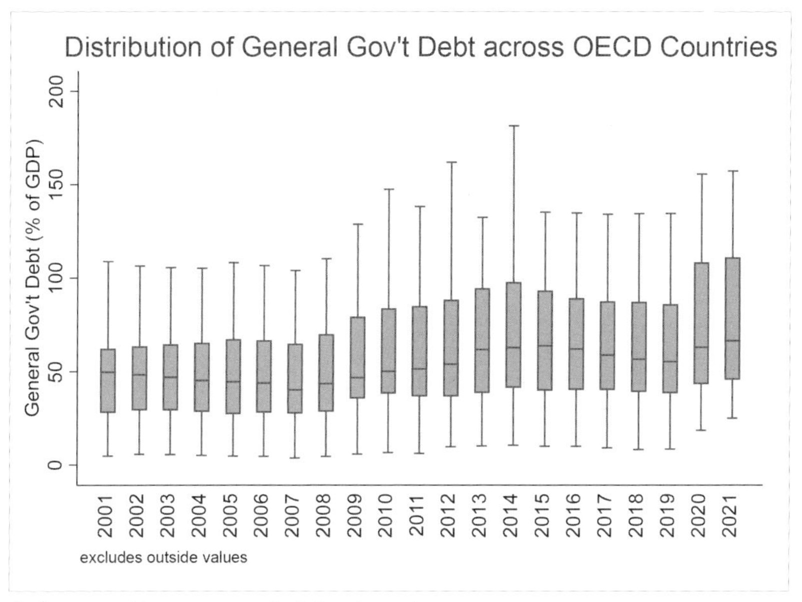

출처: IMF World Economic Outlook (April, 2021)

예를 들어, 초기 방역정책의 실패로 인해 경제 위축 위험이 클 것으로 예상된 국가들일수록 투입된 통화 및 재정정책의 규모 또한 커졌을 것으로 쉽게 짐작해볼 수 있다. 그러나 흥미롭게도 이 부분에 있어서는 매우 약한 상관관계가 존재한다는 것이 확인된다 ([그림 7-6] 참조). 투입된 재정정책의 규모를 2019~2020 기간 중 증가한 GDP 대비 정부부채로 측정하였을 경우, 코로나19로 인한 사망자 수가 그리 높지 않았던 캐나다에서는 가장 공격적 수준의 재정정책을 운용한 반면, 이보다 훨씬 높은 수준의 사망자 수를 기록한 멕시코, 체코 등에서는 한국과 비슷한 수준의 적자재정을 운용하는데 그친 것으로 나타난다.

[그림 7-6] 주요 선진국들의 2020년 정부부채 증가폭과 코로나19 누적사망자 수

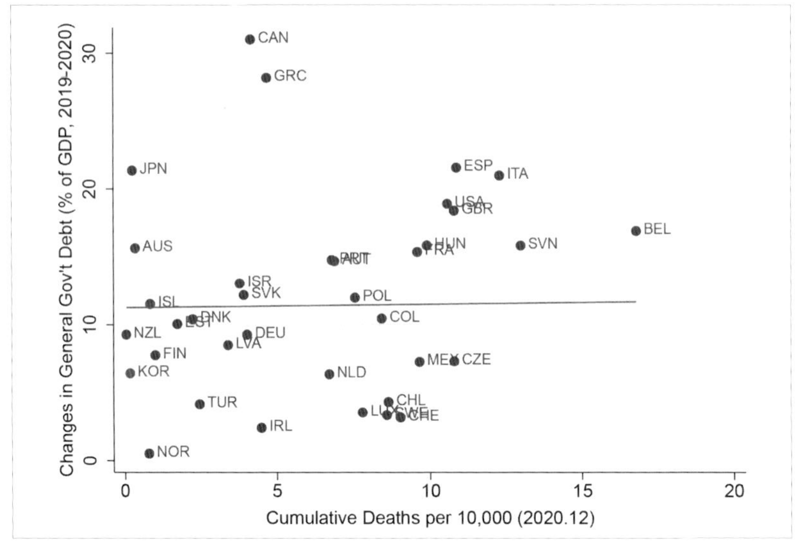

출처: IMF World Economic Outlook (April, 2021); Our World in Data

[그림 7-7] 주요 선진국들의 2020년 정부부채 증가폭과 2019년 정부부채 수준

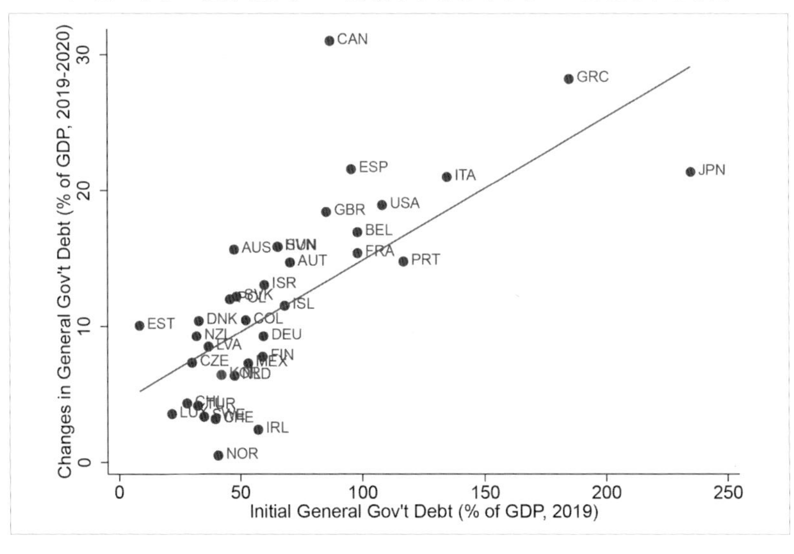

출처: IMF World Economic Outlook (April, 2021)

더욱 흥미로운 것은 동 기간 중 증가한 GDP 대비 정부부채 수준이 방역정책의 성패 여부와 낮은 상관관계를 나타내고 있는 반면, 코로나19위기 이전 정부부채 수준과는 상당히 밀접한 양(+)의 상관관계를 나타내고 있다는 것이다([그림 7-7] 참조). 다시 말해, 코로나19 위기 이전부터 이미 높은 수준의 정부부채를 기록하고 있던 국가들일수록 코로나19 위기에 대응하는 과정에서 상대적으로 높은 수준의 추가적인 재정적자를 운용하는 등 보다 적극적 방식으로 정부부채를 큰 폭으로 늘려갔다는 사실을 확인할 수 있다.

[그림 7-6]의 국가들 면면을 살펴보면 이와 같은 현상은 크게 두 가지가 혼합된 결과로 해석할 수 있다. 첫째, 높은 수준의 정부부채를 유지하는 것이 크게 어렵지 않은 국가들이었기에 애시당초 위기 이전부터 높은 수준의 정부부채를 유지하는 것이 가능하였고, 코로나19 위기 대응 과정에서도 어렵지 않게 국채를 발행하면서 대규모 재정정책을 시행할 수 있었다는 것이다. 실제로 2019년 정부부채 수준이 GDP 대비 100% 수준 이상의 높은 정부부채를 기록하고 있던 국가들은 모두 기축통화국에 속해 있으며, 2020년 한 해 동안 정부부채를 GDP 대비 15% 이상 수준으로 늘린 것으로 나타난다.

그렇다 해서 모든 기축통화국들이 위기 이전부터 상대적으로 높은 정부부채 수준을 기록하고 있었거나 2020년 한 해 동안 정부부채를 비슷한 수준으로 늘린 것은 아니라는 사실로부터 다음과 같은 추가적인 해석을 도출할 수 있다. 즉 기축통화국들 중에서도 위기 이전부터 높은 수준의 정부부채를 기록하고 있던 국가들은 제도적으로나 정치적으로 적자재정을 운용하는 것 자체에 거부감이 크지 않은 전통을 가지고 있었을 가능성이 크고, 결과적으로 코로나19 위기 대응 과정에서 적극적 재정정책 운용이 국가적으로 지지를 받았을 수 있다는 것이다.

기축통화국들이 상대적으로 용이하게 국채를 발행하고 높은 수준의 정부부채를 유지할 수 있는 이유는 이들 국가의 국채를 보유하려는 국제 투자자 수요가 강하게 존재하여 비교적 낮은 비용으로 국채를 발행할 수 있기 때문이다. 그렇다면 이들 기축통화국들은 앞으로도 무리없이 확장적인 재정정책을 운용하면서 정부부채를 늘려갈 수 있을 것인가? 이에 대한 정답은 상당 부분 향후 이자율 추이에 달려 있다고 볼 수 있다.

국채발행 비용은 기본적으로 정부부채에 대한 이자비용이고, 국채금리는 단기정책금리, 물가상승률, 그리고 채무불이행위험률 등이 함께 고려되어 결정되기 마련이다. 따라서 정교한 분석틀을 이용하지 않고서 이것들을 따로따로 식별하는 것은 불가능하지만 각 요소들의 역할을 어렴풋이 짐작해볼 수는 있다.

일례로, 유로존 국가들로 대상을 한정할 경우, 이들 국가들에는 유럽중앙은행의 단기정책금리가 공통적으로 적용되기 때문에 단기정책금리 차이로 인한 국채금리 차이 부분을 효과적으로 제어할 수 있다. 추가적으로 국가별로 상이한 물가상승률을 감안하기 위해 명목금리를 실질금리로 변환하여 살펴볼 경우, 결과적으로 실질금리의 차이는 국가별 채무불이행위험률을 반영하는 것으로 해석될 수 있다. 실제로 2019년 기준으로 유로존 국가들의 실질금리와 GDP 대비 정부부채비율간 강한 양(+)의 상관관계가 나타난다는 사실을 확인할 수 있다([그림 7-8] 참조).

이것은 결국 기축통화국의 경우에도 GDP 대비 정부부채비율이 높을수록 채무불이행위험률이 높아질 수밖에 없고 결과적으로 높은 국채발행 비용을 피할 수 없게 된다는 점을 시사한다. 하물며 비기축통화국의 경우에는 채무불이행위험률 증가로 인한 국채발행 비용 상승폭은 더욱 가파를 것이기 때문에 정부부채비율 증가를 유발하는 대규모 적자재정 운용은 크게 제약이 될 수밖에 없는 실정이다([그림 7-9] 참조).

[그림 7-8] 유로존 국가들의 장기국채 실질금리와 정부부채비율

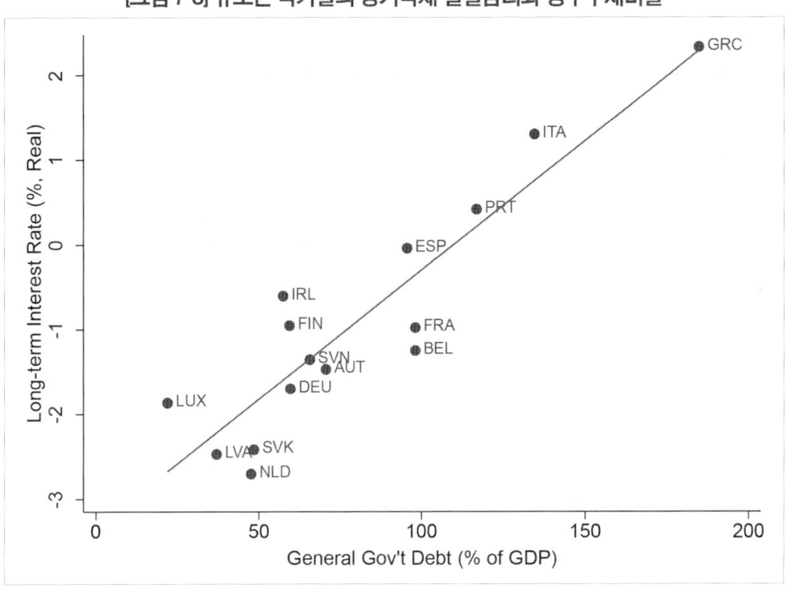

출처: IMF World Economic Outlook (April, 2021); OECD Statistics

[그림 7-9] 주요 선진국들의 장기국채 실질금리와 정부부채비율

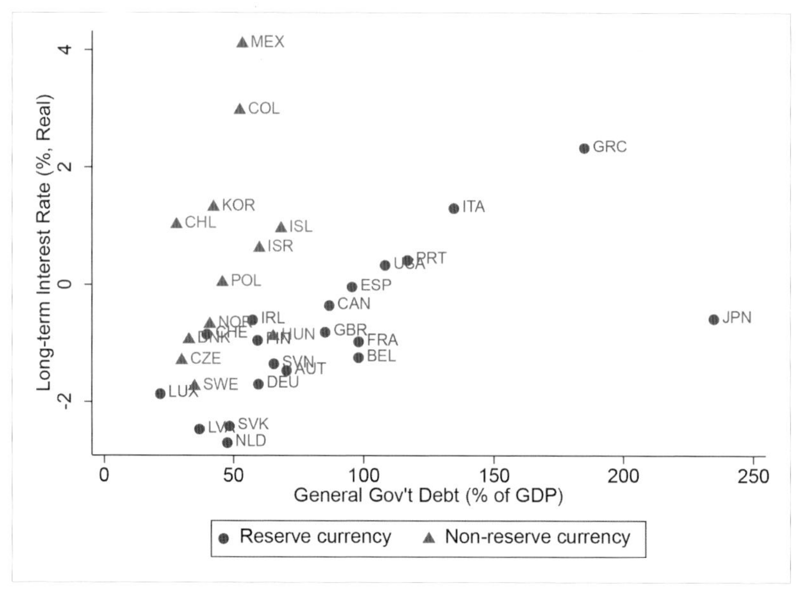

출처: IMF World Economic Outlook (April, 2021); OECD Statistics

그럼에도 작금의 코로나19 위기 대응 과정에서 일부 비기축통화국 또한 적극적 재정정책 운용을 통해 정부부채를 크게 늘릴 수 있었던 것은 낮은 물가상승률과 초저금리 수준의 낮은 정책금리 여건 덕분에 낮은 수준의 국채발행 비용이 유지되고 있었기 때문이다([그림 7-10] 참조). 그렇다면 이와 같은 적극적 재정정책 운용은 과연 지속될 수 있는가? 이에 대한 정답은 국채발행 비용이 지금의 수준을 유지할 수 있는가에 달려 있고, 이것은 다시 향후 물가상승률과 정책금리의 향방에 달려 있다고 볼 수 있다.

[그림 7-10] 주요 선진국들의 명목 및 실질 장기국채 금리 분포 추이

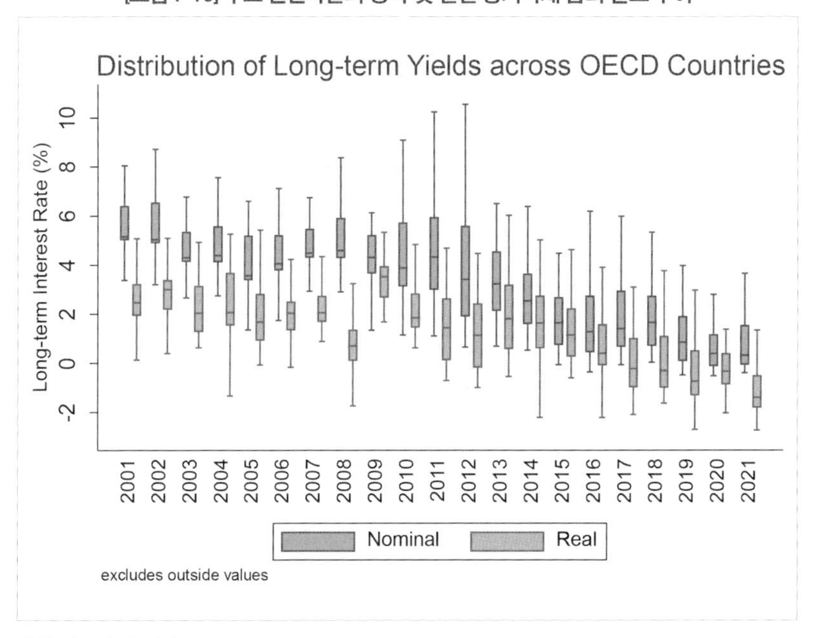

출처: OECD Statistics

Ⅲ. 미국발 인플레이션 상승 우려 및 통화정책 정상화 전망

2008~2009 글로벌 금융위기로 인해 촉발된 글로벌 경기침체는 주요국 중앙은행들의 초저금리 수준의 확장적인 통화정책, 양적완화를 포함하는 비전통적 통화정책, 그리고 다수 국가들의 적극적 재정정책에도 쉽게 회복되지 못한 채 글로벌 저인플레이션 기조가 10여 년 동안 지속된 바 있다. 코로나19 위기 대응 과정에서 각국의 중앙은행들이 깊은 고민없이 즉각적으로 정책금리 인하를 결정하고 비전통적 통

화정책을 시행한 배경에는 이와 같이 오랜 기간 지속된 글로벌 저인플레이션 기조에 대한 믿음이 크게 작용한 면이 없지 않다.

역사적으로 보았을 때, 대규모 확장적인 통화정책을 시도할 경우 향후 잠재적 불안 요소로 유일하게 작용하는 것은 바로 걷잡을 수 없이 번지는 인플레이션으로 인한 부작용이지만 최근의 경험을 통해 인플레이션이 쉽사리 상승하지 않을 것이라는 믿음이 있었기에 통화정책 당국을 포함해 전문가들조차도 별다른 제동을 걸지 않았던 것은 물론이고 오히려 든든한 지원을 보내며 과감한 결단에 찬사를 보냈던 것이 사실이다.

그러나 과감한 통화정책에 추가적으로 막대한 규모의 현금성 재정지출이 더해지는 한편, 예상보다 빠른 속도로 개발되고 보급된 백신으로 인해 세계 최대 경제대국인 미국의 경기회복 속도가 가팔라지면서 이제는 반대로 미국 내에서는 지나친 경기과열 양상이 나타나기 시작했다. 이와 같은 징조는 2021년 초부터 급격히 상승하기 시작한 기대인플레이션을 통해 처음 발현되면서 5월 경에는 10년 만기 장기국채금리가 코로나19 위기 이전 수준을 넘어서기 시작했다([그림 7-11], [그림 7-12] 참조).

[그림 7-11] 미국의 5년 후 기대 인플레이션 추이

출처: FRED Economic Data

[그림 7-12] 미국의 장단기 국채금리 추이

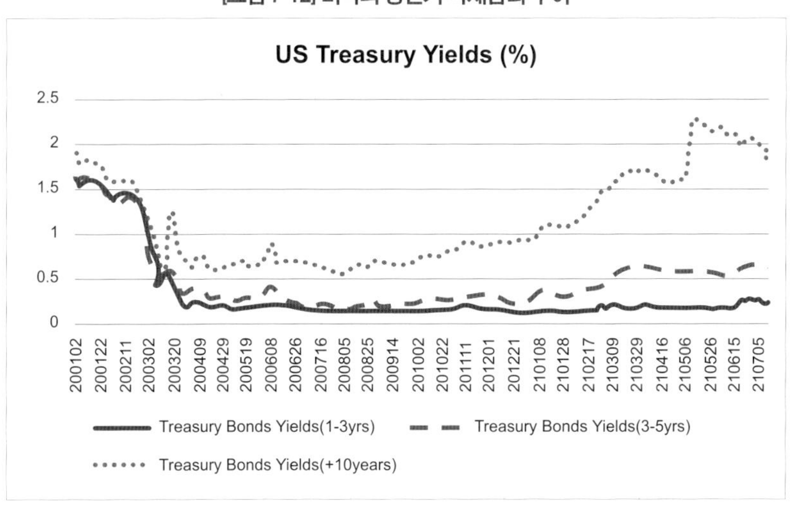

출처: FRED Economic Data

이와 같은 양상은 기대 인플레이션에 그치지 않고 소비자물가상승률의 급격한 상승으로 이어지면서 결국 우려가 현실이 되는 상황이 전

개되기에 이르렀다. 전년 동기 대비 소비자물가상승률은 3월 2.6% 수준에서 4월 4.2% 수준으로 급격히 상승한 이후 6월부터 8월까지 5%를 웃도는 수준을 지속적으로 기록하고 있는 실정이다([그림 7-13] 참조). 이것은 상당 부분 국제 원유가격을 비롯한 국제 원자재가격의 급격한 상승에 기인한 것으로 해석된다([그림 7-14] 참조).

2020년 코로나 위기 초기 이들 가격이 급격히 하락했던 이유로 기저효과를 포함하고 있다는 점을 감안하면 지금처럼 높은 수준의 소비자물가상승률이 당분간 유지될지언정 지금보다 높은 수준을 기록하지는 않을 것으로 전망된다 하더라도 미국 통화정책 당국인 연방준비제도이사회의 입장에서는 결코 무시할 수 없는 강한 경고 신호임에는 틀림 없다.

[그림 7-13] 미국의 5년 후 기대 인플레이션 추이

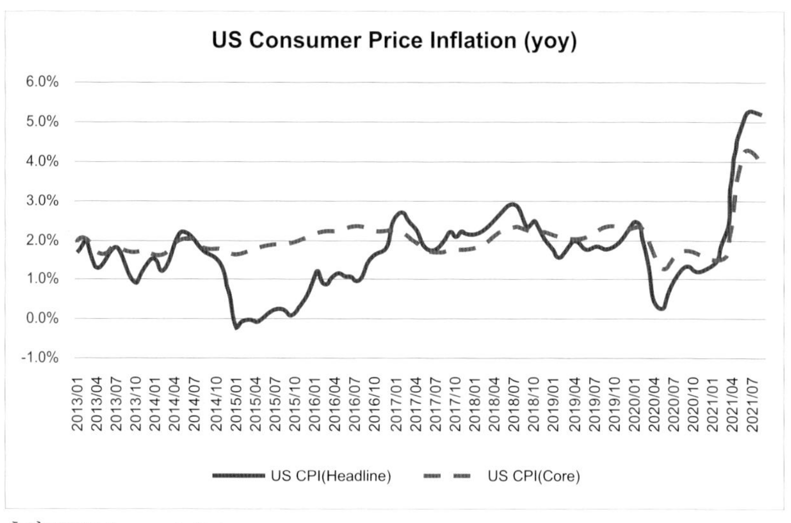

출처: FRED Economic Data

[그림 7-14] 미국의 5년 후 기대 인플레이션 추이

출처: FRED Economic Data

8월 말 잭슨홀 미팅에서의 발언 이후 재차 확인되었다시피 제롬 파월 연방준비제도이사회 의장은 연내 긴축(tapering)을 통한 비전통적 통화정책의 정상화를 공식화하고 있고 정책금리 인상 결정도 머지않은 미래에 전격적으로 시행될 가능성이 충분히 존재한다.

미국발 인플레이션 우려로 인한 미국 연준의 비전통적 통화정책의 정상화와 곧 이어질 정책금리 인상은 다양한 경로를 통해 결과적으로 주요 선진국들과 신흥국들의 금리 인상으로 이어지면서 각국 정부의 국채발행 비용 증가를 유발하는 방향으로 파급될 것으로 예상된다([그림 7-15] 참조).

[그림 7-15] 미국발 통화정책 정상화의 국제적 파급 경로

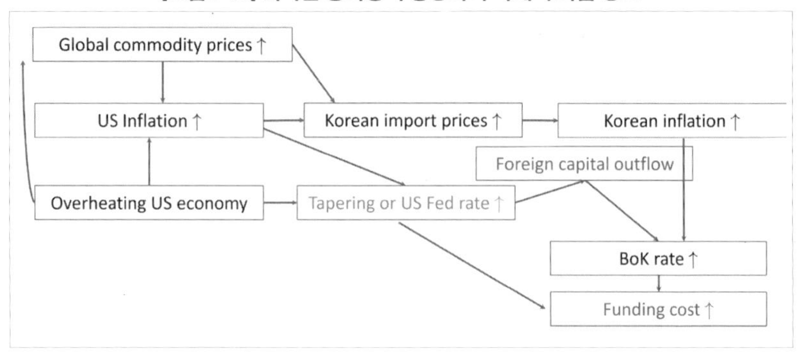

단기적으로는 지난 2013년 긴축발작(taper tantrum) 사례에서와 마찬가지로 미국의 양적완화를 통해 신흥국을 비롯한 주요국들에 유입되었던 유동성이 반대로 유출되는 과정을 통해 각국의 금융 및 외환시장 변동성을 촉발할 수 있다. 이 과정에서 외환의 급격한 유출을 방지하기 위해 주요국들은 정책금리를 인상하는 결정을 내릴 수 있지만 이로 인해 국내 이자율이 상승하여 가계 및 기업의 채무부담을 높이는 부작용을 감수할 수밖에 없을 것이다.

추가적으로 각국 정부 국채금리에까지 상승 압력이 전파되는 한편, 중장기적으로는 미국 정책금리 상승이 이어지면서 상승 압력이 거세질 것이고 종국에는 정부의 이자상환 부담이 높아지면서 정부부채가 더욱 증가하는 악순환의 고리에 놓일 수 있다.

Ⅲ. 결론

코로나19 위기 대응 과정에서 주요 선진국들은 낮은 이자비용 덕분

에 큰 무리없이 대규모 적자재정을 운용하면서 정부부채를 늘릴 수 있었고, 결과적으로 경제적 피해를 최소화하면서 예상보다 빠른 속도의 경기회복을 이끌어낼 수 있었다. 그러나 향후 경기회복세가 지속될 수 있는지는 각국 정부의 재정 여력에 달려 있는 한편, 각국 정부의 재정 여력은 이자비용의 향방에 달려 있다.

최근 급격히 상승한 미국의 소비자물가상승률은 미국 통화정책의 정상화를 재촉하는 결과를 초래하면서 이자비용이 예상보다 빠르게 상승할 수 있다는 가능성을 높이고 있다.

이러한 상황을 감안하면 확장적 재정정책은 중장기적으로 지속될 수 없으며, 이자비용 상승에 상대적으로 취약한 비기축통화국의 경우에는 더더욱 자명한 사실이 될 수밖에 없다. 경기회복세를 지속하고 강한 성장세를 유지하기 위해서는 확장적 재정정책에 의존하지 않는 방식으로 경제성장을 이끌어낼 수 있는 경제정책 전략으로의 전환이 강하게 요구되는 시점이다.

제8장

포스트코로나 시대의 4차 산업혁명

박상욱 서울대학교 지구환경학부

Ⅰ. 들어가며

코로나19 팬데믹이 과학기술 지식 생산과 혁신 창발의 구조를 근본적으로 바꾸는 것은 아니다. 팬데믹이 촉발하는 변화는 지정학적, 산업경제적, 사회적인 차원에서 관측된다. 소위 '4차 산업혁명'이 진행되고 있는 시기에 글로벌 팬데믹이 있었고, 이것은 팬데믹 이후의 4차 산업혁명의 전개 양상과 경로에 분명한 영향을 미칠 것이다. 4차 산업혁명은 20세기 후반 등장한 정보통신기술이 21세기 들어 고도화되면서 산업구조와 사회기술시스템(socio-technical system)[1]에 창조적 파괴(creative destruction)를 수반한 혁명적 변화를 일으킨다는 주장이자 기술과 사회경제 체제의 관계를 투영한 레토릭이다.

18세기 후반 시작된 제1차 산업혁명의 핵심은 공장제 기계공업의 등장과 화석연료의 사용이다. 20세기 초반의 제2차 산업혁명이란 포

1 기술시스템(Hughes, 1989)이 사회와 융합된 체제를 가리키는 개념으로(Geels, 2004), 2000년대 들어 기후변화에 대응한 에너지시스템 전환 등 지속가능한 발전의 필요성이 높아지면서 혁신정책 연구에 큰 영향을 미치고 있다.

디즘(Fordism)으로 상징되는 대량생산-대량소비 체제를 의미한다. 20세기 후반 시작된 제3차 산업혁명은 정보통신기술이 촉발한 것이다. 제4차 산업혁명이란 포스트-3차 산업혁명으로서 데이터와 인공지능을 필두로 사이버 공간과 물리적 공간의 융합을 특징으로 한다(슈밥, 2016). 결국 'n차' 산업혁명론은 당대를 지배하는 과학기술이 신산업을 탄생시키며 이 산업이 경제의 장기 성장을 주도하고, 나아가 비가역적이고 구조적인 사회경제적 변화를 일으킨다는 거시적 프레임워크라 할 수 있다. 이 글에서는 4차 산업혁명을 구성하는 요소 기술들의 미래를 예측하기보다는 코로나19 팬데믹의 경험을 독립변수로 놓고 포스트코로나 시대에 기술혁신과 사회경제 체제의 연계가 어떤 방향으로 진화해 갈지 조망해 본다.

Ⅱ. 본론

1. 기술패권 경쟁, 글로벌 가치사슬 재편, 그리고 자국 우선주의

감염병이 창궐하자마자 세계 각국은 국경을 틀어막았다. 국경이 사실상 무의미했던 유럽연합 국가들끼리도 사람들의 통행을 막아 한 마을이 둘로 쪼개진 경우도 있었다. 2020년 이른 봄에는 마스크 품귀 현상이 빚어지면서 수출통제에 나서기도 했다. 국제선 항공편 숫자는 크게 감소했다. 해외 사업장 관리를 위해 필수인력은 출장길에 나설 수밖에 없었지만 양국 정부의 허가를 받아야 하는 등 극심한 불편을 겪어야 했다. 백신 개발에 성공한 나라들은 백신을 무기화하고 자국 우선주의를 견지하였다. 요약하자면, 팬데믹은 글로벌 연결망을 절단하고 글로벌 공동체를 와해시켰다.

팬데믹 전부터 점차 심화되고 있던 미중 기술패권 경쟁은 팬데믹이 겹치며 기술냉전(tech cold-war)으로 노골화되었다.[2] 중국이 개혁·개방을 통해 부분적으로 자본주의 시장경제 체제를 채택하고 세계의 공장으로 부상하면서 미국과 중국은 산업경제적으로 사실상의 동업 관계를 일구어 왔다. 'Designed by Apple, California'라고 새겨진 아이폰은 'Made in China'이다. 중국의 값싼 공산품은 미국의 물가를 안정시켰고, 미국이 무역에서 막대한 적자를 보는 대신 중국은 미국 국채와 달러를 사재기해 주었다. 하지만 중국의 정보통신기술이 생각보다 빠른 속도로 발전하여 5G와 인공지능 등 일부 기술에서는 미국을 위협하는 수준에 이르게 되자 미중간 산업경제적 동반자 관계에 금이 가기 시작하였다.

데이터 백도어(backdoor) 이슈로 미국이 화웨이를 비롯한 중국의 여러 테크기업들을 규제하고, 중국의 '반도체 굴기'를 견제하고, '천인계획'을 문제 삼은 일들은 미국이 21세기에도 기술패권 유지를 중요시한다는 증거다. 국민소득이 증가했음에도 중국이 서구식 민주주의를 도입하는 데에 진전을 보이지 않고, 오히려 중국식 권위주의 체제가 자유민주주의 체제보다 우월하다는 주장을 펼치자 미국은 중국을 더 이상 미래로 나아갈 길을 함께할 동반자로 인정할 수 없게 되었다. 동반자가 아니라면 어깨를 나란히 하도록 허용할 수 없는 노릇이다. 산

2 "The Coming Tech Cold War with China", Foreign Affairs, 2020년 9월 9일 기사.

업 측면에서의 자국 우선주의는 트럼프 행정부에서 본격적으로 가시화되었고, 제조업 리쇼어링(re-shoring)이 적극적으로 독려되었다. 공장을 불가피하게 해외에 둘 수밖에 없는 상황이라면 이왕이면 신뢰할 수 있는 국가, 즉 이념과 안보적 이해관계를 같이 하는 국가들에 두는 것이 낫겠다는 인식도 등장하였다. 아직 통계적 증거가 충분하지 않아 이러한 경향이 현실화되었는지 확인하기에는 이르지만, 쿼드(QUAD: 미국, 일본, 인도, 호주)로 불리는 4자간 안보대화의 멤버인 인도를 중국의 대안으로 여기는 분위기가 감지된다. 기술패권 경쟁이 안보와 산업을 커플링하고 글로벌 가치사슬(GVC)의 재편을 촉발하는 것이다.

팬데믹은 글로벌 가치사슬의 한계와 국가간 분업구조의 취약점을 드러냈다. 팬데믹을 일으킨 코로나 바이러스의 진원지가 세계 최대 수출국인 중국이었기에 이것이 더욱 극명히 보였다. 그러나 팬데믹 이후 글로벌 가치사슬의 재편이 본격적으로 일어날 것인지에 대해서는 학자들 사이에서도 의견이 갈린다. 역설적이게도 팬데믹을 가장 먼저 겪은 중국이 가장 먼저 팬데믹에서 벗어나 산업활동을 정상화했고 유럽 주요 산업국가들의 봉쇄가 장기화되면서 중국의 역할이 회복되었기 때문이다. 또한 기업들이 경제적 이유, 특히 큰 소비시장 현지에 제조기지를 운영할 때의 이득을 포기하고 이전 비용을 지출하면서까지 사업장을 본국이나 인접 제3국으로 옮기는 것은 쉽지 않은 결정이다.

팬데믹의 경험은 자국 우선주의를 넘어 자국 중심주의와 자강(自强)론, 소위 기술주권론으로 계속 이어질 것으로 보인다. 팬데믹을 종식시킨 것은 인권침해 논란을 묵살하면서도 감시와 추적에 기반한 방역조치도, 봉쇄조치도 아닌 과학기술의 산물인 백신이었다. 백신 개발에 성공한 것으로 인정되는 국가들은 러시아, 미국, 독일, 영국이다. 미·

독·영은 전통적인 기초과학 선진국이고, 러시아는 과거 냉전기에 미국과 경쟁하던 사회주의식 기초과학의 역량이 남아 있는 나라이다. 백신을 만드는 바이오제약기술은 기초과학인 생명과학과의 간극이 거의 없는 분야다. 결국 코로나19 백신 개발 경쟁은 각국의 기초과학 경쟁력을 가감 없이 보여줬다. 세계는 백신을 개발, 생산하는 나라와 수입해야 하는 나라로 쪼개졌다. 자국 백신을 개발하지 못해 수입에 의존해야 하는 한국에서는 백신 도입 책임을 놓고 정쟁이 벌어졌다.

백신 문제에 있어서 한국보다 훨씬 절치부심한 나라는 프랑스와 일본이다. 파스퇴르의 나라 프랑스는 가히 현대 생명과학의 발원지라 부를 만하다. 그런 프랑스가 백신을 개발하지 못했으니, 프랑스의 과학기술체계 전체를 돌아보아야 하는 상황이 벌어지게 되었다. 노벨 생리의학상과 화학상 수상자를 여럿 배출한 일본이 바이오제약산업에서 경쟁력이 높지 않다는 것이 드러나면서 일본의 국가 발전 정체를 상징하게 되었다. 코로나 백신이 촉발한 과학기술 자강론은 인공지능, 데이터경제, 6G 이동통신, 전기자동차 등 여러 방면으로 확산될 것이다. 한국에서는 일본과의 외교 마찰이 빚은 소부장(소재·부품·장비) 사태로 인해 이미 과학기술 자강론과 자급자족론이 득세한 상태였다.

한국은 반도체 소부장 사태를 성공적으로 극복하고 있는 것으로 보인다. 이 과정에서 수요처인 반도체 회사와 소재·부품·장비를 납품하는 중소·중견기업들 간의 오랜 신뢰관계와 상생협력 체계가 긍정적으로 작동하였다. 수요기업은 기술과 노하우를 이전하고, 일본산을 대체할 국산 소재·부품을 공동 개발했으며, 다소간의 리스크를 각오하고 국산 제품을 공정에 투입했다. 결국 소부장 사태는 한국의 반도체 산업 생태계가 지닌 저력이 만만치 않다는 것을 보여줬다. 삼성, SK하이

닉스 등 소수의 대기업뿐 아니라 수많은 중소기업들이 촘촘히 네트워킹한 산업부문 혁신시스템[3]을 갖춘 덕분이다.

요약하면, 포스트코로나 시대의 과학기술은 국가간 협력과 공조보다는 자국 중심주의가 강조될 것으로 전망된다. 기술과 국익, 기술과 안보를 연계하는 경향이 더욱 심화될 것이다. 한국은 미국으로부터 동맹국으로서 안보동맹을 넘어 기술동맹, 산업경제동맹으로서의 역할과 책임을 요구받게 될 것이다. 미국이 자국 반도체산업 진흥에 다시 나서면서 반도체 선도 국가인 한국과 한 팀이 되기를 바랄 것이 분명한데, 여기서 미-중간 줄타기 노선을 견지하기는 쉽지 않을 것이다. 인공지능과 차세대 통신기술 분야에서도 비슷한 일이 벌어질 것이다. 종래에는 기술 전략이라고 하면 기술 예측과 연구개발 전략을 의미했다. 앞으로는 기술 전략을 여러 측면의 국가전략과 함께 융합적으로 다룰 필요가 있다.

2. 비대면 정보통신기술, 비인간 로봇 기술의 향방

팬데믹을 겪으며 대중이 가장 크게 체감하는 사회기술적 변화는 비대면 기술이 널리 활용되게 된 것이다. 사실 화상회의, 온라인 강의, 키오스크 같은 비대면 기술은 팬데믹 이전에도 이미 충분히 개발되어 있었다. 대면 회의와 서비스에 비해 장점도 많지만 단점이 뚜렷하기에

3 Sectoral innovation system; 같은 지식기반을 가진 산업부문을 분석 단위로 하는 혁신시스템 관점의 일종이다. 이탈리아 보꼬니대학의 말러바(Malerba) 교수와 서울대 경제학부 이 근 교수가 이 분야의 대표적인 학자다.

이용이 널리 확산되지 않았을 뿐이다. 팬데믹은 재택근무와 비대면 회의를 도입할 수밖에 없도록 했고, 1년을 훌쩍 넘긴 팬데믹은 사람들을 비대면 기술에 익숙해지도록 만들었다. 초기에는 기술적으로 서툴러 불편해 하기도 했고, 화면 속 자신의 얼굴이 신경쓰이고 다른 사람들의 시선이 부담스러워 '줌 피로(Zoom fatigue)'라는 신조어를 낳기도 했다.[4] 초·중·고등학교부터 대학교까지 비대면 수업이 이어졌는데, 공간의 제약을 없앤 비대면 수업의 편리함에 빠진 학생들은 급기야 비대면 수업을 대면 수업보다 선호하는 현상도 관찰된다.

일부 대학들은 팬데믹을 계기로 수업의 온라인화를 확대하여 강좌 수를 줄이고 강사 인건비를 절감하려는 '사이버 대학화'를 추진하기도 한다. 전통적인 강의실 풍경은 서서히 잊혀져 가고, 강의자와 수강생의 관계도 진화하는 중이다. 강단에 서서 스크린에 투사된 콘텐츠에 수강생의 시선을 모아두던 비대칭적인 관계, 즉 강의실의 권력관계는 사라지고, 평면 모니터 상에 나란히 놓인 같은 크기의 조각 화면으로 상징되는 수평적 관계로 대체되었다.

회사에서도 회의 테이블의 상석에 앉아 고개 돌리지 않고도 참석자들을 노려보던 보스가 온라인으로 수업하는 강의자와 마찬가지의 처지가 되었다. 지적 우월성을 확보하지 못하는 강의자는 수강생들의 주의를 확보하기가 이전보다 더욱 어려워졌다. 등교 수업과 비교해 비용을 아낀 학교가 슬그머니 상대평가 원칙을 철회하고, 비대면 수업에 대해 미안한 마음을 지닌 강의자들이 학점 부여의 엄정함을 내려놓으면서 학업 성취도 하락 우려에도 불구하고 학점 인플레 현상이 일어났다.

4 "How to Combat Zoom Fatigue", *Harvard Business Review*, 2020년 4월 29일자.

팬데믹은 교육의 온라인화를 가속화했다. 교육의 온라인화는 실시간 화상강의에서 그치지 않을 것이다. 교과서적인 지식을 전달하는 강좌는 동영상 콘텐츠로 대체하는 사례가 증가할 것이다. 동영상 콘텐츠에 비해 적응형(맞춤형) 교육이 가능한 쌍방향 온라인 학습은 인공지능 기술을 채용한 에듀테크(edu-tech)의 도입으로 본격화될 것으로 보인다. 에듀테크가 계속 발전하면 학기·학년제도 변화가 불가피할 것이다. 대학의 경우 한 학기에 15주 이상 수업해야 한다는 기존 규정은 존재 의미를 상실할 것이며, 적응형 교육에 대한 학생 개개인의 성취도에 따라 1주일 만에 3학점을 취득하는 일도 얼마든지 가능해진다.

에듀테크 기반 교육의 확대는 대학교육의 무게중심을 단일 학제에 기반한 지식 전달에서 문제해결 능력 배양으로 옮길 것이다. 또한 대학 교육의 질에서 부익부 빈익빈 현상이 나타나면서 경쟁력을 상실한 대학에 대한 폐교 압력이 상승할 것이다. 4차 산업혁명의 관점에서 말하자면, 교육산업이 인공지능 기술을 실생활에 적용하는 것을 확대하는 데에 주요한 역할을 할 것이다.

비대면 기술과 관련하여, 메타버스(metaverse)와 같은 가상공간이 게임이나 SNS류의 서비스를 넘어 실질적인 산업경제적, 문화적 활동의 장으로 발전할 것으로 예상된다. 가상공간의 일부, 즉 가상 부동산을 분양하고 거래하는 일도 일반화될 것이며, 블록체인 기술에 기반한 암호화폐와 가상공간에서의 상거래가 연계된다면 예상치 못했던 시너지 효과가 있을 것이다. 아직까지 암호화폐는 결재 기능의 부족으로 거래 가치를 확보하지 못해 투기적 자산의 성격에 머물러 있지만, 가상공간의 재화나 서비스와 연계되는 경우 실물 시장에서 확보하기 어려웠던 거래 가치를 갖게 될 수도 있다.

가상공간이 공연이나 각종 행사와 집회 등 오프라인 모임을 대체하는 일도 늘어날 것이다. 가상공간을 배경으로 정치활동과 직접 민주주의가 구현되는 일도 더 이상 공상과학 소설로 치부되지 않을 상황이 도래할 것이다. 그렇게 되면 온라인 시민들이 꿈꾸는 무정부주의가 힘을 얻고 국가를 초월하는 체제가 등장할 수도 있다. 한때 주목받았던 증강현실(AR)은 현재 게임이나 시뮬레이터 등 일부 분야에 국한되어 있지만, 가상현실(VR) 기술은 메타버스의 부상에 발맞춰 지속적으로 발전 동력을 확보할 것으로 생각된다.

무인 키오스크와 서비스 로봇과 같은 비인간 서비스는 인간 사이의 접촉을 기피하는 팬데믹 상황에서 오히려 성장의 기회를 맞이했다. 인간과 인간이 대면하는 것은 서비스업의 기본이라 할 수 있다. 처음에는 비인간 서비스의 존재 의의를 인건비 절감에서만 찾았던 것 같다. 실제로 패스트푸드점이나 분식집에서 카운터 직원을 줄이는 것, 주차장 출구에 계산소를 없애는 것은 비용 절감에 도움이 될 것이다.

하지만 여기에 더해, 현대인들 중에 타인을 대면하지 않고도 원하는 바를 얻는 것을 선호하는 사람들이 늘어나고 있는 점을 지적할 필요가 있다. 사람들과의 관계 맺기를 번거로운 것으로 여기고, 과도할 정도로 득세하고 있는 정치적 올바름(political correctness) 지키기에 지쳐 아예 대인 접촉을 기피하는 것이다. 만나서 할 이야기를 메신저로 하고, 앱으로 음식을 주문하며, '초인종 누르지 말고 문 앞에 두기'로 배달받는다. 팬데믹으로 강제된 비대면 서비스의 확대는 어쩌면 우리가 마음 속에서 원했던 일인지도 모른다.

지금으로서는 비대면 서비스를 매개하는 소프트웨어 기술이 부각되고 있지만 앞으로는 하드웨어 기술, 즉 서비스 로봇 기술의 발전으로 연결될 것이다. 안내 로봇이나 웨이터 로봇과 같은 초보적인 서비스 로봇으로부터 택배 로봇, 노인 돌보미 로봇, 가사 로봇 등으로 확대될 것이다. 하지만 서비스업 일자리가 감소할 정도의 파급효과는 먼 훗날에나 가능할 것으로 보인다. 향후에도 한동안은 로봇이 인간의 근로를 보조하거나 로봇의 작동을 인간이 관리하는 방식으로 인간과 로봇이 공동노동(co-labour)에 나설 것이기 때문이다.

로봇은 물론이거니와 자율주행차, 인공지능, 빅데이터 등 정보통신 기술에 기반한 기술에서 빠질 수 없는 것이 반도체다. 반도체산업은 이미 거의 모든 분야에서 '산업의 기간산업'이 되었다. 반도체가 부족할 때 만들지 못하는 것은 컴퓨터와 휴대폰에 그치지 않는다. 2021년 초 코로나 팬데믹에 의한 반도체 생산 차질은 자동차 생산라인을 멈춰 세웠다. 농경 시대에 빗대어 말하자면 반도체는 4차 산업혁명 시대의 쌀이고, 한국은 세계 최고의 곡창지대다. 농업경제 시절 제후들이 비옥한 영토를 두고 각축했다면 4차 산업혁명 시대의 기술패권 경쟁에서는 반도체 생산능력이 관건이다.

원천 기술을 제공했던 미국을 중심으로 일본, 한국, 대만이 중국을 상대로 하는 반도체 동맹을 구성하고 있는 것이 현실이다. 미국은 대만을 결코 포기할 수 없으며 한국이 중국에 가까워지는 것을 우려하고 있다. 이러한 가운데 미국 바이든 행정부는 반도체 왕국 재건의 깃발을 올렸다. 하지만 반도체는 설계 기술만큼 공정 혁신이 중요한 산업이다. 한국 반도체산업이 갖고 있는 공정 기술의 우위는 후발자나 왕년의 거인이 쉽게 넘볼 수 있는 것이 아니다. 메모리 반도체에서 독보적인 세계 1위인 한국은 반도체 파운드리 1위인 대만을 겨냥해 파운드리 육성에 나서고 있다. 대만 TSMC의 약진과 생산능력은 분명 대단하다. 하지만 파운드리 산업의 핵심 부가가치는 주문자에게 있다. 예를 들어, 애플이 컴퓨터 중앙처리장치(CPU) 독자 노선을 선언하면서 매킨토시 컴퓨터와 아이패드에 '애플 실리콘' 칩을 탑재하고 있는데, 이 칩의 생산은 TSMC가 맡는다.

인공지능 분야와 암호화폐 채굴에서 각광받는 그래픽처리장치(GPU)를 만드는 엔비디아(nVidea)의 반도체도 파운드리가 생산한다. 비메모리 반도체는 메모리 반도체보다 부가가치가 높지만, 생산만을 맡는 파운드리가 반드시 메모리 반도체보다 우월한 분야라고 볼 수는 없다. 한국 반도체산업의 전략은 메모리 반도체 분야에서 초격차를 유지하고 비메모리 반도체는 추격하는 것이다. 이 과정에서 중국의 추격을 따돌려야 하는데, 필요하다면 중국 반도체산업의 성장을 견제하는 미국과 공조에 나설 수도 있을 것이다.

4차 산업혁명 기술 중에서 3D 프린팅 기술의 경우 당초의 열광적 관심에 비해 더딘 행보를 보이고 있다. 비대면 기술과 관련하여 말하자면, 3D 프린팅 기술을 사용하면 제품을 물리적으로 배송할 필요가 없어지고 제품의 정보만 전송받은 수요자가 물건을 직접 제조할 수 있게 된다. 또한 3D 프린팅 기술은 다품종 소량생산이나 맞춤형 제조에 장점이 있다. 하지만 3D 프린팅 기술은 아직 프린팅 가능한 소재의 제한을 극복하지 못하고 있고 복잡한 조립제품을 만들 수 없는 등 뚜렷한 한계를 안고 있다. 덧붙여, 아직은 우리가 대량생산 대량소비 체제가 제공하는 높은 효율과 낮은 가격의 달콤함에서 헤어나올 수 없는 단계에 머물러 있다는 점도 인정할 필요가 있다. 건설 분야 등에서 3D 프린팅 기술의 새로운 가능성이 엿보이는 점은 고무적이지만, 3D 프린팅 기술의 파급효과에 대해서는 다소 거품이 끼어 있었던 것으로 생각된다. 비대면 기술이 각광받게 되는 포스트코로나 시대에도 3D 프린터는 한동안 미래 유망 기술의 하나로 남을 것으로 전망된다.

팬데믹 기간 소위 K-방역에서 맹위를 떨친 기술이 있다. 바로 감시와 추적에 사용되는 정보통신기술이다. 〈감염병의 예방 및 관리에 관한 법률〉은 감염자의 동선을 추적하고 밀접 접촉자를 식별하기 위해 광범위한 개인정보에 대한 접근 권한을 국가에 부여하고 있다. 무증상 감염자를 포함한 확진자의 동선은 신용카드 승인내역, 교통카드 이용내역, 이동전화 위치정보, 그리고 공공 CCTV까지 동원하여 쉽게 파악된다. 개별 사안에 대한 승인 절차 없이도 카드사와 이동통신사와의 연계를 통해 실시간에 가깝게 정보가 취합되며, 거의 자동화된 처리를 거쳐 확진자의 동선을 재구성한다. 다중이용시설 입구의 QR코드 리더는 출입자 명부를 전자적으로 관리하며, 데이터는 대형 포털 기업과 공공기관의 서버에 사실상 준영구적으로 저장된다.

팬데믹은 감시와 추적 기술의 획기적인 발달을, 정확히는 분산되어 있던 정보들을 모아 특정한 목적으로 사용될 수 있도록 조합하는 기술의 발달을 촉발하였다. 물론 이러한 감시와 추적, 그리고 그 결과에 기반한 통제는 팬데믹이라는 특수한 상황 하에서 공동체의 안위를 지키는 목적으로만 허용될 수 있는 것이다. 하지만 새로운 감염병은 계속 등장할 것이고, 감염병의 위험을 객관적으로 평가하는 것는 지난한 일이므로, 감염병 예방을 위한 감시와 통제가 일상화될 수 있다는 우려는 기우에 불과한 것이 아닐 것이다(오철우, 2020). 최악의 경우 이러한 기술이 국가와 시민의 권력관계에 있어서 국가 권력을 강화하고 시민의 기본권을 축소하는 방향으로 남용될 수도 있고, 범위와 정도의 차이는 있겠지만 개별 소비자의 식별과 맞춤형 광고와 같은 상업적 목적으로 이용될 수도 있을 것이다.

4차 산업혁명의 차원에서 보면 이러한 기술은 빅데이터 기술의 일부분이며, 인공지능과 결합할 때 더욱 강력해진다. 예를 들어 중국에서 발달한 디지털 안면인식 기술은 인공지능이 공공 CCTV 영상에서 특정인을 찾아낼 수 있는 정도인데, 팬데믹 동안 확진자 동선 추적에 사용된 기술들과 조합한다면 특정인의 위치와 행동을 실시간으로 관찰하는 것도 얼마든지 가능하다. 포스트코로나 시대에는 이러한 기술들의 이용을 어디까지 허용할 것인지 사회적 합의를 거쳐 정하고, 그 관리를 위한 거버넌스를 수립할 필요가 있다. 시민 참여는 필수적이다.

3. 생명과학과 바이오산업

전술했듯이, 팬데믹을 끝낸 것은 생명과학이다. 주요 선진국의 연구분야별 연구개발지출 통계를 보면 바이오 분야의 비중이 가장 크다. 이는 바이오제약산업이 발달하고 기초과학 기반이 튼튼하기 때문이기도 하지만, 그보다는 소득 수준이 높아질수록 건강과 삶의 질에 대한 관심이 높아지기 때문으로 보는 것이 더 타당하다.

한국의 경우 최근 들어 바이오 분야 연구개발 활동이 크게 늘어났다. 팬데믹 초기 코로나19 진단키트와 빠른 PCR 검사로 상징되는 K-방역은 바이오 분야 중소기업들이 없었다면 불가능했다. 바이오 분야 중소기업들 중에는 1990년대부터 정부의 적극적인 생명공학산업 육성 정책에 힘 입어 대학과 정부출연연구소 등 공공부문의 실험실 벤처로 시작한 곳들이 많다. 바이오벤처 붐이 여전히 진행중인 가운데, 바이오 산업부문에서 삼성바이오로직스, SK바이오사이언스, 셀트리온

등 대기업 행위자가 부상하였다. 한국의 바이오산업은 본궤도에 오르면서 선진국형 과학기술 연구개발 포트폴리오를 갖추고 글로벌 경쟁에 뛰어들기 시작한 것으로 평가된다.

여러 종류의 코로나19 백신 중에서 세간의 관심이 집중된 것은 새로운 방식인 mRNA 백신이다. mRNA 백신은 바이러스의 유전정보를 담은 전령 RNA(mRNA)를 직접 세포 내에 투입한다. 기존의 아데노바이러스 벡터 방식의 백신은 인간을 감염시키지 않는 바이러스를 운반체(벡터)로 삼아 바이러스 정보를 인체의 면역계에 전달한다. mRNA 백신은 벡터 바이러스를 생략하고 mRNA 자체를 지질막으로 감싸 체내에 주입한다. 처음 시도되는 방식이라 예기치 않은 부작용에 대한 우려가 있어서, 팬데믹이라는 특수 상황이 아니었다면 개발과 상용화에 적지 않은 시간이 걸렸을 기술이다. 다행히도 현재까지는 mRNA 백신은 성공적인 것으로 보인다. mRNA 백신은 첨단 생명과학기술의 결정체이며 대학에서 이루어진 연구에 기반하고 있다.

모더나 백신은 하버드대, 화이자 백신은 독일 마인츠대 교수가 개발한 mRNA 백신 기술로부터 시작되었다. mRNA 백신 기술은 감염병에 대한 백신뿐 아니라 향후 암을 비롯한 다양한 질환에 대응한 세포치료의 가능성이 무궁무진하다. 인류가 바이러스와의 전쟁에서 한 번 더 승리하면서 현대 과학기술의 힘을 톡톡히 빌었고, 역으로 과학기술은 전쟁을 겪고 승전의 선봉장이 되면서 인류의 신뢰와 지지를 재확인하게 되었다. 팬데믹의 교훈은, 혹은 트라우마는 생명과학과 바이오기술의 중요성을 시민들과 각국 정부에 각인시켰다. 백신을 개발한 나라가 팬데믹을 먼저 탈출하고, 백신을 가졌다는 것을 다른 나라가 부러워하고, 부르는 게 값인 백신을 수출해 큰돈을 벌고, 심지어 백신을 무기화하는 것을 목격한 사람들은 생명과학에 대한 연구개발 투자를 늘리라고 주문할 것이다. 생명과학 기초연구는 대학에서 주로 이루어지므로 대학 연구를 업그레이드하기 위한 노력이 필요하다. 대학발 스타트업 생태계를 지원하고 산학협력 촉진을 위한 거버넌스를 정비하는 등의 정책적 노력도 기울여야 한다.

제1차 및 2차 산업혁명을 앞서 일으킨 전통의 기초과학 강국들 외에는 생명과학 연구개발 역량을 키우고 경쟁력있는 바이오제약산업을 일으킨 사례는 현재까지는 전무하다. 바이오제약 분야에서 신약을 개발해 상업화하는 능력을 보유한 매출 규모 상위 30개 기업을 보유한 나라를 보면 미국, 스위스, 영국, 덴마크, 독일, 프랑스, 일본뿐이다.[5] 아시아의 금융 허브인 싱가포르는 과거 바이오산업 육성을 국가 전략으로 채택하여 강력한 드라이브를 걸었던 적이 있다. 결과는, 실패라고까지는 말할 수 없겠지만 성공적이지 못했다. 한국의 경우 1980년대부터 정부에 의해 생명공학 육성계획이 수립되고 시행되었고, 1990년대부터 바이오산업 육성 노력이 꾸준히 이루어져 왔으며, 1980년대 이래 대학의 생명과학 기초연구 역량이 빠르게 성장하였다.

한국의 바이오제약산업 실력을 객관적으로 평가하자면, 일부 신약 후보 물질 개발이 가능한 수준이나 세계적인 규모의 임상시험을 수행하고 신약 품목허가를 득하여 판매까지 맡을 수준에는 아직 이르지 못했다. 다국적 제약사들은 세계 유수의 대학 연구실에 연구를 맡기고 유망한 바이오 스타트업들에 저인망식으로 투자하는데, 이는 한국 제

5 https://www.pharmaceutical-technology.com/features/top-ten-pharma-companies-in-2020/

약사들에게는 미답의 영역이다. 이처럼 신약 개발 능력은 다소 부족하나, 바이오 제약분야의 미드테크(mid-tech)라 할만한 생산능력 분야에서는 세계적인 수준에 도달했다는 점이 고무적이다.

한국의 바이오의약품 생산능력이 뛰어난 것은 반도체산업이 발달한 데서도 알 수 있듯이 까다로운 제품을 생산하는 공정 관리와 공정 혁신에 탁월한 능력을 보유했기 때문이다. 말하자면 삼성전자의 우수한 제조 능력이 삼성바이오로직스를, SK하이닉스의 제조 능력이 SK바이오사이언스의 밑천이 되고 있는 것이다. 과거 반도체산업이 선진 기업의 설계를 받아와 생산하며 독자적 역량을 키웠던 것처럼, 바이오제약산업에서도 미드테크 진입 전략이 통할 가능성이 없지 않다. 말하자면 탈추격 시대의 추격 전략이다. 생산역량을 축적한 후 독자적인 신약 개발 역량을 확보해 나가는 것이다. 다만 바이오의 경우 기초과학 역량의 동반 성장이 필수적이라는 점은 주지할 필요가 있다. 포스트코로나 시대, 새로운 감염병이 또 인류를 습격할 것이다. 또다시 팬데믹을 겪게 된다면, 그때는 한국도 백신 개발국 리스트에 이름을 올릴 수 있을 것이다.

4차 산업혁명 논의들은 주로 정보통신기술에 관한 것으로서 바이오 분야와의 연관성은 크지 않다. 하지만 바이오와 정보통신기술의 융합은 새로운 4차 산업혁명 분야를 열고 있다. 예를 들어 팬데믹 상황에서 감염병 확산에 관한 모델을 만들고 이를 통해 각종 예측을 수행하는 것은 방역 정책 수립에 큰 도움이 되었다. 향후에는 새로움 감염병이 등장할 위기에서 징후를 파악하여 조기에 효과적인 방역에 나설 수 있도록 하는 식으로 발전할 수 있다. 유전정보를 비롯한 생명정보는 맞춤형 바이오신약 개발에 활용된다. 좀 더 범위를 확장하면 건강보험 데이터와 같은 바이오·헬스케어 데이터는 바이오제약산업뿐 아니라 공중보건과 관련 산업에서 활용 가치가 크다.

Ⅲ. 나오며: 과학기술혁신, 사회, 그리고 국가 전략

팬데믹의 교훈들은 부지기수이겠지만, 이것들 중에서 과학기술과 혁신에 관련된 것들을 몇 개 골라낼 수 있다. 첫째, 감염병에 의한 팬데믹처럼, 현대 사회의 문제들은 복합적 위험에 의한 것들이며 문제와 현황을 분석하는 것부터 정확한 정보에 기반해 소통하고 정책적 의사결정을 내리는 것, 그리고 문제에 대한 해법을 제시하는 것에까지 과학기술이 필요하지 않은 부분이 없다는 것이다. 그동안의 과학기술이 과학을 위한 정책(policy for science)에 기반해 공공의 자원을 수혜하는 입장에 있었다면, 포스트코로나 시대의 과학기술은 올바른 정책 결정을 위한 근거를 제공하는 역할을 적극적으로 수행해야 한다. 말하자면 정책을 위한 과학(science for policy)이다.[6] 증거기반 정책형성(evidence-based policy making)으로 정책의 합리성을 제고하기 위해서는 과학기술적 접근이 필수적이다.

둘째, 과학기술의 공공성 제고가 필요하다는 점이다. 20세기는 과학기술의 세기였으며 과학기술이 자본주의에 봉사하여 연구개발을 통해 과학기술 지식을 조직적으로 생산하고 이를 혁신으로 연결함으로써 부가가치를 창출하고, 이렇게 축적한 자본을 다시 연구개발에 투자

6 "Help to shape policy with your science", *Nature*, 2018년 8월 28일자 기사.

하는 지식경제의 순환적 생산체제가 정립되었다. 이 체제에서는 과학기술 연구개발의 우선순위와 무게중심, 그리고 연구개발을 위한 자원배분 결정의 기준을 산업경제적 편익에 둘 수밖에 없다. 경제개발 시기, 연구개발에 할애할 자원이 풍부하지 않았던 한국은 소위 '선택과 집중' 전략을 채택할 수밖에 없었고, '차세대 성장동력 분야'를 선정해 개발과 응용연구 중심으로 투자하고, 순수한 기초연구 대신 '목적 기초연구'를 지원했다. 결과적으로 바이러스나 돈이 안 되는 백신을 연구하는 연구소를 육성할 수 없었고, 1인당 국민소득 3만 달러에 도달한 세계 수출 6위[7](중계무역국인 네덜란드를 제외하면 5위)의 부국은 글로벌 팬데믹을 극복하는 과정에서 백신 수급에 애태우는 개발도상국과 다를 바 없는 처지에 놓였다.

포스트코로나 시대에는 공동체의 안전과 인류의 진보를 위해 과학기술의 공공성을 제고해야 한다. 다만 민간 기업에 대해 공공의 과학을 강요할 수는 없는 노릇이니, 먼저 대학과 정부출연연구소 등 공공부문에서부터 과학기술의 공공성을 확보해 나가야 할 것이다.

셋째, 포스트코로나 시대에 4차 산업혁명은 융복합적 성격을 갖게 된다는 것이다. 코로나19 팬데믹은 단순한 감염병과 방역의 문제가 아니었고, 비가역적인 사회경제적 변화를 초래하였다. 4차 산업혁명 역시 마찬가지이며 팬데믹과 4차 산업혁명의 사회기술적(socio-technical) 변화가 우연히 일시에 만나 일으키는 시너지 효과가 상당할 것이다. 앞서 언급했듯이 정보통신기술은 감염병 방역을 위한 효과적인 수단을 제공했지만, 팬데믹은 일찍이 조지 오웰이 〈1984〉에서 예

7 출처: 관세청, 통계청

측했으나 비교적 성공적으로 억눌러 왔던 디지털 빅브라더를 깨어나게 만들었다.

비대면 수업이 2년째 계속되면서 디지털 격차가 학습 격차로 확장되고, 학교라는 사회적 제도를 통한 사회관계자본의 공정한 형성이 중단되어 사회자본의 대물림 현상을 견제하기 어려워졌다. 백신 개발 경쟁과 자국 우선주의는 과학이 글로벌 공공재라는 오랜 미신을 타파했으며 기초과학 역량의 국가간 차이가 여전할 뿐 아니라 과학기술이 여전히 국가 안보와 생존의 문제와 직결되어 있음을 드러냈다.

포스트코로나 시대, 4차 산업혁명이 전개되는 양상은 팬데믹 이전보다 더욱 복잡하고 예측 불가능하며 가일층 사회복합적일 것이다. 이 상황에서의 국가 전략을 정치하게 제안한다는 것은 불가능에 가까울 것이지만, 적어도 "모든 것들이 연결되어 있다는 것을 잊지 말라"는 조언 하나는 남기고자 한다.

포스트코로나 시대에는 사회와 공동체, 산업과 경제, 생태계와 환경, 공중보건, 그리고 과학기술에 이르기까지 모든 것들이 연결되어 있다는 것을 본격적으로 체감하게 될 것이다. 행위자 연결망 이론(ANT)이 주장하는대로, 모든 인간 행위자들과 비인간 행위자들은 네트워크를 구성한다(Callon, 1986). 20세기 후반 들어 난폭했던 근대화 과정을 돌아보며 성찰하던 것과, 지속가능하지 못한 근대화의 산물인 복합재난으로서의 코로나19 팬데믹 이후 포스트코로나 시대를 조망하는 것은 연결되어 있다. 포스트코로나 시대의 4차 산업혁명은 과거 근대화 시대의 실수와 실패를 반복하지 않아야 할 것이다.

| 참고문헌 |

슈밥, 클라우스, 송경진 옮김 (2016), *제4차 산업혁명*, 서울: 메가스터디북스.

오철우 (2020), "스마트 방역 시대의 프라이버시 논란", *관훈클럽 관훈저널*, 통권 156호, pp.118-127.

Callon, M. (1986), 'The Sociology of an Actor-Network', in Callon, M., Law, J., Rip, A., *Mapping the Dynamics of Science and Technology*, London: Macmillan.

Geels, F. W. (2004), 'From sectoral systems of innovation to socio-technical systems: Insights about dynamics and change from sociology and institutional theory', *Research Policy*, Vol. 33, pp.897-920.

Hughes, T. P. (1989), 'The Evolution of Large Technological Systems' in Bijker, W. E., Hughes, T. P., and Pinch, T. (eds) (1989) *The Social Construction of Technological Systems: New Directions in the Sociology and History of Technology*, London: MIT Press.

| 제4부 |

세계 질서의 변화와 포용적 다자주의

제9장

포스트코로나 시대 세계경제 패러다임과 한국경제의 진로

유종일 KDI국제정책대학원 원장

2020년 세계경제는 사상 유례없는 대충격을 겪었다. 코로나19 팬데믹으로 인한 각국의 봉쇄 정책과 얼어붙은 소비심리는 대공황급 경제 위축을 초래하였다. 세계경제는 무려 3.1%나 수축하였고, 선진국의 평균성장률은 -4.5%였다. 다행히 2021년 세계경제는 빠른 회복세를 보이고 있다. 초고속 개발에 성공한 백신이 보급됨에 따라 비교적 높은 접종률을 달성한 국가들부터 사회적 거리두기 규제 완화가 이루어지면서 경기회복이 속도를 붙이게 되었다.

그러나 백신민족주의가 기승을 부리면서 많은 개도국에서 백신 접종이 지연되는 가운데 변이 바이러스 출현에 따른 추가 확산의 우려도 있어 팬데믹의 종식은 아직도 먼 것으로 보인다. 미국의 바이든 행정부 출범으로 다자주의 국제협력 복원에 관한 희망이 되살아나기는 하였으나, 미중 간의 갈등이 더욱 격화하고 있는 실정이어서 국제질서의 불확실성이 어느 때보다 큰 상황이다. 대외의존도가 매우 높은 한국경제가 이러한 난관을 극복하고 포스트코로나 시대의 선도적 경제로 우뚝 서기 위해서는 무엇을 해야 할 것인가?

I. 부위정경(扶危定傾)의 코로나19 경제위기 극복

1. 팬데믹과 경제

팬데믹은 보건 재앙과 동시에 막대한 경제적 피해를 초래한다. 대면 접촉이 불가피한 경제활동이 위축되고 공급망에 차질이 발생한다. 소득 감소와 수요 감소가 서로 상승작용을 일으켜 거시경제적 충격이 확대될 수 있다. 스페인독감 이후 최악의 팬데믹인 코로나19는 세계화된 경제에 독약이 되었고, 대공황 이래 가장 심대한 경제 충격이 되었다.

팬데믹 와중에 가장 중요한 경제정책은 곧 방역정책이다. 각국의 경험을 살펴보면 대체로 방역을 잘해서 보건 피해를 최소화한 나라가 경제적 피해도 최소화할 수 있었다. 방역정책의 수단에 따라서도 경제적 피해는 달라진다. 사회적 거리두기의 강도가 높을수록 피해가 커진다. 마스크 착용 등 개인방역을 잘하고 신속한 검사와 추적에 의한 확산 통제를 잘할수록 경제적 피해를 줄이면서 효과적인 방역을 할 수 있다. 이러한 점에서 한국의 소위 K-방역이 상당한 성과를 거두었다. 유사한 이유로 대다수 동아시아 국가들이 선방했다.

백신이 개발된 뒤로는 백신접종이 가장 중요한 방역수단이 되었다. 백신 접종 초기에는 물량 확보가 주요했지만 시간이 지날수록 백신의 안전성과 효과성에 대한 신뢰를 확보하여 접종률을 높이는 것이 관건이 되고 있다. 한국은 백신 조기 확보에 실패하여 어려움을 겪기도 했으나, 2021년 하반기에는 매우 빠른 속도로 접종이 진행되어 세계적으로 높은 수준의 접종률을 달성하였고, 11월에는 '단계적 일상 회복'

을 위한 거리두기 완화를 개시하기에 이르렀다.

그러나 세계적으로 보면 결코 상황이 녹록치 않다. 부자 나라들의 백신 사재기와 제약회사들의 이윤 챙기기 등으로 많은 개도국들이 백신 확보에 어려움을 겪고 있고, 기술적인 이유까지 겹쳐 백신 접종률이 매우 뒤처져 있다. 백신 물량이 풍부한 나라들의 경우에도 접종을 거부하는 국민이 많아 접종률을 충분히 높이지 못하는 사례가 많고, 거리두기 규제를 완화한 이후에 미접종자 중심으로 감염이 확산되는 일도 빈번하다. 향후에 감염력이나 치사율이 높은 변이종이 등장할 가능성도 배제할 수 없다. 이러한 사정들을 고려할 때 팬데믹의 종식까지는 아직도 긴 시간이 필요할 것으로 보인다.

팬데믹으로 인한 경제위기에 대응하여 각국 정부는 과감한 재정 확대와 금융완화 등 경기부양 정책을 추진하였고, 고용유지 정책을 비롯하여 피해계층을 지원하기 위한 다양한 정책들을 동원하였다. 글로벌 금융위기 이후에 재정긴축을 강조하던 분위기와는 전혀 다른 상황이 전개되었다. 경제충격이 워낙 컸다는 점도 있었지만 감염병 사태를 맞아 정부가 전면에 나설 수밖에 없게 되었다는 점도 작용했다.

또한 개인 보호장구나 생필품 등의 품귀 현상이 벌어지는 등 시장의 실패가 부각되고, 각국이 봉쇄조치, 국경통제나 수출규제 등을 실시하면서 글로벌 공급망이 흔들리게 됨으로써 각국의 정책 당국자들이 오랫동안 신봉해왔던 신자유주의 혹은 시장만능주의를 벗어날 수 있었던 것이다. 코로나19 위기는 경제가 위기에 빠졌을 때는 정부가 과감하게 시장에 개입할 필요가 있다는 사실을 재확인하는 계기가 되었다.

2. 경제회복의 길

각국이 팬데믹 통제와 경기부양 등 적극적 정책 대응을 이어나가는 가운데 백신 접종이 진전됨으로써 2020년에 최악의 침체를 겪었던 세계경제는 2021년에는 빠른 회복세를 보였다. 국제통화기금(IMF)은 2020년 -3.1%를 기록했던 세계경제성장률이 2021년에는 5.9%에 이를 것이라고 지난 10월 보고서에서 전망했다.[1] 이는 백신 개발의 성공 여부가 불투명했던 2020년 10월의 전망치 5.4%보다 훨씬 상향 조정된 수치이지만, 2021년 4월에 전망했던 6.0%에 비해서는 조금 낮아진 것이다. 세계적으로 물류에 큰 혼란이 야기되고 있고, 반도체 등 공급망에 차질이 빚어지고 있으며, 인플레이션 압력이 높아지는 상황을 반영한 것이다.

IMF는 위의 보고서에서 금년 한국경제의 성장률이 높은 백신 접종률과 수출 호조에 힘입어 당초 예상보다 높은 4.3%에 이를 것으로 내다보았다.[2] 이는 선진국 평균 5.2%에는 미치지 못하는 것이지만 2020년 한국의 성장률이 -1.0%로 선진국 평균 -4.5%보다 월등하게 높았다는 사실을 감안하면 상당히 높은 수치라 할 수 있다. 2021년 성장률은 기저효과에 의해 작년 성장률이 낮을수록 높게 나오기 때문이다. 위의 전망치에 기초해서 2020~2021년 간의 연평균 성장률을 보면 한국이 1.7%, 선진국 평균은 0.4%가 된다. 이렇게 보면 빠른 회복세에

1 World Economic Outlook: Recovery during a Pandemic, IMF, October 2021.

2 참고로 IMF는 2021년 3월에 한국경제의 성장률을 3.6%로 전망했다(Republic of Korea: 2021 Article IV Consultation, IMF Staff Country Reports, March 2021).

도 불구하고 세계경제나 한국경제나 아직 팬데믹 이전의 성장경로로 복귀하지는 못하였음을 알 수 있다.

전반적인 성장의 회복과는 별도로 심각한 구조적 문제와 불확실성이 큰 변수들의 존재가 암초처럼 회복의 길을 위협하고 있다. 가장 중요한 문제는 불평등인데 이에 관해서는 다음 절에서 자세하게 논의한다. 여기서는 코로나19 경제위기로 초래된 실업과 폐업 등의 후유증과 불평등 심화 등이 경기 반등에 일정한 제약 요인이 될 수 있다는 점만 언급한다. 불확실성이 큰 변수 중에 으뜸은 인플레이션과 금리인상 가능성이다. 한편으로는 물류와 공급망의 차질과 팬데믹으로 인한 노동공급의 제약 등이 공급을 제약하고 있는 반면, 다른 한편으로는 경기회복세와 맞물려 그동안 억눌렸던 소비심리가 분출하면서 수요가 증가하고 있다.

이로써 이미 세계 각국에서 인플레이션이 상승하고 있다. 미국 연방준비제도이사회가 양적완화의 축소를 언급하고 있으며, 머지않아 세계적인 금리인상이 본격화될 가능성도 배제할 수 없다. 이는 여러 개도국의 경제위기를 심화시키고, 선진국에서도 초저금리 국면에 급격히 상승한 자산가격의 급락과 금융 혼란을 초래할 수 있다. 따라서 거시경제 정책을 통한 적절한 경기 관리와 함께 저금리 기조 아래서 급증한 부채의 안정적 관리가 중요하다.

가계부채 문제가 특히 심각한 한국의 경우 각별한 관리가 필요하다. 2020년 2분기 한국의 GDP 대비 가계부채는 98.6%를 기록해 전 세계 평균인 63.7%, 선진국 평균인 75.3%보다 월등하게 높았다. 2008년 이후 GDP 대비 가계부채 비율이 27.6% 증가하여 전 세계 평균 3.7%, 선진국 평균 -0.9%에 비해 가파른 증가세를 보였고, 또한 유동성 위험에 빠질 가능성이 높은 단기 부채의 비중이 23%에 육박해 부채의 질도 나쁜 것으로 드러났다.[3] 또한 변화하는 노동시장에서 취약계층의 고통을 덜어주고 적응을 돕는 적극적 정책도 중요하다.

팬데믹 경제위기의 진정한 극복은 과거 그대로의 회복이 아니라 과거의 잘못을 바로잡는 위기 극복, 즉 부위정경(扶危定傾)이 되어야 한다. 경제의 기본을 튼튼히 하고 회복탄력성을 높이는 한편 포스트코로나 시대가 요구하는 미래 사회의 변화를 담아내 지속가능한 발전의 토대를 구축해야 한다. 이러한 복합적인 과제를 달성하기 위해 디지털 전환, 녹색 전환, 포용 전환 등의 3대 전환을 이루어야 한다.

Ⅱ. 포스트코로나 3대 전환 과제

1. 디지털 전환

팬데믹이 낳은 가장 두드러진 변화는 디지털 전환의 가속화다. 그러나 디지털 전환 자체가 새로운 것은 아니다. 사회적 거리두기 덕분에 디지털 기술을 이용한 비대면 서비스가 급증하면서 기존에 진행되고 있던 '4차 산업혁명'이 가속화하고 전면화하고 있는 것이다. 원격교육과 재택근무 및 화상회의가 보편화되었고, 쇼핑·오락·의료·금융·행정 등 각종 온라인 서비스가 활성화되고 있다. 빅데이터와 인공지능의 활용도 빠르게 확산되고 있다.

3 조세재정연구원, '국가별 총부채 및 부문별 부채의 변화추이와 비교', 2021. 4.

디지털 전환은 농업혁명, 산업혁명에 버금가는 기술-경제-사회 시스템의 총체적 변화를 수반하는 것이다. 특정 산업 분야의 문제가 아니라 기술문명의 전환이다. 사회경제 구조와 생활방식까지 다 바뀌게 될 것이다. 교육과 노동, 우리가 배우고 일하는 방식이 크게 바뀔 것이다. 교통인프라와 물류시스템, 그리고 도시의 구조까지 대대적인 공간 혁신이 일어날 것이다. 가상현실(VR), 증강현실(AR), 인공지능(AI) 비서 등 디지털 스마트 기술이 우리 생활 속 깊숙이 들어올 것이다. 이러한 디지털 전환에 앞서가느냐 뒤처져 따라가느냐 여부가 선도 국가의 최소한의 기준이 될 것이다.

성공적인 디지털 전환은 포스트코로나 시대의 산업경쟁력 확보를 위해서뿐 아니라 사회문제 해결을 위해서도 필수적이다. 디지털 전환은 인프라, 인재, 기술력을 키우는 것으로 끝나는 일이 아니다. 디지털 전환에 대한 사회적 수용성이 그에 못지않게 중요하다. 이를 위해 포용적 사회제도와 민주적 데이터 거버넌스를 갖춰야 한다. 사회제도가 잘 뒷받침되지 않으면 디지털 전환이 문제를 해결하는 것 이상으로 문제를 생산할 수 있다.

모든 파괴적 혁신이 그렇듯 디지털 전환 과정에서 패자가 나온다. 인공지능이 인간노동을 대체하여 수많은 일자리가 없어진다는 우려가 많다. 우리나라의 경우 이미 온라인 쇼핑의 확대로 자영업자의 타격이 크고, '타다'의 사례에서 보듯 극심한 갈등이 혁신을 가로막기도 한다. 최근에는 재택근무와 온라인교육 등이 디지털 격차(Digital Divide)의 확대를 불러오고 있다. 디지털 전환으로 인한 실업과 불평등 악화를 막기 위해 인간의 노동을 대체하기보다는 보조하는 방식으로 이루어지도록 유도하는 정책이 필요하다.

최근 확진자 동선 파악 등과 관련하여 특히 유럽에서 문제 제기가 된 바도 있지만, 디지털 전환이 감시자본주의(surveillance capitalism)라는 디스토피아를 낳고 있다는 우려도 간과할 수 없다.[4] 엄청난 개인정보를 수중에 넣은 거대 디지털 기업들의 권력 남용을 어떻게 막을 수 있을 것인가? 개인정보 보호를 넘어 그 소유권과 이에 기초한 이익을 누구에게 귀속시킬 것인지, 데이터 보안은 어떻게 확보할 것인지 등 데이터 거버넌스 문제가 매우 중요해졌다.

2. 녹색 전환

코로나19 경제위기의 와중에 친환경적 경제회복(Green Recovery)에 관한 국제적 합의가 확산되고 있다. 생태계 파괴의 결과 코로나19 등 인수 공통 감염병이 빈발하는 현실에 대한 뼈아픈 자각이 이는 가운데, 2020년에 유난히 끔찍했던 각종 기상이변과 호주, 아마존, 시베리아, 캘리포니아 등지의 기록적인 산불은 기후환경 위기의 심각성을 부각하였다. 또한 코로나19 경제위기는 화석연료 기반 산업의 위축을 초래했고, 초저금리 상황과 대규모 재정 투입의 불가피성 등 녹색 전환을 위한 적극적 정책 대응의 기회와 여건을 마련해주었다.

특히 지구온난화 문제가 갈수록 심화되면서 과학자들은 물론 노엄 촘스키, 재레드 다이아몬드, 유발 하라리 등 지식인들이 입을 모아 인류문명 생존의 위기를 경고하고 있다. 2015년에 체결한 파리협약에서 세계 각국은 산업화 이전 대비 지구평균기온 상승을 반드시 2℃ 이

4 Shoshana Zuboff, Age of Surveillance Capitalism, Profile Books, 2019.

내로, 가급적 1.5℃ 이내로 제한하기 위한 온실가스 감축 노력을 약속했다. 이는 기후위기에 대한 인류 대응의 역사적인 성취였으나 이후에도 각국의 온실가스 감축 행동은 매우 불충분했다. 과학자들은 갈수록 급박한 경고음을 울리기 시작했다. 다소 보수적일 수밖에 없는 국제기구인 IPCC(기후변화에 관한 정부간 협의체)에서도 2050년까지 온실가스 순배출을 완전히 없애는, 즉 넷제로(Net Zero)를 달성하는 수준의 강력한 감축 행동만이 파국적 기후위기를 막을 수 있을 것이라는 결론에 도달했다. 이미 인간활동이 지구 평균기온을 산업화 이전 수준 대비 0.8~1.2°C 상승을 유발한 것으로 추정하고, 지구온난화가 현재 속도로 지속된다면 2030년에서 2052년 사이에 1.5°C에 도달할 것으로 전망했다. 2100년까지 1.5°C 이내로 제한하기 위해서는 온실가스의 순배출량이 2030년까지 2010년 대비 최소 45% 감소하고, 2050년경에는 넷제로에 도달해야 한다고 경고했다.[5]

2019년은 기후행동의 변곡점을 이룬 해다. 스웨덴의 16세 소녀 그레타 툰베리의 유엔총회 항의 방문과 세계청소년 동시다발 시위 등 젊은이들이 지구의 미래를 위한 행동에 나섰고, 미국 민주당의 '그린뉴딜(Green New Deal)' 법안이 주목을 받았다. 유럽연합은 2019년 12월에 2050년 넷제로 등 야심찬 목표를 담은 포괄적 녹색 전환 프로그램인 '유럽그린딜(European Green Deal)'을 채택하였다. 2020년 들어 코로나19 팬데믹을 겪으면서 녹색 전환의 시급성이 더욱 부각되었고, 각종 국제기구는 물론 글로벌 기업들과 펀드들도 환경을 의사결정의 중심에 두기 시작했다. 한국과 일본도 2050년 넷제로 목표를 천명했

5 2018년 인천에서 열린 IPCC 회의에서 발표한 「지구온난화 1.5°C」 특별보고서.

으며, 중국은 2060년을 목표로 내세웠다.

2021년 새로운 정권이 출범한 미국에서는 2035년 발전부문 탈탄소 완성 및 2050년 넷제로를 포함한 강력한 환경정책에 시동을 걸었다. 또한 바이든 정부는 파리협약 재가입과 더불어 국제사회의 기후위기 대응 수준을 제고하기 위한 외교적 노력을 활발하게 전개하고 있다.

경제성장이 우선이고 환경은 뒷전인 시대는 지났다. 과거와는 달리 온실가스를 배출하는 기업에 대한 다양한 불이익이 발생함으로써 앞으로는 환경을 무시하는 기업은 세계경제에서 점점 설 자리를 잃게 될 것이다. 유럽과 미국 등이 탄소국경세 도입을 준비하고 있고, 글로벌 기업들이 화석연료 기반 에너지를 사용한 제품의 구매를 거부하고 글로벌 펀드들이 환경파괴 기업에 대한 투자를 거부하는 움직임들이 날로 커지고 있다. 포스트코로나 시대에 저탄소 친환경 경제는 더 이상 선택이 아닌 필수다.

예를 들어 기업 활동에 필요한 전력을 100% 재생에너지로 사용하겠다는 자발적 캠페인 RE100에 참여하는 글로벌 대기업들이 빠르게 늘고 있어 300개를 넘어섰다. 이들 기업들은 실제 자신들의 생산활동에서 재생에너지만을 사용하는 것을 넘어 원료와 부품을 구매할 때도 완전히 재생에너지만으로 생산된 것을 구매하는 것을 목표로 하고 있다. 한 가지 사례로 2020년 7월 BMW가 체결한 20억 유로(약 2조 7,500억 원) 규모의 배터리 셀 공급 계약을 들 수 있다. 기존의 공급업체인 중국 CATL과 삼성SDI를 제치고 스웨덴의 노스볼트(Northvolt)가 입찰에 성공하여 업계를 놀라게 하였다. 노스볼트는 비록 신생 회사지만 풍력과 수력 등 100% 재생에너지에 의한 생산 여건을 갖추었기 때문에 선정될 수 있었던 것으로 알려졌다.

온실가스 배출이 많은 글로벌 대기업들의 변화를 촉구하기 위한 투자자들의 기후행동그룹 Climate Action 100+의 경우에도 2020년 초에 세계 최대의 펀드인 블랙록(Black Rock)이 가입하는 등 급격히 세를 늘려가고 있다. 이와 관련하여 주목할 만한 사건이 2021년 5월 일어났다. 세계 최대 에너지 기업 엑슨모빌의 주주총회에서 4명의 이사를 교체하였는데, 엑슨모빌의 0.02%에 불과한 지분을 보유한 행동주의 펀드 엔진넘버원(Engine No.1)이 추천한 3명의 후보가 선임되었다. 기존 경영진이 추천한 후보들이 탈락한 것은 엑손모빌 110년 역사에 처음 있는 일이었다. 기존 경영진이 화석연료 중심의 회사 전략을 고수한 반면 엔진넘버원은 탄소 중립시대 대응책으로 재생에너지 투자 등 다변화 전략의 필요성을 강조하며 재생에너지 분야 전문가들을 이사 후보로 추천하였다. 이에 의결권 자문사인 ISS와 글래스루이스, 블랙록, 뱅가드와 스테이트스트리트 등 투자펀드, 그리고 초대형 연금펀드들까지 엔진넘버원의 전략을 지지했던 것이다. 환경·사회·지배구조(ESG)에 관한 고려가 투자와 경영의 중심에 들어와야 한다는 생각이 이제 주류가 되어가고 있음을 보여주었다.

3. 포용 전환

경제적 불평등은 포스트코로나 시대가 해결해야 할 최우선 과제다. 극단적 불평등을 해소하고 가치의 창출과 분배에 모두가 참여하는 포용적 경제로 전환하지 않으면 지속가능한 경제성장이 불가능함은 물론 정치사회적 안정도 담보할 수 없을 것이기 때문이다.

1980년대 이래 지난 40년 동안 전개된 신자유주의 정책 기조는

'1:99 사회'라는 극심한 경제적 불평등을 낳았다. 소득불평등 심화에 따라 감소하는 유효수요를 저금리·금융완화 정책으로 부양함으로써 부채가 과도하게 늘어났고, 그 결과 2008년 글로벌 금융위기를 비롯하여 금융위기가 빈번하게 발생하였다. '월가 점령 시위' 등 기성 체제에 대한 불만과 불신이 증가하여 포퓰리즘과 배타주의가 퍼지고 민주주의와 국제 협력주의가 위협받는 상황이 전개되었다.

코로나19 경제위기는 이 모든 문제를 더욱 증폭시켰다. 바이러스 확산을 차단하기 위한 사회적 거리두기는 매우 비대칭적 결과를 초래했다. 소위 필수노동자들이나 이주노동자들은 열악한 노동환경과 주거 여건 때문에 감염병 노출을 피하기 어려웠고, 사회적 접촉을 유발하는 산업에 종사하는 이들에게 경제적 피해는 집중되었다. 실업이 증가하고 실물경제의 피해가 누적되는 가운데 저금리를 바탕으로 부동산과 주식 등 자산가격이 증가하여 빈부격차가 폭증하는 현상도 나타났다.

신자유주의가 낳은 극심한 불평등과 이로 인한 포퓰리즘과 배타주의는 코로나19 팬데믹 상황에서 보건 당국의 팬데믹 대응에 혼선을 초래하고 정치사회적 혼란을 가중시키기도 하였다. 미국의 트럼프 대통령과 브라질의 보우소나루 대통령 등 포퓰리스트 지도자들과 유럽과 미주 각국의 대중 일부가 마스크 착용을 비롯해서 전문가들의 조언을 거부하는 태도가 대표적인 사례다. 미국의 경우 각종 음모론과 가짜뉴스가 난무하는 가운데 급기야 대선 결과에 대한 불복과 무장 폭도에 의한 의사당 점거까지 일어나는 등 민주주의의 위기가 적나라하게 드러났다.

사실 신자유주의 이데올로기는 2008년 글로벌 금융위기로 위기에 처했다. 하나의 상징적 순간은 신자유주의 전도사였던 그린스펀 당시 연준 의장이 의회 청문회에서 자유시장경제에 대한 믿음이 완전히 무너졌다고 증언한 때였다. 많은 이들이 신자유주의의 몰락을 이야기했지만 신자유주의를 대체할 정책 패러다임이 구축되지는 못했다. 코로나19 팬데믹 이후에는 사정이 다르다. 정책 기조가 이미 극적으로 변화하기 시작했고, 3대 전환을 축으로 새로운 패러다임을 활발하게 모색하고 있다.

각국 정부가 팬데믹 및 경제위기 대응의 최전선에 나선 가운데 유능한 정부와 사회안전망의 중요성이 부각되었고, 긴축과 재정건전성을 우상화 했던 과거와 달리 각국은 과감한 재정 확대를 단행하였다. "정부는 문제의 해결책이 아니라 그 자체가 문제"라는 레이건 대통령의 유명한 말과 같은, '작은 정부'를 옹호하는 논리는 이제 찾기 힘들다.

불평등 문제 대응과 '정의로운 전환'에 각국이 적극 나서고 있다. 다보스포럼은 2020년 제50회 포럼에서 이해관계자 자본주의의 필요성을 역설했다. 1970년에 신자유주의 이데올로기의 핵심인 주주자본주의를 설파한 프리드먼의 에세이('A Friedman Doctrine: The Social Responsibility of Business is to Increase Its Profits')를 게재한 바 있는 〈뉴욕타임스〉는 그 후 50년이 지난 2020년에 불평등 해소를 위한 대대적인 특집 사설 시리즈를 게재했다.[6]

2021년에 출범한 미국의 바이든 행정부는 부자 증세와 복지 확대, 노동조합 강화와 고용 확대를 추진하고 있다. 이러한 맥락에서 미국의

6 프리드먼의 글은 New York Times, September 13, 1970, Section SM, Page 17에 게재. 특집 사설 시리즈에 관해서는 'We Were Planning an Inequality Project. Then History Lurched', New York Times, April 9, 2020 참조.

주도 하에 글로벌법인세최저한세율에 관한 G7과 G20의 합의가 이루어진 것은 역사적 사건이다. 성장과 투자 유치를 명분으로 그동안 각국이 법인세 '바닥 경쟁'을 해온 상황에 제동을 걸고, 불평등 축소와 포용을 성장과 효율에 버금가는 경제정책의 중심 목표로 삼는 변화의 출발점이 될 수 있다. 신자유주의 이데올로기는 드디어 정책담론의 주도권을 완전히 상실하고 말았다.

시장만능주의에서 탈피하여 국가의 역할을 확대하는 것은 불가피한 방향이지만, 자칫 이러한 경향이 포퓰리즘 및 권위주의 경향과 맞물리면서 과도한 경제 통제와 재정 악화를 낳을 가능성은 경계해야 한다. 향후 국가의 역할은 시장경제의 효율성 및 역동성을 민주적 통제에 입각한 형평성 및 공공성과 결합하는 방향으로 나아가야 한다. 그 핵심은 불평등 구조를 타파하고 포용적 구조를 만드는 것이다.

경제적 불평등의 원인이 복잡다기한 만큼 해법도 간단하지는 않다. 다층적 접근이 필요하다. 가장 기본적인 것은 재정 및 공공정책이다. 조세의 형평성과 재정의 재분배 기능을 강화해야 한다. 이를 위해 튼튼한 소득보장 체계를 갖추고 교육과 의료 등 공공서비스의 접근성과 질을 제고하여야 하며, 주거 안정의 실현이 중요하다. 나아가 디지털화 등 산업구조와 노동시장의 변화에 대응하여 효과적인 평생교육 체제를 갖추어야 한다. 독점 규제와 공정거래 확립, 경제적 약자의 교섭력 증진, 나아가 주주자본주의에서 이해관계자자본주의로 진화하기 위한 기업 지배구조 개혁까지 공정한 시장 질서 수립에 힘써야 한다.

Ⅲ. 한국경제의 진로

1. 한국판 뉴딜

앞에서 살펴본 포스트코로나 시대의 3대 전환은 한국을 포함하여 전 세계에 주어진 공통의 과제다. 2020년 7월 정부는 '한국판 뉴딜'이라는 이름으로 코로나19 경제위기 극복 과정에서 디지털, 녹색, 포용의 3대 전환을 이루기 위한 구체적 정책 프로그램을 발표했다.[7] 한국만의 강점과 잠재력을 발휘하는 방식으로 3대 전환을 이루는 것이 목표다. '디지털 뉴딜'로 추격형 경제에서 선도형 경제로의 전환을, '그린 뉴딜'로 탄소 의존 경제에서 저탄소 경제로의 전환을, 그리고 '안전망 강화'로 불평등 사회에서 포용 사회로의 전환을 이루어냄으로써 '선도국가로 도약하는 대한민국으로 대전환'을 도모하겠다는 것이다.

2021년 7월에는 투자 규모도 확대하고 정책 내용도 보강하여 '한국판 뉴딜 2.0'을 발표하였다. 정책의 보강 중에서 가장 중요한 부분은 저탄소 경제라는 막연한 목표를 탄소중립이라는 확실하고 강력한 목표로 대체한 것이다. 또한 '안전망 강화'와 관련된 내용들을 보강하여 '휴먼 뉴딜'로 업그레이드한 부분도 중요하다.

정부가 강조한 바와 같이 우리만의 강점을 살리는 것도 중요하지만 우리의 취약점을 보완하는 것도 역시 필요하다. 디지털 전환과 관련해서는 IT강국으로서 우리가 다져온 하드웨어, 인프라, 제조 분야의 강

7 '한국판 뉴딜'의 구체적 내용은 다음 자료 참조. 관계부처합동, 「한국판 뉴딜 종합계획」, 2020.7.14.과 관계부처합동, 「한국판 뉴딜 종합계획 2.0」, 2021.7.14.

점을 살리면서 소프트웨어, 인재, 제도적 기반 분야의 약점을 시급히 보완해야 한다. 사실 정부는 2017년부터 '4차산업혁명위원회'를 설치하여 디지털 전환 전략과 정책을 추진하였으나 아직 데이터 경제, 디지털 경제 활성화를 위한 제도적 기반이 부족하고 소프트웨어와 AI 분야 인재 부족도 여전하다. 최근 비대면 강의와 회의를 위한 프로그램 수요가 폭증한 가운데 국내에서 개발된 프로그램에 대한 수요가 저조하고 줌(Zoom)이 70% 정도의 압도적 점유율을 차지하고 있는 것이 이러한 현실을 보여주는 비근한 사례다.

녹색 전환 분야는 강점보다 약점이 두드러지는 것이 우리의 현실이다. 한국은 추격형 산업화 과정에서 에너지다소비형 산업구조가 고착화되었고 석탄화력발전 등 화석연료 의존도가 높아 1인당 온실가스 배출이 세계 최상위 수준이며, 대기질도 OECD 국가들 중 최악이다. 반면 재생에너지 비중은 OECD 국가들 중 최하위다. 하루 빨리 녹색 전환을 이뤄내지 못하면 그동안의 환경 경시 전략이 부메랑이 되어 우리의 수출과 경제성장에 장애물이 될 것이다.

정부는 2021년 5월 '탄소중립위원회'를 출범시키고 본격적인 온실가스 감축 계획 수립에 나섰고, 10월에는 2030년 온실가스 감축목표(NDC)를 현행 2018년 대비 26.3% 감축에서 40% 감축으로 대폭 상향 조정해 추진하기로 했다. 이에 산업계의 우려와 반발이 나오고 있지만 더 이상 녹색 전환을 늦출 수는 없다. 이제라도 에너지 전환을 포함하여 강력한 녹색 전환을 추진하면 그 과정에서 일자리 창출과 경제성장에 추가적인 동력을 만들어낼 수도 있다.[8]

8 일례로 다음 연구 참조. IRENA East Asia Fact Sheet: https://www.irena.org/-/media/

포용 전환의 시급성은 두 말할 필요가 없다. 불평등이 심하고 관련된 부작용도 매우 우려된다. 상위 1%나 10%가 차지하는 소득의 비중 등 다양한 불평등 지표들은 한국의 소득불평등이 국제적으로 매우 높은 수준임을 보여준다. 통계청이 발표하는 지니계수는 높은 편이 아니지만 금융소득과 상위 소득자의 소득이 과소 파악된 문제를 보정하면 지니계수가 훨씬 높아진다. 부의 불평등은 소득불평등보다 더욱 심각하고, 갈수록 계층이동성이 줄어들어 부와 가난의 대물림 경향이 확대되고 있다.[9] 소득과 부, 기회의 불평등 심화는 사회적 갈등과 정치적 양극화를 악화시키고, 삶의 질과 사회적 신뢰를 저하시키는 부작용도 낳고 있다. 그리고 초저출산의 중요한 원인으로 작용하기도 한다. 포용 전환은 한국경제의 미래를 위해 절체절명의 과제이다. 이와 관련하여 한국의 특수성을 좀 더 짚어볼 필요가 있다.

2. 포용 전환과 복지국가

포용 전환은 대부분의 선진국이 공통으로 직면하고 있는 과제이지만 한국의 경우 서구 선진국과는 매우 다른 여건에서 출발해야 한다. 이미 과거에 복지국가에 도달한 서구 선진국들이 신자유주의 시대의 불평등 증가와 디지털 격차나 코로나19의 영향 등에 대응하여 포용 전환을

Files/IRENA/Agency/Publication/2020/Apr/IRENA_GRO_R01_East_Asia.pdf?la=en&hash=A751ECC3B0320E6BC7D757936469E6BD514209DA

9 불평등의 양상과 원인에 관해서는 졸고 '한국경제 양극화의 역사적 기원, 구조적 원인, 해소 전략: 외환위기 기원론과 성장체제전환 지체론', 「경제발전연구」, vol.24 no.1, pp. 1~31, 2018 참조.

해야 하는 입장이라면 한국의 경우 복지국가를 만들어 보지도 못한 상황에서 이 모든 문제를 겪어 왔다. 복지 수준에 편차가 있기는 하지만 선진국은 곧 복지국가(welfare state)다. 한국이 소득수준이 높은데도 많은 국민이 선진국이 아니라고 느끼는 근본 이유가 여기에 있다.[10]

한국도 과거에 비해 복지가 많이 확대되었으나 아직 복지국가라 하기에는 미흡하다. 우리나라는 OECD 회원국 중에서 가장 재분배를 조금 하는 나라다. 노인 빈곤이 극심하고 소득불평등이 지나치다. 재분배가 미미한 가장 큰 이유는 복지지출이 적기 때문이다. OECD 최저 수준인 복지지출을 시급히 평균수준까지 늘려나가야 한다. 2016년 기준 한국의 복지지출은 GDP의 7.5%로 OECD 평균 21%에 비해 1/3 수준밖에 되지 않았다. GDP 대비 정부지출의 규모가 작은 데다, 정부지출에서 복지지출이 차지하는 비중도 낮기 때문이다.

2021년 우리나라 예산에서 복지지출이 차지하는 비중은 36%로서 OECD 평균인 50%에 크게 못 미친다. 반면 경제 관련 지출이 19%를 차지하여 OECD 평균인 10%를 크게 상회한다. 복지예산 비중이 작고 경제예산 비중이 큰 것은 과거 정부 주도 산업화를 이끌던 발전국가(developmental state)의 유산이다. 과거에 비해서는 나아졌으나 여전히 선진국형 지출구조와는 차이가 크다.

아직 복지국가에 이르지 못한 한국의 경우 포용 전환의 과제는 그만큼 어려운 것이기도 하지만 변화된 여건에 맞추어 새로운 제도 설계를 기반으로 복지 면에서도 도약을 이룰 기회도 있다. 자영업자는 물

10 이하의 내용은 졸고, '선진국으로 가는 마지막 조건: 경제', 「월간중앙」 신년특집, 2021. 1.에서 상당 부분 차용하였다.

론 디지털 경제에서 늘어나고 있는 플랫폼 노동자 등 전통적인 고용관계에 들어가 있지 않은 사람들을 위한 포괄적인 소득보장 체계를 마련할 필요가 있다. 고용관계를 기반으로 하지 말고 모든 소득활동을 기초로 하여 소득보험 체계를 구축하는 방안을 적극 고려해야 한다.[11] 이때 도덕적 해이 발생을 최소화하기 위해 혜택은 보험료 납입액에 비례하도록 하여야 한다. 그리고 소득활동이 너무 부진하여 이러한 비례적 혜택으로 기본 생활이 안 되는 이들을 감안하여 최소한의 기본소득을 도입하는 한편 적극적 노동시장 정책을 통해 누구나 소득활동을 할 수 있는 기회를 가질 수 있도록 노력할 필요가 있다. 이외에도 연금개혁 및 교육개혁을 추진해야 하며, 공공의료와 주거복지 분야에 재정 투입을 확대해야 한다.

복지보다는 성장에 주력해야 한다는 생각은 그릇된 생각이다. 고도성장기의 낙수효과가 거의 사라지고 양극화가 극심해진 지금은 오히려 복지국가가 성장의 기반이다. 물론 사회주의처럼 경제 유인을 죽이는 과도하고 무분별한 복지와 재분재는 성장의 적이다. 그러나 효율적인 복지 확대는 성장을 해치지 않고 오히려 도움이 된다.[12] 지나친 불평등과 불안정이 성장을 저해한다는 것은 이제 경제학계의 상식이 되었다. 소득이 골고루 분배되어야 부채에 의존하지 않는 지속적 수요 확대가 가능하고, 삶이 안정되어야 혁신과 구조조정을 잘할 수 있다. 정부가 기업을 보호하고 지원하던 발전국가 시대의 잔재를 지우고 그

11 예를 들어 최현수, "'전 국민 고용보험'을 넘어 '전 국민 사회보험'으로', 「시사 IN」, 667호, 2020.9. 참조.

12 Peter Lindert, Growing Public: Social Spending and Economic Growth since the Eighteenth Century, Cambridge University Press, 2009 참조.

대신 사람을 충실하게 보호하고 지원하는 복지국가를 확립하면 시장 기능을 더욱 활성화할 수 있게 된다. 기업들을 더욱 강력한 경쟁 압력에 노출시킴으로써 스스로 혁신에도 나서고 구조조정도 신속하게 이루어지도록 하는 것이다. 이것이 선도형 경제로 나아가기 위한 지름길이다.

3. 선도형 경제

정부의 한국판 뉴딜 계획에 의하면 디지털 뉴딜을 추진함으로써 추격형 경제에서 선도형 경제로 탈바꿈하겠다고 한다. 과거 산업화 시대에는 후발국으로서 '선진국 따라잡기' 혹은 추격형 성장을 하였지만, 디지털 전환에는 남들보다 뒤처지지 않고 앞서 나감으로써 선도형 성장을 할 수 있으리라는 기대를 담은 것이다. 그러나 이러한 변화는 산업정책 차원에서 디지털 기술개발과 산업진흥을 위해 정부가 앞장서는 것만으로 될 일은 아니다. 선도형 경제의 제도적 기초를 튼튼히 놓는 것이 필요하다. 여기에 가장 기본이 되는 것이 바로 복지국가의 확립과 이를 바탕으로 한 포용 전환이다.

선도형 경제의 핵심은 혁신주도성장이다. 산업화 초기에는 인구는 많고 자본은 부족하기 때문에 자본 축적을 위주로 하는 축적주도성장이 효과적이었다. 그러나 인구성장은 하락하고 자본 축적은 지속됨에 따라 90년대 이후 자본과잉 상태가 되었고, 수확체감의 법칙에 따라 축적주도성장은 갈수록 동력이 줄어들었다. 선진기술 도입과 모방 및 응용을 기초로 한 추격형 연구개발 시스템도 기술 수준이 선진국에 근접할수록 효과성이 떨어지게 되었다. 그래서 내생적 혁신이 주된 성장 동력으로 작동하는 혁신주도성장이 필요한 것이다.

90년대 이후 성장동력이 꾸준히 하락하는 가운데 한국 정부와 기업들도 이러한 문제를 인식하고 많은 노력을 기울였다. 그 결과 한국은 GDP 대비 R&D 투자 비중이 세계 최고에 이르는 등 혁신 관련 투입 및 산출 지표가 매우 높은 나라가 되었다.[13] 문제는 이러한 양적 지표의 성장에도 원천기술 개발, 기술무역수지, 생산성과 국제 경쟁력 향상 등 실질적인 혁신주도성장의 성과는 매우 미흡하다는 것이다. 이를 일컬어 코리아 R&D 패러독스라 한다. 이는 발전국가의 유산인 관료자본주의가 빚어낸 모순이다.

정부가 경제를 살리기 위해 많은 일을 하는 것 같지만 오히려 그 과정에서 시장기능을 왜곡하고 민간의 활력을 죽이는 경우가 비일비재하다. 시장경제의 원칙은 기업 간 경쟁에 의한 적자생존에 따라 자본과 노동을 포함한 기존 자원을 보다 효율적으로 사용할 수 있는 기업들 쪽으로 자원의 재배분(구조조정)이 꾸준히 일어나게 하는 것이다. 이 과정에서 자본과 노동이 더 효율적인 곳으로 재배치되면서 전반적인 생산성과 임금이 상승하게 되는 것이다. 이것이 유연성이다. 한국경제는 이 부분에서 큰 문제를 안고 있다. 특히 관 주도 구조조정이 계속되면서 망할 기업이 빨리빨리 망하지 않기 때문에 새로운 기업이 자라나기 어려운 환경이 지속된다.

R&D지원, 중소기업지원, 벤처 육성 등 정부의 각종 기업 지원정책도 심각한 부작용을 낳는다. 좀비기업 연명과 구조조정 지연을 초래하기도 하고, 민간에서 자생력 있는 혁신 생태계가 자라나는 것을 오히

13 2021년 '블룸버그 혁신지수'에서 한국은 세계 1위를 차지했으며, 여러 유사한 지수들에서 높은 순위를 차지하는 일이 빈번하다.

려 방해하기도 한다. KDI 연구에 의하면 정부의 지원을 받은 중소기업의 경영성과가 받지 않은 기업에 비해 저조했다고 한다.[14]

'혁신의 혁신'이 필요하다. 정부의 지원을 지원 때문에 하는 혁신이 아니라 경쟁의 압력 때문에 스스로 생존하고 성장하기 위해서 하는 혁신이 중요하다. 혁신하는 기업이 빨리 성장할 수 있도록 경쟁력이 떨어진 기업은 빨리 망하게 해야 한다. 경쟁에 입각한 혁신이라는 시장의 순기능을 활성화해야 한다. 시장에 그냥 맡기자는 건 아니다. 독점 대기업에 의한 시장 왜곡과 기술 탈취를 막아야 하며, 사회안전망을 튼튼히 해야 한다. 본질적으로 위험을 수반하는 행위인 혁신을 고취하기 위해서, 또한 이로 인한 시장의 구조조정이 유연하게 일어나게 하려면 튼튼한 복지국가가 기본이 되어야 한다. 기업에게는 경쟁의 압력을 가하고, 사람에게는 보호와 지원을 해주는 것이 '혁신의 혁신'을 이루는 출발점이다.

IV. 맺음말: 포스트코로나 선도국을 향하여

과연 대한민국은 정부의 계획대로 한국판 뉴딜을 통하여 포스트코로나 시대의 '선도 국가'로 도약할 수 있을까? 이를 위해서는 한국판 뉴딜이 포스트코로나 시대가 요구하는 3대 전환을 성공적으로 이루어내야 하며, 추가적으로 발전국가에서 복지국가로의 이행을 완성한 위

14 이성호, '중소기업 R&D 지원의 정책효과와 개선방안', KDI FOCUS 통권 89호, 2018.4.

에 시장기능의 활성화와 정책개혁을 통한 '혁신의 혁신'을 이룸으로써 혁신주도성장 체제를 확립해야 한다. 의식과 관행, 제도와 정책, 기술과 산업을 대대적으로 바꿔야 하는 그야말로 '대전환'이다. 작은 개혁도 어려운데 이는 실로 엄청난 일이다. 하지만 단기간에 산업화와 민주화, 사회문화 발전 등 놀라운 성취를 이뤄낸 한국이니만큼 불가능한 일은 아니다.

대전환 성공을 위해 무엇보다 중요한 것은 한국판 뉴딜이 통상적인 경기부양이나 산업정책을 넘어선 패러다임과 시스템의 대전환을 도모하는 일이라는 기본적인 인식이다. 과거 이명박 정부의 '녹색성장' 정책이 녹색 전환은커녕 '녹색 세탁'에 그치고 만 근본적인 이유는 전환의 관점이 결여된 채 성장에 조급하게 매달렸기 때문이다. 전환을 잘 설계하면 그 과정에서 성장을 제고할 수도 있고, 중장기적으로 보면 전환을 이뤄내야 성장을 지속할 수 있다. 그러나 목전의 성장에만 집착하면서 전환의 비용을 회피하려 하면 애초에 목표했던 전환은 물 건너 가게 된다.

실질적인 전환을 이루어내기 위하여 재정 투입을 늘려야만 하는 것은 아니다. 정부의 노력과 재정 투입만으로 포괄적 전환을 이룰 수는 없다. 민간의 참여가 그 이상으로 중요하다. 정부는 규제개혁과 세제를 포함한 제도개혁을 통하여 경제적 유인을 제공함으로써 민간의 자발적 변화와 참여를 유도하여야 하며, 정책 일관성을 유지하여 이러한 유인을 극대화해야 한다. 탄소세 도입이나 원격의료 활성화 등 정치적으로 어려운 문제를 회피해서는 안 된다. 대전환의 과제 앞에서 모두가 머리를 맞대고 해법을 만들어내야 한다. 재정은 민간의 변화와 참여를 촉발하고 그 효과를 높이기 위한 마중물 역할에 집중하는 것이

좋다. 대규모 재정지출은 기술개발이나 산업 지원보다는 복지국가를 완성하고 포용 전환을 이루는 데 투입되어야 한다.

마지막으로 포괄적 전환을 일회성 정책으로 이뤄낼 수 없음은 자명하다. 루스벨트 대통령의 뉴딜이 7년에 걸쳐 지속된 것처럼 장기간에 걸쳐 꾸준히 정책이 추진되어야 한다. 이것이 가능하기 위해서는 사회적 합의가 중요하다. 미국에서 뉴딜정책의 근간이 1970년대에 이르기까지 무려 반세기 가까이 유지된 것은 국민 대다수가 이를 지지하였기 때문이다. 민주당은 물론 공화당 온건파를 포함하여 소위 '뉴딜연합'이 형성된 것이다. 그리하여 공화당 출신인 아이젠하워나 닉슨 대통령 시절에도 케인지언 경제정책과 뉴딜 개혁정책은 유지되었다.

사회적 합의를 위해서는 공정한 전환, 정의로운 전환이 필요하다. 최근 에너지 전환을 위해 태양광발전과 풍력발전 설비를 늘리는 과정에서 농민과 어민 등 현지 주민들의 반발에 부딪치는 경우가 빈발하고 있다. 탈탄소화를 본격적으로 추진하게 되면 일부 산업에 대한 충격과 일자리 감소가 불가피할 것이다. 전환비용의 공정한 분담, 신규 투자 수익의 공정한 배분, 전직이 필요한 부분에 대한 충분한 배려 등이 꼭 필요하다.

이상에서 짚어본 대전환 성공의 조건에 비추어 볼 때 한국판 뉴딜 정책은 부족한 점이 많다. 그러나 아직 초반전에 불과하다. 2020년 7월 처음 한국판 뉴딜계획을 발표할 때 정부는 이것이 '진화하는 계획'임을 강조했다. 실제로 2050년 넷제로 등 여러 면에서 정책이 보강되어 '한국판 뉴딜 2.0'이 나왔다. 앞으로도 더욱 진화하면서 지속적으로 추진되어 반드시 대전환에 성공함으로써 대한민국이 포스트코로나 시대 선도 국가로 우뚝 설 수 있기 바란다.

포스트코로나 시대의 글로벌 거버넌스: 문명적 전환과 포용적 다자주의[1]

김태균 서울대학교 국제대학원 교수

Ⅰ. 코로나 뉴노멀과 새로운 글로벌 거버넌스의 필요성

2019년 12월 중국 우한에서 시작한 코로나19(COVID-19)는 2020년 들어와 글로벌 팬데믹으로 확장되면서 선진국과 개도국 예외없이 전 세계를 혼돈의 카오스 시대로 전락시켰다. 혹자는 백 년 전 스페인 독감을 거론하면서 백 년마다 찾아오는 감염병의 불청객 정도로 코로나19의 위협을 한정 짓기도 하지만, 인간의 환경 파괴로 인해 지구의 환경체계가 급격하게 변화하여 코로나19 팬데믹과 같은 대규모의 재앙이 반복되는 시대에 이미 인류가 진입한 상태라는 '인류세(Anthropocene)'적 회의론까지 부상하고 있다(MacMillan, 2020; 김소연, 2020). 전 지구적 미증유의 코로나19 팬데믹 위기 앞에서 기존의 어떤 이론도 설 곳을 잃게 되고, 그야말로 다시 과거로 돌아갈 수 없는 '뉴

1 이 연구는 2021년 1월에 한국행정연구원이 발간한 『행정포커스』에 게재된 칼럼 "문명적 전환과 포용적 다자주의: 한국의 포용국가연합 선도를 위하여"를 수정·보완한 내용임.

노멀(new normal)'의 시대가 자연스러운 현상으로 인식되고 있다.

2020년 6월 백신의 공동구매와 관리를 목표로 야심차게 '코백스(COVAX)'가 다자협력체로 출범하였으나, 미국과 EU 등의 강대국들이 앞 다투어 자국의 백신을 최대한 많이 확보하기 위한 경쟁을 하고 있어 백신 민족주의와 백신 불평등을 조장하고 있는 형국이다. 2021년 3월 세계보건기구(WHO)의 테드로스 아드하놈 거브러여수스(Tedros Adhanom Ghebreyesus) 사무총장이 선진국과 저개발국 간의 백신 접종 격차에 대하여 '도덕적 분노'라는 표현을 동원하며 선진국들의 백신 수출 제한과 백신 불평등 확장을 강하게 비판하였다. 또한 그해 4월에는 세계무역기구(WTO)의 응고지 오콘조이웨알라(Ngozi Okonjo-Iweala)가 전 세계 접종된 7억 회의 백신 중 저개발국의 접종 비중은 0.2%에 그친다라고 비판하면서 빈곤 국가에 대한 공평한 백신 분배를 재차 촉구하였다.

더불어 영국의 고든 브라운(Gordon Brown) 전 총리, 프랑스의 프랑수아 올란드(François Hollande) 전 대통령 등 정치인과 조셉 스티글리츠(Joseph Stiglitz) 등의 노벨상 수상자 등 175명은 미국 조 바이든(Joe Biden) 대통령에게 서한을 보내 백신 특허권과 지식재산권의 효력을 일시 중지하여 백신 관련 지식과 기술을 전 세계가 공유함으로써 코로나19 팬데믹을 종식할 수 있는 글로벌 거버넌스를 구축하자고 요청하였다.

이러한 백신의 불평등 문제와 함께, 현재 공급되는 다양한 백신의 효능이 완벽하게 검증되지 않았고 코로나19의 변종까지 계속 발생하고 있는 상황에서 특정 백신 접종으로 코로나19 팬데믹이 완전하게 종결될 것이라는 장밋빛 상상을 우리가 그대로 수용하기 어려운 상황이다. 백신 문제를 거론하기 앞서, 코로나19 대유행에 대응하는 국가의 정치체제에 따라 방역시스템과 백신외교에 이르기까지 더 이상 자유민주주의 체제가 권위주의 체제보다 우수한 정치 레짐이라고 평가하기 어려운 역사적 경험을 국제사회는 공유하게 되었다(김태균, 2020). 전 지구적인 팬데믹 앞에서 기존의 자유민주주의를 표방하는 글로벌 북반구의 선진국들도 실패한 국가로 전락하였고, 서구 중심의 글로벌 거버넌스는 코로나19에 대한 적절한 해법을 제시하지 못한 채 무기력한 대응만 반복하였다. 이른바 자유민주주의의 선진화된 문명이 국가 발전의 정도로 강조해 온 G7 회원국(캐나다를 제외한) 모두 코로나19 팬데믹을 제어하는 데 실패하였다면, 권위주의 국가로 구분되는 싱가포르와 중국은 일정 수준 팬데믹을 통제하는 데 성공했다는 평가를 받고 있다. 물론 2020년에는 코로나19 방역 성공 여부가 중요하였다면 2021년으로 접어들면서 백신 확보와 접종 비율이 팬데믹에서 성공한 국가의 척도로 사용하게 되었다.

한편 WHO가 중국에서 시작한 코로나19에 대하여 적극적인 대응을 하지 못하게 되자 미국 트럼프 행정부로부터 중국 편향적인 경향을 보인다고 비판을 받았다. 심지어 미국 정부는 WHO 회원국 지위를 탈퇴하겠다는 결정까지 내리게 된다. 또한 WHO가 회원국에게 준수하기를 권고하는 국제보건규정(International Health Regulation: IHR) 자체가 강제규범이 아니라는 이유로 회원국들은 국내 정치 상황에 따라 글로벌 규범을 준용하지 않게 되어 글로벌 보건 거버넌스는 현재 보편적 규범만을 제공하는 보건 민족주의의 들때밑으로 변모하였다.

글로벌 거버넌스의 핵심 주체인 UN기구들이 흔들리기 시작하면서 이른바 '클럽 거버넌스(club governance)'의 주요 주체인 G7, G20 등이 글로벌 방역시스템과 백신 개발을 강조하고 백신 국수주의로 국가 방역정책을 선회하게 되었다. 2021년 3월 기준, 서구 선진국이 확보한 백신이 전체 백신의 85%가 넘는 수준으로 글로벌 남반구에 있는 저개발국이 백신의 효용에서 소외되어 백신 불평등이 향후 국제사회의 가장 심각한 문제가 될 가능성이 크다. 백신을 장악한 국가가 글로벌 거버넌스를 지배하는 구조로 전개될 양상이 농후하다.

이러한 무질서한 국제 환경에서 포스트코로나 국제질서를 어떠한 방향으로 재편할 것인가에 대한 글로벌 수준의 집단적 숙의가 필요하다. 그러한 가운데 코로나19 팬데믹 이후 세계 문명의 전환과 재구조화, 그리고 팬데믹과 관련된 국제기구를 비롯한 글로벌 거버넌스 개편에 대한 한국의 전략적 대응이 요구된다. 코로나 팬데믹은 전 지구의 국제관계와 글로벌 거버넌스의 질적 변화를 유도하고 있기 때문에, 포스트코로나 시대에 새롭게 구성되는 문명의 기준과 글로벌 거버넌스의 고질적 문제와 개혁 방안에 관한 논의가 선행되는 것이 앞으로 한국이 중견 국가로서 어떠한 대응전략을 모색할 수 있는가에 대한 준비의 시작점이 될 것이다.

Ⅱ. 문명의 전환과 새로운 문명의 기준

인류는 역사적 전환점마다 새로운 환경에 적응하기 위해 국제사회의 규범과 공동의 질서를 새로운 기준에 맞춰 운영해 왔다. [그림 10-1]은 고대 그리스시대부터 현대까지 전 세계적 변화의 계기와 대안질서의 형성을 중심으로 인류 역사의 진화과정을 보여준다. 이러한 거시적 역사의 진화과정은 영국학파(English School)의 국제사회론(International Society)이 제공하는 더욱 논리적인 이론적 토대로 설명이 가능하다. 국제사회론은 미국 일변도의 국제정치 이론에 비판적인 접근을 시도하면서 기존의 힘과 경쟁 및 갈등에 기반한 국제정치 이론을 사회적 관계와 규범 형성 중심의 역사사회학적 접근법으로 대체를 시도한다.[2] 이는 곧 현실주의적 국제관계를 일종의 국가간 사회로 인식하여 제로섬 게임(zero-sum game)으로만 계산하는 국가간 관계를 국제법, 국제기구, 외교 등의 글로벌 규범력을 활용하는 구성주의적 접근법인 사회적 관계로 환치한다.

글로벌 거버넌스의 구조가 재편될 정도의 파괴력을 가진 역사적 변곡점에서 국제사회는 새로운 구조적 전환에 대응할 수 있는 대안적인 문명 기준(standard of civilization)을 재설정하고 이를 규범화하는 시스템이 작동하게 된다(Gong, 1984; Buzan, 2014a). 대표적으로 1648년 베스트팔렌 조약에 따라 30년 전쟁이 끝나고 주권의 개념을 토대로 새로운 근대 국가 체제가 형성되었던 역사적 사실, 19세기의 산업혁명과

2 영국학파의 기원은 역설적이게도 미국이 주도하는 국제정치이론에 대안적인 이론을 영국 학자들이 주도하도록 1959년 미국의 록펠러재단(Rockefeller Foundation)의 재정지원에서 시작되었다. 록펠러재단의 지원으로 설립된 영국국제정치이론위원회(British Committee on Theory of International Politics)가 1985년 중지될 때까지 마틴 와이트(Martin Wight)와 헤들리 불(Hedley Bull) 등 영국 학계의 주요 이론가들이 중심으로 주류 국제정치학이었던 미국 국제정치이론에 대한 하나의 대안으로서 영국학파의 위상을 정립하여왔다. 불이 사망한 이후에 사그라진 영국학파의 명맥은 1990년대 냉전 이후 국제정치학에서의 규범과 문화에 대한 논의가 증대됨에 따라 국제사회론의 개념이 비판적으로 확대되는 방향으로 다시 살아나게 되고, 미국 중심의 (신)현실주의 담론에 대한 규범적 대안이론으로 자리 잡게 된다(Dunne, 1998; Buzan, 2014b; 김태균, 2016).

이에 따른 식민지 경영과 제국주의 질서의 확장, 20세기 양차 세계대전이 종료되고 냉전시대의 양극 체제와 탈냉전을 거쳐 국제사회가 유럽 중심에서 전 세계로 확장하는 세계화 현상 등이 국제사회의 역사적 진화과정과 문명 전환의 주요 사례로 거론될 수 있다.

[그림 10-1] 국제사회의 역사적 진화과정

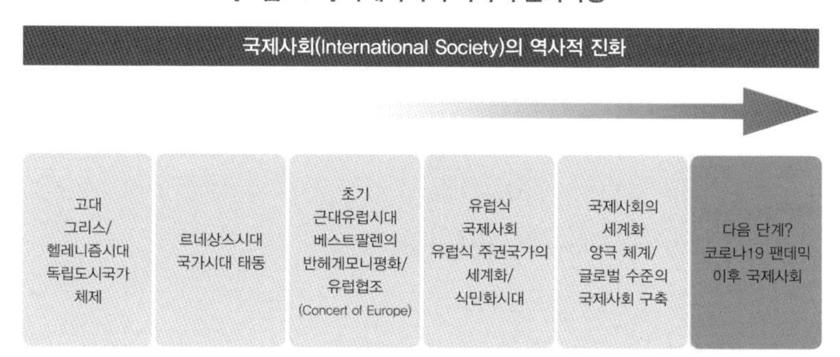

출처: Bull & Watson (1984)을 토대로 저자 작성.

이러한 문명의 기준 및 문명화 과정을 지식사회학적으로 체계화한 독일의 엘리아스(Norbert Elias)는 이른바 '형상사회학(figurational sociology)' 또는 '과정사회학(process sociology)'이라는 새로운 사회학 분과를 개척하였는데, 문명의 과정에 관한 이해(verstehen)에 연구의 초점을 두어 정체된 상태(state)가 아닌 움직이는 과정(process)을 중심으로 문명의 기준을 구성주의 측면에서 강조하였다(Morrow, 2009; Elias, 1994). 과정 중심의 지식사회학적 접근법이 장기간의 역사와 조우할 때 문명의 과정과 문명기준의 전환을 보다 명확하게 인지할 수 있다. 역사의 변화와 변화의 메커니즘에 배태되어 있는 문명의 질서를 찾기 위한 사회발생학적(sociogenetic), 그리고 정신발생학적(psychogenetic)

연구가 '문명의 과정'을 구체화하고 그 실체를 밝히는데 필요하다(Elias, 1994). 수세기에 걸쳐 오랜 기간의 사회구조 발전 과정이 개인의 인격 구조의 변화를 가져오고 결국 서구 유럽의 국가 형성 및 국제질서의 변화까지 영향을 미치게 되는 것이다. 이러한 문명의 과정 속에서 서구 유럽이 장악했던 문명의 기준은 역사적 전환점에서 지속적으로 진화해 왔고, 강력한 글로벌 북반구와 약한 남반구라는 이분법적 사고가 간주관적(intersubjective)인 방식으로 하나의 세계질서라는 변증법적 결정체로 환치되는 사회적 구성의 과정이 반복되어 왔다. 그럼에도 우리는 제3세계라는 글로벌 남반구가 북반구-남반구의 변증법적 통합 과정에서 북반구에 대한 도전과 대항의 수위를 높이려는 대안적 노력을 멈추지 않았다는 사실에 주목해야 한다.

엘리아스의 문명과정에 대한 사회학적 시각이 미시적인 정신발생학 수준에서 사회발생학적 단계를 거쳐 국가 형성 단계까지 확장되는 지식사회학적 토대를 제공하였다면, 국제관계학 이론 중에는 앞서 소개한 영국학파가 엘리아스 이론을 발전시켜 문명의 기준이 역사적으로 형성되는 과정을 국제관계 수준에서 역사사회학적으로 재해석하고 있다(Buzan, 2014b; Linklater, 2016). 다시 말해, 영국학파는 문명의 기준을 강대국이 장악한 국제관계를 정당화하고 관리하는 규범적 도구로 인식하는 동시에 역사적 사건에 따라 문명기준이 새롭게 전환되고 여기에 관여한 국가들은 새로운 문명의 기준을 공동의 규범으로 공유하는 사회구성주의적 접근을 모색한다.

문명의 기준을 통해 문명국가와 야만국가가 구별되며 문명국가인 서구 유럽이 야만국가인 제3세계를 사회화시키기 위한 강압적 개입을 정당화하는 역사의 불편한 진실이 간주관적으로 재구성되어 왔다. 이처럼 문명의 기준은 역사 대전환의 중대한 시점(critical juncture)에 따라 새로운 세계질서를 설계하고 통제하는 보편적 행위규범과 원칙을 관습화시켜왔다([그림 2-1] 참조).

이러한 국제사회의 역사적 진화와 문명의 전환이 코로나19 팬데믹이라는 새로운 역사적 국면에서 어떻게 전개될 것인가? 이러한 근본적인 질문은 앞으로 코로나19 팬데믹 이후의 글로벌 거버넌스와 국제정치질서가 새로운 문명의 기준을 세우고 이에 따른 구조적 재구성 과정을 필연적으로 수반하게 된다는 것을 의미한다. 코로나19 감염병으로 인해 미국과 유럽의 선진국들은 자국의 방역체계가 붕괴되는 치명적 문제에 봉착하게 되었다. 중국은 스스로 코로나19 방역에 성공했다고 자화자찬하는 반면, 코로나19 진원지, WHO의 전략적 지배, 중국 중심의 글로벌 남반구 장악 등으로 커져가는 중국에 대한 불신은 국제사회에서 중국의 패권 궤도를 순탄치 않게 만들고 있다.

또한 코로나19 팬데믹으로 인한 세계 강대국들의 혼란 상황은 민주주의 정치체제가 권위주의보다 위기 상황에 대처하는 데 우월하다는 기존의 상식을 완전히 무너뜨렸다. 민주주의와 권위주의 중 우월한 정치체제를 이념적으로 선택하기보다 코로나19 팬데믹은 각각의 정치체제 내부의 다양한 변형이 중요하고 다양한 변형 가운데 민주주의와 권위주의 이분법을 넘어 방역 대응이 우수했던 사례를 경험적으로 선별해내는 과정을 강조하게 된다. 더욱이 우리는 개별 국가를 넘어 글로벌 거버넌스의 핵심 주체인 국제기구, 특히 WHO의 무기력을 코로나19 팬데믹을 통해 여실히 확인하게 되었다. 실로 코로나19 팬데믹은 국제사회에서 지금까지 군림했던 모든 다자협력의 행위자들이 자신을 코로나19로부터 보호하기에 급급한 소극적 주체로 전락시켰다.

요컨대, 코로나19 바이러스는 기존의 글로벌 거버넌스 체제를 완전히 부정하는 결과를 낳게 되어 사실상 문명의 전환이 발생하는 데 적합한 조건을 제공하고 있다. 국가주의의 부활과 성곽시대로의 회귀가 강조되면서 가히 글로벌 거버넌스와 다자주의 협력의 총체적 난국이라 평가해도 무방할 정도이다. 그렇다면 포스트코로나 시대의 문명의 기준은 누가 선도하고 새로운 국제관계의 규범과 원칙을 누가 이끌 것인가? 지금까지의 문명의 기준은 역사적 전환점마다 그 역사적 조건을 지배했던 국가들에 의해 주도적으로 결정되어 왔다. 대부분의 문명의 전환은 서구 유럽 및 미국 등 서구 백인(white men)의 강대국이 국제사회의 질서를 재편하고 이들이 정한 문명의 기준에 따라 국제사회의 주체인 개별 국가들의 행위가 재단되는 방식을 취해왔다. 약자의 목소리가 적극적으로 반영되거나 강자와 약자가 평등하게 새 질서 구축에 참여할 수 있도록 민주적인 문명의 기준이 설정되는 것은 사실상 불가능하였으며, 이 때문에 서구 중심의 새 질서에 대한 글로벌 남반구의 저항이 비동맹주의, 탈식민주의, 종속이론 등으로 다양하게 표출되었으나 세계질서를 바꿀 만한 영향력을 발현하지는 못했다.

그러나 코로나19 팬데믹은 기존 문명의 기준과 국제관계의 전통적 운영기제를 해체시킬 정도로 파격적인 도전장을 던지고 있다. 어쩌면 언젠가 미래에 올 변화들이 코로나19 팬데믹으로 앞당겨지는 이른바 '미래의 귀환'이 현재 일어나고 있는지도 모른다(김태균, 2020). 대안적인 질서와 문명의 기준을 재설정하는데 있어, 과거와 달리 미국과 유럽 강대국들이 자국의 코로나19 위기 때문에 당분간 포스트코로나 시대에 대응하는 다자협력의 새로운 리더로 역할을 수행하기가 어려울 것이다. 마찬가지로, 글로벌 남반구를 대표한다고 자처하는 중국도 중국 중심의 국제질서를 도모하기에는 아직 때가 이르며 중화적 이데올로기를 앞세우는 중국의 새로운 문명기준이 세계적으로 확장되기에는 그 기준에 대한 컨센서스 도출이 먼저 필요하다.

미중경쟁 또는 미중갈등이 첨예해지고 있는 가운데, 코로나19 팬데믹의 새로운 문명기준은 힘에 의한 질서의 재구축이 아니라 코로나19 방역에 성공하고 민주주의 가치를 공유하며 기존 국제관계가 표방한 자유국제질서(liberal international order: LIO)를 지지하는 중견국(middle power)의 집합체가 선도하는 방식이 유용하다(Kim, 2020a). 아쉽게도 빈곤국 또는 취약국을 포함한 개발도상국의 경우는 코로나19 위기로 막대한 피해를 보고 있기 때문에 새로운 거버넌스의 주인공이기보다 보호를 받아야 하는 대상일 가능성이 높다. 그러나 개도국의 목소리가 적극적으로 수용될 수 있는 소통의 창구가 제도화되어야 하며, 개도국의 입장을 대변하고 글로벌 거버넌스에 반영하는 중개자적 역할을 중견국 그룹이 선도할 수 있다.

따라서 글로벌 북반구(Global North)의 선진국들과 글로벌 남반구(Global South)의 개도국들을 연계하고 포스트코로나 시대의 새로운 글로벌 거버넌스를 선도할 중견국 그룹이 문명 대전환의 어떠한 방향성과 대응전략을 보유하는가가 대단히 중요한 문제가 된다. 중견국 그룹이 기존의 강대국이 남긴 정치적 진공상태를 정당한 위치에서 대신할 수 있지만 진공상태가 채워지는 내용물도 국제사회의 모든 행위자들에게 정당성을 인정받아야 하기 때문이다. 초기 단계에서는 방역에 성공하고 백신의 공공재화를 주창하며 상대적으로 타국에 비해 보건안보가 제도적으로 탄탄한 중견국의 성공 사례가 문명의 기준을 설정하는데 정당성을 확보할 수 있는 반면, 시간이 흐르면서 대부분의 정부가 코로나19 사태에 적응하고 백신을 일정 정도 확보하게 됨에 따라 포스트코로나 시대의 문명기준은 다시 강대국으로 그 무게중심이 이동할 수 있다. 강대국으로 무게중심이 움직이는 순간 전통적 방식의 문명 기준이 강대국 중심으로 설정되고 글로벌 거버넌스는 글로벌 남반구 국가들의 목소리를 적극적으로 수용하지 못하는 역사의 굴곡이 다시 재현될 것이다. 이러한 맥락에서 중견국 그룹이 설파할 새로운 문명의 기준이 채택하는 내용이 대단히 중요한 것이다.

Ⅲ. 문명의 기준으로서 '포용적 다자주의' : 지속가능발전과 포용국가연합론

문명의 기준으로 주창되어야 할 내용이자 중견국 그룹이 앞으로 지속적으로 견지해야 할 이데올로기적 전략은 포용국가연합을 통한 '포용적 다자주의(inclusive multilateralism)'로 수렴될 수 있다(김태환, 2020; 성경륜, 2020). 코로나19 사태 이전의 LIO를 복구시키자는 의미도 이에 포함될 수 있으나 LIO는 포용적 다자주의의 부분집합일 뿐이다. 포용적 다자주의는 LIO와 같이 민주주의와 시장주의를 근간으로 하지만, 모든 국가가 지정학적·경제적 위치에 무관하게 글로벌 거버넌스에 동등하게 참여할 기회를 제공받는 다자적 협력으로, 모든 주체가 다자적 참여에 평등성을 보장받는 '포용성'을 문명의 기준으로 강조한다.

코로나19로 인한 글로벌 팬데믹에 대한 국제사회의 대응전략은 포용적 다자주의로 재설정될 수 있다. 방역의 성공 사례가 지식화되어 모든 국가가 공유할 수 있어야 하며, 백신의 생산·분배가 소수 국가에 의해 독점되는 것이 아니라 글로벌 공공재로 관리되어야 한다. 코백스가 이러한 취지에서 결성되어 한국도 주도적으로 코백스를 통해 백신의 글로벌 공공재화를 천명하여 왔다.

그러나 이러한 포용적인 다자주의 노력이 미국과 영국 등 주요 강대국의 경쟁적인 백신 선점으로 물거품이 되고 있으며, 저개발국이 확보할 수 있는 백신의 규모와 선진국의 확보 규모 간의 격차가 심각한 수준까지 벌어지는 백신 불평등 문제가 대두되고 있다. 따라서 포용적 다자주의가 문명의 기준으로 제도화되기 위해서는 강대국의 행위를 규제할 수 있는 글로벌 규범과 원칙이 합의되어야 하고 이를 지지하는 중견국 그룹의 포용 국가들이 긴밀하게 연합하는 포용적 다자주의를 선도하는 주체가 명확하게 형성되어야 한다.

포용적 다자주의가 포스트코로나 시대의 문명의 기준이자 보편적인 글로벌 거버넌스의 대안적 원칙으로 공인되기 위해서는 다음과 같이 네 가지의 글로벌 가치규범이 적극적으로 중견국 그룹에 의해 수용되어야 한다.[3] 포용적 다자주의가 국제협력과 연대를 복원하는 새로운 국제질서 구축의 핵심 가치이자 문명의 기준이 되어야 한다. 코로나19 팬데믹뿐 아니라 코로나19로 인한 뉴노멀 상황은 더 이상 과거의 삶의 방식으로 사람들이 돌아갈 수 없으며 과거와 단절된 새로운 생활양식에 대한 요구가 첨예해질 것이다. 새로운 방식의 삶은 국수주의가 아닌 국제협력이 기초가 되는 다자주의 연대에 의해 재구성되어야 한

3 포용국가연합론은 위에서 제시한 네 가지 원칙에 따라 포용적 다자주의를 포스트코로나 문명의 기준으로 확고하게 국제사회에 각인시키는 역할을 강조한다(성경륭, 2020). 4대 행동원칙은 이미 2020년 12월 경제인문사회연구원이 주최한 '글로벌 코리아 포럼'의 비전선언문의 일부로 선포된 바 있다(김태균, 2020b).

다. 그렇지 않으면 과거 인류가 경험한 반목과 질시, 그리고 최악의 경우는 제노사이드와 전쟁까지 이어지는 불행한 역사가 다시 포스트코로나 문명에서 재현될 수 있기 때문이다.

한국과 같은 중견국은 개방적 경제질서 하에서 지속적 성장이 가능한 국가로 코로나19 팬데믹을 거치면서 포용적 다자주의를 대표할 수 있는 위치도 확보했기 때문에 적극적으로 포용국가연합을 선도할 수 있는 정치적 기회를 확장해야 할 것이다.

첫째, 포용적 다자주의는 2015년 국제사회가 선포한 UN 지속가능발전목표(SDGs)를 지지하고 이를 달성하기 위한 다자적 협력을 이행하기 위해 진력을 다해야 한다. 아마도 포용적 다자주의를 실현할 수 있는 현재 존재하는 글로벌 규범으로 지속가능발전목표만큼 정합성이 잘 맞는 것을 찾아보기 어려울 것이다. SDGs가 표방하는 사람(People), 공동번영(Prosperity), 환경(Planet), 평화(Peace), 파트너십(Partnership)의 5P는 포용적 다자주의가 추구할 수 있는 모든 영역의 가치와 정책이 포함되어 있다. 또한 SDGs의 핵심 모토가 "No one should be left behind(어느 누구도 뒤처져서는 안 된다)"이기 때문에 포용성의 목적과 가장 잘 부합하는 글로벌 규범이라는 사실을 간과해서는 안 된다. 앞으로 2030년까지 SDGs 시대가 지속된다는 점에서도 포스트코로나 문명의 기준으로 SDGs를 적극적으로 활용할 수 있다.

둘째, 포용적 다자주의는 백신을 포함한 포스트코로나 시대에 글로벌 공공재 확대를 위하여 다양한 국제협력과 다자적 연대를 강화해야 한다. 한국은 코로나19에 대하여 개방적, 그리고 민주적 대응을 성공적으로 수행한 경험을 보유하고 있었고 이를 개도국과 선진국까지 공유하는 노력을 보여왔다. 또한 코백스를 통해 백신의 공공재화를 주창하는 다자적 협력을 선도하였다. 그러나 2021년으로 넘어오면서 백신 민족주의가 만연해지고 국내 언론과 정치권에서 한국 정부가 백신 확보에 실패했다고 비방하는 문제가 발생하였다. 한국은 포용적 다자주의를 선도하는 중견국 연합체의 일원으로 문명의 기준을 주창하기 위해서는 백신 민족주의를 경계하고 백신의 공공재화를 강력하게 주장하는 모습을 보여야 한다. 포스트코로나 시대의 문명기준은 백신의 공공재화에서 시작될 것이다. 백신이 공공재로 인식되지 못하면 포용적 다자주의도 그 추동력을 초기 단계부터 잃게 될 것이다.

셋째, 포용적 다자주의는 평화를 중심으로 글로벌 사회적 가치를 실현하는 문명의 기준을 포함해야 한다. 평화를 범분야 이슈(cross-cutting issue)로 활용하여 모든 포용적 가치가 다자주의 수준에서 실현되는 과정에 있어 평화가 항상 공통의 토대가 될 수 있도록 평화와 발전, 그리고 인권이 연계되어야 한다. 특히 한반도 평화 프로세스에 있어 국제사회의 적극적 개입과 지지가 중요하며, 세계평화 유지에 있어서도 한국의 역할에 대한 요구가 증가하기 때문에 한국의 평화 구축(peacebuilding) 기여를 확대하기 위한 노력이 포용적 다자주의 차원에서 지속되어야 한다(김태균, 2021).

마지막으로, 포용적 다자주의는 상호책무성에 바탕을 둔 포용적 파트너십이 근본적인 플랫폼이 되어야 한다. 다자주의가 포용성을 갖게 되어 모든 국가가 아무런 의무 없이 다자주의의 주인공이 되고 다자주의를 통해 자국의 이익을 추구할 수 있다는 것을 포용적 다자주의가 인정하지 않는다. 포용성을 강조하되 참여하는 모든 국가가 동등하게 기회를 갖게 되는 반면 행동에 대한 책임이 뒤따르는 이른바 '상호책무성(mutual accountability)'이 최소한의 제도적 장치로 포용적 다자주의에 장착되어야 한다(Woods, 2007; Kim & Lim, 2017). 상호책무성을 시작으로 포용적 다자주의가 지속가능한 문명의 기준으로 정착되기 위하여 많은 노력이 필요하다. 이러한 부분이 성공적으로 제도화되지 않으면, 중견 국가로서 글로벌 북반구와 글로벌 남반구를 연결하고 중간에서 의견을 조율하여 실질적인 포용적 국가연합을 선도하려는 21세기 한국의 대전략은 하나의 거대한 꿈에 지나지 않을 공산이 크다.

Ⅳ. 포용적 다자주의를 위한 글로벌 거버넌스 개선 방향

4대 행동원칙을 중심으로 포용적 다자주의가 팬데믹 이후 글로벌 거버넌스의 개혁을 위한 문명의 기준으로 제도화되고 정착되기 위해서는 코로나19 시대에 무력화된 글로벌 거버넌스의 구조적 문제에 관한 진단이 필요하다. 구조적 문제를 파악하고 이를 토대로 거버넌스의 개혁이 글로벌 거버넌스의 핵심 주체인 국제기구와 새로운 비국가 행위자들과 중견국 그룹의 조직적인 집합행위(collective action)를 통해 해결될 수 있도록 기획하는 것이 중요하다.

지금까지의 글로벌 거버넌스는 지구 정치(global politics)의 권위와 능력이 네트워크 중심으로 분산되어 작동되는 느슨한 형태의 국제 제도였다. 기후변화, 재난·재해, 난민, 국제 이주 문제 등 일개 국가가 해결할 수 없는 초국가적 이슈를 대처하는 데 있어 힘에 기반한 국제정치보다 글로벌 거버넌스의 집합행위를 통한 협력적 관계가 더 유용한 방식으로 활용되어왔다. 그러나 이번 팬데믹으로 글로벌 거버넌스의 민낯이 드러났다. 구조적으로 배태된 고질적 문제를 해결하지 않는다면 글로벌 거버넌스는 포스트코로나 시대의 대응 플랫폼으로 재인식되기는 요원하다. 과연 글로벌 거버넌스의 구조적 문제는 무엇인가? 복합적인 문제가 얽혀 있지만 다음과 같이 세 가지로 압축할 수 있다.

첫째, 글로벌 거버넌스는 태생적으로 느슨한 형태의 네트워크 방식을 취하고 있어 파워 중심의 현실주의적 시각보다 유연하게 글로벌 이슈에 대응할 수 있지만, 중앙집권적인 글로벌 정부가 존재하지 않기 때문에 누구도 결정적인 순간 정책 실패에 대한 책임을 질 수 없으며 오히려 이를 회피하려 한다. 코로나19 사태에서 WHO가 미증유의 팬데믹에 적절하게 대처하지 못한 이유 또한 여기에 있다. WHO는 회원국에게 보건 정책을 권고할 수는 있으나 구속력 있는 집행 의무와 제재를 가할 수 없다. 즉 WHO의 구조적인 '책무성 결핍(accountability deficits)'에서 기인한 문제이다.

둘째, 글로벌 거버넌스의 주요 행위 주체가 재정의 종속성이란 덫에 빠져 있다. 특히 UN 기구는 글로벌 거버넌스의 핵심적 행위자임에도 재정적으로는 전통적 현실주의에 입각한 주권국가의 분담금과 지정기여금에 의존한다. WHO 사무총장의 고백에 따르면 WHO가 자유롭게 사용할 수 없는 예산 규모가 전체 예산의 80% 이상이라 한다. 실제로 대부분의 UN 기구는 회원국이 지정한 꼬리표가 달린 신탁기금(trust fund) 또는 다자성 양자(multi-bi)가 전체 예산의 평균 90%에 육박하고 있다. 그러다 보니 기구의 목적에 맞게 자유롭게 사용할 수 있는 분담금보다 지정기여금에 의해 UN 기구의 활동 범위와 대상이 정해진다. 최근 WHO가 중국 편향적인 모습을 보인 이유도 이러한 재정 종속성에서 자유롭지 않기 때문이다. UN 기구가 주요 회원국의 지정

기여금에 의존하는 재정 종속성을 극복하고 재정적으로 독립하지 않으면 글로벌 거버넌스에서의 다자 협력 노력은 실현되기 어려울 것이다. WHO가 코로나19와 같은 글로벌 팬데믹에 주체적으로 대응한다는 시나리오는 희망 고문에 지나지 않는다.

셋째, 클럽 거버넌스라는 자기 제한적 보수성이 글로벌 거버넌스의 구조적 한계에 배태되어 있다. G7, G8, G20, G77 등의 다층적인 클럽 거버넌스 모델은 각각의 클럽 중심적 사고와 결합성을 가지고 글로벌 거버넌스에 접근한다. 지금까지 클럽 거버넌스가 글로벌 문제를 관리하는 데 기여한 부분을 부인할 수는 없다. 하지만 클럽 간의 자기 제한적 구조는 숲이 아닌 나무에, 즉 글로벌 거버넌스 전체를 고민하기보다 각각의 상황에 더 관심이 많을 수밖에 없는 구조라는 본질적 한계가 있다. 그렇기에 코로나19와 같은 팬데믹이 올 경우 어느 클럽도 선제적으로 팬데믹에 대한 대응 방안을 총체적으로 제시할 역량이 없다. 한정된 나무만으로는 인류 보편적인 숲을 관리할 수 없는 것처럼 말이다. 이러한 분절적 구조에 BRICS(브라질·러시아·인도·중국·남아프리카공화국)로 대표되는 글로벌 남반구의 세력화까지 가세하여 각 클럽의 보수적 거버넌스가 가속화되는 결과를 초래하고 있다(김태균·이일청, 2018). 더 이상 공존의 G2가 아닌 미중 간의 본격적인 무한 경쟁 체제로 진입한 G0의 시대가 마치 신냉전을 방불케 한다.

여기서 간과해서는 안 될 부분은 이 모든 글로벌 거버넌스 위기가 코로나19로 초래된 것이 아니라 글로벌 팬데믹 이전부터 계속 존재해 온 구조적 위기라는 사실이다. 코로나19는 단지 촉매제 역할로 독립변수이기보다 매개변수로서 글로벌 거버넌스 위기의 확산과 그 진행 속도를 높였을 뿐이다. 실제로 언젠가는 위기로 돌변할 수 있는 위험성이 글로벌 거버넌스 시스템 내에 잠복해 있었던 것이다. 그러나 코로나19 위기의 해결을 위하여 글로벌 거버넌스를 포기하고 다시 자국 중심의 성곽 시대로 돌아가자는 시대착오적 움직임을 우리는 경계해야 한다. 역설적이지만 포스트코로나 시대에 부응하는 해법도 위기의 글로벌 거버넌스에서 시작해야 한다. 국제사회는 상호 배타적이지 않은 클럽 거버넌스를 재구성하고 이를 토대로 글로벌 거버넌스의 구조적 개혁을 새로운 국제 협력과 연대의 재승인으로 포용적 다자주의를 승화시켜야 한다.

V. 새로운 글로벌 거버넌스의 주체와 한국의 전략적 선택

그렇다면 포스트코로나 시대의 글로벌 거버넌스를 개혁하고 새로운 문명의 표준을 올바른 세계화와 다자 협력을 통해 이끌어낼 수 있는 주체로 과연 누가 적합할 것인가가 중요한 문제로 떠오른다(Bobbitt, 2020). 흔히 G7으로 대표되는 글로벌 북반구의 선진국들은 자국의 코로나19 팬데믹에 대응하느라 정신이 없어 글로벌 거버넌스의 다음 단계를 고민할 여력이 없으며 사실상 백신 민족주의와 백신 불평등을 유발한 당사자이기 때문에 윤리적 정당성을 잃은 지 이미 오래이다.

미국의 트럼프 행정부는 코로나19 이전부터 자국 중심의 외교 정책을 전 세계는 물론 심지어 동맹국에까지 강요해왔다. LIO의 복원을 강조하는 바이든 행정부도 팬데믹 대응과 백신정책에 있어서는 트럼프 행정부와 큰 차별성을 갖고 있지 않다는 해석이 가능하다. 따라서 코로나19 정국에서의 글로벌 거버넌스 개혁에 가장 위험한 걸림돌이 되고 있는 국가가 미국을 비롯한 G7이라 해도 과언이 아닐 것이다. 중국은 미국과 달리 글로벌 남반구의 저개발 국가들에게 대규모 원조와 중국 시노백이 개발한 '코로나백(CoronaVac)'이라는 백신 공급을 약속하고 WHO에 재정 지원까지 증액하겠다고 공언했다. 즉 중국은 새로운 중국식 문명의 표준을 만들기 위해 공격적으로 글로벌 남반구의 헤게모니 장악과 UN의 글로벌 거버넌스 역할에 영향력을 확장하고 있다. 이는 포스트코로나 시대에 글로벌 남반구를 대표하는 중국과 반세계화로 글로벌 북반구의 분열을 조장하는 미국 간의 국제 질서 장악을 위한 대결 구도로 이어질 공산이 크다. 결국 포용적 다자주의라는 문명의 기준을 새롭게 표방하기에 미중의 전략경쟁이 격화됨에 따라 현재로서는 글로벌 거버넌스를 개선하고 포스트코로나 시대에 걸맞은 새로운 다자 협력을 구상할 수 있는 뚜렷한 주체가 보이지 않는다.

이에 한국과 같이 코로나19에 성공적인 방역 체계를 갖춘 중견 국가가 앞장서서 글로벌 거버넌스의 새로운 리더십을 구축하고, 대안적인 문명기준 수립을 글로벌 거버넌스의 개혁 프로세스에 제안하며, 국제사회와의 적극적인 연대를 통해 포용적 다자주의라는 새로운 문명의 기준이 선진국 그룹에 의해 일방적으로 제공되는 것이 아니라 중견국 그룹에 의해 북반구와 남반구가 협력에 참여할 수 있도록 국제사회에 변증법적인 시공간을 넓혀갈 수 있다.

한국이 중견국으로서 포용적 다자주의의 복원과 확장을 위한 국제기구의 거버넌스 개혁을 시도할 경우, 반드시 한국 단독의 독자적 행보가 아닌 유사한 입장과 이해관계를 보이는 중견국들과 연대그룹을 형성하여 집합적인 움직임을 전략화해야 한다. 이러한 글로벌 수준의 미션을 수행할 수 있는 적합한 주체로 한국·호주·대만·뉴질랜드·싱가포르 등이 거론되고 있으며, 이 가운데 한국과 호주의 전략적 협력이 중견국 연대를 선도할 수 있는 중요한 플랫폼으로 강조되고 있다(Kim, 2020a; Corben, 2020).

중견국 연대의 적절한 구성원으로 거론된 국가들은 코로나 팬데믹 대응에서 상대적으로 성공을 거두었다는 점, 상대적으로 자유민주주의 제도가 발달되어 있다는 점, 그리고 아시아태평양 지역에 위치한 중견국이라는 점 등을 공통적으로 공유하고 있다. 아태지역의 중견국 연대가 성공적으로 구축될 수 있다면 아태연대가 다른 지역 및 대륙의 유사한 그룹과 연대를 통해 글로벌 수준으로 영향력을 확대할 수 있다. 대표적으로 유럽의 독일과 노르웨이, 그리고 북미에서는 캐나다가 아태연대에게 대단히 중요한 전략적 파트너가 될 것이며, 이러한 글로벌 연대를 통해 문명기준을 새롭게 개혁하고 글로벌 거버넌스의 고질적 병폐를 수정하는 계기를 마련할 수 있을 것이다.

이러한 한국을 포함한 중견국 그룹의 글로벌 거버넌스 개혁 노력은 코로나19를 비롯한 신종 감염병 이슈에 관한 리더십에서 출발할 수 있겠다. 하지만 중장기적으로는 방역뿐 아니라 세계 차원의 경제개발, 사회발전, 그리고 인권보호 등 다양한 분야에서의 글로벌 리더로서 한국과 중견국 그룹의 역할을 확장하여야 한다. 글로벌 헤게모니의 다극화와 미중의 전략경쟁이라는 작금의 국제관계 상황은 글로벌 거버넌스의 표준이 상실된 패러다임의 무정부 상태라고도 볼 수 있다.

한국은 K-방역이라는 일개 국가적 프레임에서 벗어나 글로벌 팬데믹에 대응할 새로운 방식의 글로벌 클럽을 보건 안보(health security)라는 이슈 영역에서 재구성할 필요가 있는 것이다(Kim & Kim, 2020). 보건

안보에서 시작한 한국의 글로벌 리더십은 국제보건과 관련된 세계 환경, 세계 평화, 세계 경제 등 보다 거시적이고 보편적인 이슈 영역으로 확대되어야 한다. 때로는 뜻을 같이하는 국가들과 협력하여 새로운 플랫폼을 구축하고, 필요하다면 기존 G7, G20와 같은 클럽 거버넌스에 적극적으로 개입하여 대안적인 이슈와 대응 체계를 선도해야 한다.

포용적 다자주의를 적극적으로 한국 공공외교와 평화외교의 최전선에 배치하여 한국 외교의 가치와 방향을 포스트코로나 시대의 국제사회에 명확하게 보여줄 필요가 있다. 한국은 한반도 평화구축이라는 국가의 숙원 목표가 있는 만큼 국제사회가 안고 있는 다양한 분쟁과 평화구축 이슈를 포용적 다자주의로 한국이 개입해야 할 숙제로 환치하여 한국의 개별 국익을 보편화하고 보편적 평화 이슈를 한국의 국익과 소통할 수 있도록 전략화해야 한다(김태균, 2021).

이를 위해 기존의 국가 중심 다자주의가 아닌 다층이해관계주체(multi-stakeholder) 중심으로 다양한 글로벌 행위 주체와 협력하는 포용국가연합을 추구해야 한다. 일례로, 유엔기구의 고질적 문제인 재정의 종속 이슈를 해결하기 위해 회원국에게 유엔기구에 제공하는 재정기여를 가능한 전적으로 유엔에게 위임하는 방향으로 한국과 중견국 그룹이 이슈를 선점하여 포스트코로나 시대에 맞는 글로벌 거버넌스 개혁의 조타수가 될 수 있다. 또한 주권국가 외에 상당한 재원을 확보하고 있는 국제 NGO 및 글로벌펀드(global fund)와 같은 비정부기구와의 긴밀한 협력 관계를 유도하여 유엔기구가 코로나19와 같은 지구적 문제가 발생했을 때 적극적으로 그리고 독자적으로 대응전략을 수립할 수 있도록 재정의 종속 문제를 해결해야 한다.

마지막으로, 포용적 다자주의, 지속가능발전, 중견국 연대 등의 코로나 팬데믹 이후 새로운 국제관계와 글로벌 거버넌스가 적절하게 제도적으로 안착되고 국제사회의 모든 주체가 일정 정도 새로운 문명의 기준을 인정할 것인가를 가늠할 수 있는 최종적 변수는 미중 갈등의 국제안보와 포용적 다자주의 사이에 어떠한 상호관계가 형성되는가에 있을 것이다. 시진핑의 중국과 바이든의 미국 간의 지정학적 갈등 지점이 이미 대만·동중국해·남중국해·한반도 및 미얀마까지 확장되고 있어 아시아 지역에서 안보와 동맹이라는 냉전의 전리품들이 포스트 코로나 시대에 다시 부활할 가능성이 커지고 있다.

안보 이슈가 포용적 다자주의라는 문명의 기준을 기각하거나 상쇄시키지 않도록 중견국 그룹과의 연대를 확대하는 것이 한국이 팬데믹 이후 국제사회에서 추진해야 될 역할이자 숙제가 될 것이다. 다시 말해, 양자협력이 아닌 초국적 협력으로 다자주의를 중심으로 미중의 양갈래로 구축되는 양자 중심의 갈등구조를 전략적으로 벗어나야 한다.

| 참고문헌 |

김소연, 2020, "공생을 위한 인류세 시대의 개발협력", 『국제개발협력연구』 제12권 4호.

김태균, 2021, "한반도 평화를 위한 보편성과 특수성의 상호전환", 김태균 외(편), 『한반도 평화학: 보편성과 특수성의 전략적 연계』, 서울: 서울대학교출판문화원.

김태균, 2020a, "포스트코로나 시대의 국제협력 복원 시나리오", 김소영 외(편), 『미래의 귀환: 코로나19와 4차 산업혁명 대전환』, 파주: 한울.

김태균, 2020b, "세계선도국가의 비전과 전략: 인류 보편가치와 세계 공익 기여", 『2020 글로벌코리아포럼』, 경제인문사회연구회 및 관계기관.

김태균, 2016, "개발원조의 인식론적 전환을 위한 국제사회론: 국익과 인도주의의 이분법을 넘어서", 『한국정치학회보』 제50권 1호.

김태균·이일청, 2018, "반둥 이후: 제3세계론의 쇠퇴와 남남협력의 정치세력화", 『국제정치논총』 제58집 3호.

김태환, 2020, "글로벌 소프트파워와 한국의 중견국 외교 전략", 『2020 글로벌코리아포럼』, 경제인문사회연구회 및 관계기관.

성경륭, 2020, "혁신적 포용국가와 세계 포용국가(연합)", 『제18차 세종국가리더십포럼』, 경제인문사회연구회 세종국가리더십위원회.

Bobbitt, Philip, "Furture Scenarios: "We are all failed states, now"", in Hal Brands and Franics J. Gavin (eds.), *COVID-19 and World Order: The Future of Conflict, Competition, and Cooperation* (Baltimore: Johns Hopkins University Press, 2020).

Bull, Hedley and Adam Watson (eds.), *The Expansion of International Society* (Oxford: Clarendon Press, 1984).

Buzan, Barry, "The 'Standard of Civilisation' as an English School Concept," *Millennium: Journal of International Studies* 42(3), 2014a.

Buzan, Barry, *An Introduction to the English School of International Relations: The Societal Approach* (Cambridge: Polity Press, 2014b).

Corben, Tom, "COVID-19 Presents Opportunities for Australia-South Korea Relations," *The Diplomat*, 24 April 2020.

Elias, Norbert, *The Civilizing Process: Sociogenetic and Psychogenetic Investigations* (Oxford: Blackwell Publishing, 1994).

Gong, Gerrit W., *The Standard of 'Civilization' in International Society* (Oxford: Clarendon, 1984).

Kim, Taekyoon, "South Korea's Prospects for a Middle-Power Alliance in the COVID-19 Era," *Melbourne Asia Review* 4, 2020a.

Kim, Taekyoon and Bo Kyung Kim, "Enhancing Mixed Accountability for State-Society Synergy: South Korea's Responses to COVID-19 with Ambidexterity Governance," *Inter-Asia Cultural Studies* 21(4), 2020b.

Kim, Taekyoon and Sojin Lim, "Forging 'Soft Accountability' in Unlikely Settings: A Conceptual Analysis of Mutual Accountability in the Context of South-South Cooperation," *Global Governance* 23(2), 2017.

Linklater, Andrew, *Violence and Civilization in the Western States-Systems* (Cambridge: Cambridge University Press, 2016).

MacMillan, Margaret, "The World after COVID: A Perspective from History," in Hal Brands and Franics J. Gavin (eds.), *COVID-19 and World Order: The Future of Conflict, Competition, and Cooperation* (Baltimore: Johns Hopkins University Press, 2020).

Morrow, Raymond A., "Norbert Elias and Figurational Sociology: The Comeback of the Century," *Contemporary Sociology* 38(3), 2009.

| 제5부 |

일상과 가치관의 변화

포스트코로나 시대의 가족과 돌봄: 아동과 청소년[1] 돌봄 체계 및 정책을 중심으로

김선미 광주대학교 가정관리학과 및 사회복지학부 교수

Ⅰ. 코로나19 상황에서 돌봄 정책, 현황과 한계

코로나19 발발 첫 해인 2020년 말 정부는 사회관계 장관회의를 거쳐 '코로나19 시대, 지속가능한 돌봄체계 개선방안'을 마련하였다. 정부의 대응 방식(관계부처 합동, 2020)은 돌봄 시설의 휴원과 긴급돌봄 체계로의 전환 및 돌봄 서비스의 정상 제공 조치로 대별할 수 있다.

먼저, 초기 전국 대규모 확산 시기에 영유아 대상 어린이집, 유치원은 전국이 휴원·휴업하되 방역조치 및 긴급돌봄을 실시하였고, 아동 청소년 대상 각급 학교는 개학을 연기하다가 원격수업으로 개학하였다. 지역아동센터와 다함께돌봄센터에는 휴원을 권고하고 방역 조치와 긴급돌봄을 실시하였다. 노인 대상 직접 서비스는 최소화하고 신규 청약을 보류하였으며, 장애인 복지시설 휴관도 권고하였다.

1 현행법에서 아동/청소년의 정의는 중첩되어 있다. 아동은 18세 미만(아동복지법), 청소년은 19세 미만(청소년 보호법)이나 이 글에서는 혼동을 최소화하기 위해 아동 및 청소년으로 용어를 사용한다. 또 아동/청소년을 부모와 자녀 관계에서 언급할 때는 '자녀'로 쓴다.

1일 확진자 수가 100명 미만으로 안정세에 들면서 어린이집과 유치원은 지자체별 그리고 원별 개별 휴원 결정을 하도록 하였고, 유치원의 원격수업과 방과후 과정이 병행되었다. 학교는 일부 대면수업과 원격수업을 병행하였으며, 지역아동센터와 다함께돌봄센터도 개원하였고, 노인에 대한 재가 혹은 방문 필수 돌봄 서비스는 정상 운영하였다.

수도권 중심 재확산세에 다시 아동 청소년 대상 마을 돌봄시설과 장애인 복지시설은 휴관을 권고하였다. 그렇지만 장애인 돌봄은 코로나 현황과 무관하게 발달장애인 주간·방과후 활동 지속, 대체 이용 및 비용 청구요건 완화, 자가격리, 이용시설 휴관 시 활동 지원 특별급여 제공 등 정상화 조치가 코로나19 기간 내내 수행되었다. 그런데도 공적 서비스 지원을 받지 못한 채 발달장애 자녀를 둔 어머니들의 자살이나 자녀 살해 후 자살 혹은 발달장애인의 죽음이 빈발한 것은[2] 장애인 돌봄의 공백과[3] 발달장애인에 대한 가족 책임의 한계를 보여주었다.

둘째, 지역사회 내 확진자 급증 시 정부는 긴급한 돌봄 공백 대응을 위해 지자체와 사회서비스원 중심 돌봄 인력 긴급 모집 및 지원을 시행하였다. 이때 돌봄 공백은 돌봄 종사자 확진, 가족 내 확진자 발생, 자가격리 등으로 돌봄이 필요한 경우를 말한다. 아동·노인·장애인 등 취약계층에 긴급돌봄서비스를 제공하였고, 돌봄 공백이 발생한 사회복지시설과 의료기관에 돌봄 인력을 지원하였다.

이러한 정부의 대응 결과, 감염병 차단을 위한 휴원 조치와 긴급돌

2 https://www.beminor.com/news/articleView.html?idxno=21269

3 공백 발생은 서비스의 부재, 서비스의 접근 장애 그리고 서비스에 대한 불만족에서 기인한다(김은정, 2021). 여기 언급한 사건들은 서비스의 지역별 편차와 그로 인한 서비스 부재와 서비스에 대한 접근 장애에 의한 발생을 잘 보여준다.

봄과 같은 필수적 돌봄 서비스를 제공하는 성과를 거두었으나, 돌봄의 재가족화, 다양한 긴급돌봄 수요에 대한 체계적 대응 시스템 부족, 대면·집단 이용 중심 서비스를 대체할 재가 비대면 서비스 개발 미흡 및 가족 양육 부담과 아동학대 위험 증가, 노인의 건강 악화, 우울감 증가, 그리고 장애인의 활동 제약과 생활시설 집단감염 위험 증가 등 파생 문제를 선제적으로 대응하지 못한 한계가 있다고 정부는 다시 중간평가를 하였다.

이에 따라 1)코로나19 장기화 시대를 대비한 '지속가능한 돌봄체계로의 개편', 2)시설 위주의 돌봄 서비스에서 아동 노인 장애인 등 대상자 별로 '재가 비대면 돌봄 서비스로의 다변화, 비대면 서비스 강화', 3)'가정 돌봄 지원과 아동 점검을 강화'는, 거리두기 상황의 장기화로 인한 파급 문제에 선제 대응을 하는 방향을 정하였다.

그 구체적 내용을 보면, 1)'돌봄 체계 재정비'는 돌봄 시설별 지역별 맞춤형 방역으로 코로나19에 대응하기, 종사자 감염과 가족 확진에 의한 긴급돌봄 수요 발생 시 또는 자가격리로 인한 돌봄 욕구 증대 시 등 다양한 상황에 맞는 긴급돌봄 대응체계를 구축하되 사회서비스원을 중심으로 긴급돌봄지원단을 설치하여, 긴급돌봄서비스를 제공하고 돌봄 대체인력을 지원하며, 아동·노인·장애인 등 취약계층에 대한 모니터링 시행으로 돌봄 대상자 발굴 서비스를 연계한다.

2)대상별 '재가 비대면 돌봄서비스 체계구축'을 위해서는 첫째, 아이돌봄서비스에 대한 정부 지원 시간을 확대[4]하기, 돌봄 시설 이용 및

4 연 720시간에서 840시간으로 상향하고 비용지원 비율도 종일제 가형의 경우 80%에서 85%로 상향하고 시간제 나형의 경우 55%에서 60%로 상향함.

미이용 학생의 원격학습을 다각도로 지원하기 및 비대면 운동 프로그램과 홈 운동키트 등 지원하기, 둘째, 노인 대상 비대면 돌봄 장비 보급으로 노인 안전 대응·고독사 사전 예방·건강관리 서비스 및 체육활동 지원 그리고 노인장기요양보험 5등급 수급자에게까지 일반 방문요양 서비스를 제한 허용하고 노인 맞춤형 돌봄 서비스 대상자도 확대하기, 셋째, 최중증 발달장애인 대상 주간 활동 1:1 서비스 시범운영과 발달장애인 주간·방과후 활동 서비스 대상 확대, 그리고 자립생활 지원이 필요한 장애인 활동 지원 대상자 확대, 활동지원사 가산 급여 대상 확대 및 단가 현실화, 거주 시설 장애인을 위한 IOT와 AI 활용 돌봄서비스 제공, 실시간 온라인 비대면 강좌와 찾아가는 장애인 스포츠버스로 건강관리, 특수학교 등교수업 원칙으로 가정 내 돌봄 부담을 경감하기 및 원격교육의 기반 마련하기를 내용으로 하였다.

끝으로 3)'가정 내 돌봄 지원 및 아동 점검 강화'를 위해서는 첫째, 가족돌봄휴가를 10일에서 20일로 연장하고 가족돌봄휴직을 활용할 수 있도록 사유에 '재난 발생'을 추가하되 장기화할 경우 최장 90일간 가능하게 하기, 육아휴직 분할사용 횟수를 2회로 확대하고 임신 중에도 사용하여 코로나19 같은 비상시 임신 근로자 및 태아 보호하기, 둘째, 가정 돌봄 아동에 대해 지역아동센터와 다함께돌봄센터 별로 급식을 지원하고, 학교 원격수업 시 실시간 조·종례 운영과 주 1회 실시간 소통 수업 및 주 1회 학생 학부모 상담 실시, 방임유형 아동학대 의심 경우에 전담 공무원과 아동보호전문기관의 가정방문 실시, 셋째, 양육자의 정서적 지원을 위해 육아종합지원센터 및 건강가정·다문화가족지원센터 등을 통한 부모교육 활성화, 코로나19 통합 심리지원단을 통한 스트레스 우울증 등 심리지원 실시, 고위험군 해당 시 심층 상담과 정신의료기관 연계를 한다.

정부의 이러한 대응은 현 체계의 한계 내에서 최신의 결과물이라고 하겠다. 그러나 돌봄체계가 가진 미흡함을 돌파할 근본적인 전환에 대해서는 보다 적극적인 노력이 요구된다. 이 글은 특별히 코로나19 상황에서 가족의 자녀 돌봄에 집중하여 한국의 아동돌봄 체계와 그 미흡함이 드러낸 문제가 무엇이었는지 확인하고 좋은 돌봄의 원칙에 입각하여 몇 가지 제언을 하고자 한다.

Ⅱ. 코로나19 상황에서 가족의 자녀 돌봄

1. 아동 돌봄체계

가족과 일상적 돌봄을 공유하는 아동 돌봄체계에는 재가 양육지원 서비스와 아동이 가정 밖 시설에서 일정한 시간을 보내는 이용시설 그리고 양육 부모의 혼자만 하는 육아를 지원하는 공간으로 공동육아나눔터가 있다.

재가 양육지원 서비스인 아이돌봄지원서비스는, 생후 3개월부터 만 36개월 이하 아동을 돌보는 영아 종일제 및 생후 3개월부터 만 12세 이하 아동을 돌보는 시간제가 있다. 시간제 아이돌봄서비스는 부모의 출퇴근이나 아동의 등하원 시간과의 차이를 메워 주고, 부모의 출장이나 야근 또는 주말 근무와 같은 가정 육아의 사각지대를 보완하도록 설계되었다. 호출 대기 노동 성격으로 인해 아이돌보미의 안정적 공급에 어려움이 있고, 특정 시간에 수요가 집중되어 미스매칭이 발생하여 이용 부모가 대기해야 하며, 간혹 발생하는 아동학대 사건 그리고 서비스에 대한 불만족의 문제가 상존한다.

코로나19 상황에서 아이돌봄지원서비스가 이용시설의 휴원과 초등학교 휴교에 따른 가정의 돌봄 공백을 메우기 위해 심하게 증가한 것은 아닌 것으로 보인다. 일례로 광주광역시 거점센터에 따르면, 초기에 아이돌보미를 통한 감염을 우려하여 잠시 이용이 감소하였다가 회복하였고, 코로나19 기간 특례 적용으로 이용 증가를 예상하였으나 오히려 시간제 아이돌봄서비스 이용률이 소폭 감소하였다.[5] 부모의 재택근무나 실직에 따른 부모의 가용시간 확보가 원인일 수 있다. 아이돌봄서비스는 가족의 소득 수준에 따라 자기부담금이 있으므로 그 비용이 취업 지속의 이익을 상회할 때 엄마들은 직접 돌봄에 나서기 쉽다.

일상적 돌봄 서비스를 제공하는 이용시설들에 6세 미만 어린이를 보호자의 위탁을 받아 보육하는 어린이집과 만 3세부터 초등학교 입학 전 유아 교육기관인 유치원이 있다. 코로나19로 인해 어린이집과 유치원에 보내는 부모는 장기간 휴원을 겪어야 했으나, 맞벌이 자녀가 다수인 시설에서는 원별 결정으로 불가피하게 지속 운영하는 경우도 있었다.

초등학생을 돌보는 '온종일 돌봄'은 언제 어디서나 원하는 시간에 돌봄을 제공하는 것을 목적으로 하는 공급 확대 정책으로 추진되고 있

5 광주광역시의 서비스 이용자 관련 매년 4월 기준으로 코로나19 이전 2019년 시간제, 종일제 실 이용가구 수는 1,418가구에서 2020년 1,398가구로 19년 대비 1.4% 감소했으며, 2021년 1,388가구로 19년 코로나19 이전 대비 2.1% 감소한 것으로 나타남(2021.5.31 담당자 확인).

다. 방과 후 지역주민이 접근하기 편한 학교와 지역사회 내 공공시설에서 아이들을 돌보고 흥미 적성 진로를 고려해 다양한 방과후 프로그램을 제공하는 것으로 학교와 지역사회가 연계하여 아동 중심의 돌봄 서비스를 제공하여 빈틈없는 돌봄체계를 완성, 공공성을 강화하는 정책이다. 온종일 돌봄 기관으로는 초등학생을 위한 학교에서의 초등돌봄교실과 마을에서의 다함께돌봄센터 및 지역아동센터가 있고, 청소년을 위한 청소년방과후아카데미가 있다.

그러나 현재 초등돌봄 서비스는 공급이 부족한 상태로, 돌봄교실은 돌봄이 필요한 학생[6]으로 제한하고 지역아동센터는 중위소득 100% 이하 저소득층으로 대상자를 이원화하고 있다. 여기에 다함께돌봄센터가 추가되어 돌봄 취약시간과 상황 등에 맞춰 돌봄이 필요한 6~12세 아동이 이용하도록 하고 있다. 자세히 보면, 초등돌봄교실은 특정 가족 유형을 중심으로 하고 있고, 다함께돌봄교실은 특정 계층, 즉 저소득층을 고려하지 않고 있으며, 지역아동센터는 저소득층 중심으로 대상자를 구분하고 있는 것이 특징이다. 보편적 서비스 관점에서 볼 때, 현재의 온종일 돌봄의 가장 시급한 과제 중 하나는 서비스 제공기관이 다양한 상황에서 이러한 대상자 분리를 어떻게 극복할 것인가 하는 것이다(정책기획위원회 포용사회분과, 2021).

청소년방과후아카데미는 초등학교 4학년부터 중등학교 3학년을 대상으로 방과후 돌봄이 필요한 청소년에게 체험활동, 학습지원, 급식, 상담 등 종합서비스를 제공하며, 청소년 활동복지보호지도 등을 통해 청소년의 전인적 성장을 지원하고 가정의 사교육비 경감 및 양육 부담

6 맞벌이 저소득층 한부모 가정 등 특정 가족 유형에 속하는 아동으로 통용됨.

완화에 기여한다는 목적을 가지고 있다(여성가족부, 2020, 청소년 방과 후 아카데미 운영지침). 공통과정과 2개의 선택 운영과정이 있는 일반형과 특성화 프로그램을 운영하는 주말형이 있다. 일반형의 우선지원 대상에는 기초생활보장 수급자, 차상위계층, 한부모·조손·다문화·장애가정, 2자녀 이상 가정, 맞벌이 가정 등 방과후 돌봄이 필요한 청소년, 기타 지원 대상에는 학교(교장·교사), 지역사회(주민센터 동장·사회복지사 등)의 추천을 받아 청소년방과후아카데미 지원협의회에서 승인받은 청소년을 포함한다.

따라서 청소년아카데미 역시 아동들이 보편적으로 사용하기 어렵다. 주말형의 지원 대상만 주말 돌봄 및 체험활동이 필요한 청소년으로 해서 지원 대상에 구분이 없다. 주말형 청소년방과후아카데미는 코로나19 상황에서 주6시수로 운영하였다.

대략 이러한 아동 돌봄체계는 그러나 '좋은 돌봄'에는 이르지 못하고 있다. 전체 아동에 대해 사각 연령대가 없고, 가정에 와서 돌봄을 지원하는 재가 양육지원 서비스나 가정 외부 이용시설에서 돌봄을 지원하도록 하여 외견상 돌봄체계는 완비된 것으로 보인다. 하지만 아동의 방임과 학대 사건의 발생, 초등학교 입학을 앞둔 맞벌이 부모의 경력단절이나 영유아를 돌보던 전업주부의 노동시장 진입 포기, 그리고 돌봄의 부수적 목표를 채워주는 사교육 체계에의 의존이 보편화되는 현상이 두텁게 자리를 잡았다. 코로나19 상황에서 돌봄 체계가 마비되자 기존 아동 돌봄체계가 지니고 있던 한계가 전면화하였고 이에 따라 아동 돌봄은 온전히 가정의 책임으로 되돌아갔다.

2. 가족 부담 증가·여성 경력 위협·아동의 힘든 일상

1) 가족 부담 과중

코로나19는 그동안 사회화를 통해 탈가족화하던 돌봄을 재가족화하였다. 가족 외부에서 수행되던 돌봄이 다시 가족 내부로 되돌아왔다. 재가족화 현상에 대응하는데 전업주부인 어머니의 존재나 맞벌이 부모의 재택근무는 일정 정도 효과가 있었으나, 부모의 돌봄 여력이 없는 아동들을 위해서는 재가 '아이돌봄 서비스'나 가정 밖 '긴급돌봄'이 활용되었다.[7] 가족 돌봄을 위한 법정 휴가·휴직도 정부에서 급히 연장하였다. 저소득·다문화·한부모·조손 가정 등의 돌봄에 취약한 아동들은 보호·급식·정서 지원을 지역아동센터에 의존하였다.

특히 어린 자녀의 돌봄은 오롯이 가족에게로 귀속되었다. 코로나19 상황 속 휴관·휴교 기간 동안 아동의 79%를 가족이 돌보았다.[8] 코로나19 발발 이전과 비교하여 미취학 자녀(27.5%에서 63.3%로)나 초등학생 자녀(19.2%에서 66.7%로) 모두 가정에서의 돌봄이 증가하였고(진미정 외, 2020), 홑벌이·맞벌이 불문하고 부모의 각자의 돌봄 시간이 증가하였다(은기수, 2020). 자녀 원격수업을 위한 도움도 부모에게 큰 부담이 되었는데, 자녀가 어릴수록 부담이 컸다.[9]

7 가족의 돌봄 여력이 부족한 경우 긴급돌봄이 대안이 되었는데, 초등학교 온라인 개학 시점 긴급돌봄 신청자가 급증하였다(김경은, 2020). 혼자 지내던 아동도 온라인 개학으로 도움이 필요한 것으로 보인다.

8 자녀 돌봄 방법에 대한 설문조사 결과, 조부모나 친척(43%), 부모가 직접(36%), 긴급돌봄이 용이(15%), 기타(6%) 순이다(고용노동부, 2020).

9 자녀원격수업에 대한 부모의 부담은 초등학생의 경우 46.07%, 중·고등학생의 경우 35.74%로 조사되었다(교육부와 한국교육학정보원, 2020).

비대면 재택근무 등 가족 요구에 부응할 수 있는 근무시간이 짧고 근무유연성을 갖춘 소위 가족친화적 직장에 다니는 부모 그리고 2020년 1월부터 시행된 '가족돌봄휴가'를 활용할 수 있는 부모는 어린이집과 유치원이 휴관한 영유아와 온라인수업으로 전환한 자녀를 가정에서 돌볼 수 있다. 재택근무자 부모는 일과 가정의 분리가 어려워 나름의 힘든 시간을 보낼 수 있지만, 일단 자녀돌봄 책임을 완수하는데 있어서, 감염 우려에도 불구하고 출근하여 대면 노동을 해내야 하는 필수노동자[10]인 부모보다 유리하다.

가족돌봄휴가는 최대 20일까지로 취약계층과 한부모 가정은 최대 25일까지 가용하며, 근로자의 경제적 부담을 완화하고 휴가 사용을 촉진하기 위해 정부가 2020년 3월부터 가족돌봄휴가 비용 지원사업을 실시, 무급 휴가자에 대해 매일 50,000원 최대 10일까지 지원하고 있다. 10일간의 지원금 총 50만 원이 주어지더라도 다른 돌봄의 대안이 없어 20일~25일까지 가족휴가를 활용하거나, 최장 90일까지 가족돌봄휴직을 하는 경우, 가계 경제사정은 악화할 것이다.

2) 여성의 책임 편중

급속히 돌봄이 재가족화하면서 그 부담이 여성에게 집중되었다. 자녀돌봄시간이 증가하자 홑벌이 가정의 아버지나 맞벌이 가정의 아버지는 늘어난 돌봄시간에 만족감을 느끼기도 했으나 그동안 독박육아

10 로버트 라이시 교수(Robert Reich, 2020)는 코로나19 시대 노동자를 네 계급, 즉 원격근무가 가능한 노동자(remotes), 필수노동자(essentials), 임금을 받지 못하는 노동자(unpaid), 그리고 잊혀진 노동자(forgotten)로 분류하였는데, 필수노동자는 위기상황에 꼭 필요하나 감염위험에 노출된 의사·간호사·돌봄노동자 등을 포함한다.

에 시달리던 전업주부 어머니들의 양육 스트레스나 시간 부족감은 크게 증가하였다(은기수, 2020). 돌봄 부담의 성차는 아버지보다 어머니에게서 더 크게 나타났는데, 초등학생 부모보다 미취학 자녀의 부모에게서 높았다(진미정 외, 2020). 전업주부 어머니의 돌봄시간 증가와 맞벌이 부부 어머니의 돌봄시간 증가폭의 격차는 맞벌이 가구 엄마의 돌봄시간 증가가 일터의 경직성으로 인해 여의치 않았다고 해석할 수 있다.

가정 돌봄이 여성의 책임이 되는 현상은 차례로 여성들의 경력단절로 이어진다. 코로나19 상황에서 일·가정 양립의 어려움과 돌봄 정책의 미흡이 동시에 드러났는데 임금이 낮은 여성이 가족 돌봄 요구에 더 빨리 더 쉽게 반응하였다. 18세 미만 유자녀 기혼여성의 고용이 코로나19로 타격을 받은 것을 보면, 대면 노동 분야에서 여성 고용 위축에 따른 수요측 요인도 있으나 공적 돌봄 체계의 미흡함에 의한 공급측 요인도 일부 반영되었다고 볼 수 있다.

김난주(2021)는 막내 자녀가 3세 이상 4세 이하인 기혼여성의 고용률이 전년 대비 3.5% 감소한 점은 바로 어린이집 휴원 등에 따른 돌봄 공백을 어머니들이 메워야 했음을 잘 보여준다. 김지연은 고용 충격의 성차를 실업 이행률과 비경제활동 이행률 양 측면에서 살펴본 결과(2021), 39세부터 44세까지 초등학생 자녀를 둔 집단에서의 성차가 가장 컸으며, 취업을 포기하고 비경제활동에 들어간 어머니들에게 업종효과라는 노동수요측 원인은 일부만 영향을 미쳤고, 돌봄 요구에 따른 노동공급측 원인이 작용했음을 보여주었다.

돌봄체계의 진정한 완비는 여성들이 가정으로 되돌아가는 '여성의 재가족화'를 막는 것이어야 한다. 여성들의 사회적 역할을 재규정하기 위한 노동권 보장 측면뿐 아니라 저출산 고령화에 따른 생산 가능성인구의 감소 우려를 푸는 해법으로서의 여성 노동력 활용을 위해서도 여성의 취업과 경력의 지속은 그 의미가 크다. 생산 가능 활동 인구 중 취업 활동 인구로의 전환 가능성을 고려할 때, 여성 고용률이 지금처럼 50%가 아니라 돌봄 체계 완비로 80%가 된다면 상황은 더 낙관적이 될 것이다(정재훈, 2017:76).

3) 아동의 힘든 일상

아동 돌봄이 가정에 맡겨지자 학습 수준 저하 및 격차 심화 그리고 인터넷과 스마트폰 과의존, 아동의 방치와 폭력 등이 증가하였다. 한국교육개발원이 실시한 '2020 학생역량 조사연구' 결과(권희경, 2021)에 따르면, 초6과 중3 학생들의 역량지수가 2016년 조사 시작 이래 가장 낮았다. 또 2020년 교육부와 한국교육학술정보원의 조사는 "비대면 원격수업으로 교사의 79%가 학생들 사이 학습격차가 커졌다고 인식하였음"을 보여주었고, 사교육걱정없는세상의 조사는 "사실상 중하위권 학생층의 비대화 및 양극화가 진행되고 있음"을 보여주었다.[11] 교육 격차의 심화 이유는 학생·교사 간 소통 한계, 부모의 돌봄 부족 등 가정환경 차이, 학생의 자기주도 학습 능력 차이, 온라인 학습기기 보유 여부에서 찾을 수 있다.

코로나19 장기화는 청소년들의 인터넷 및 스마트폰 중독을 초래하

11 사교육걱정없는세상은 '2020년 코로나19 학력 격차 실태' 조사에서 비대면 수업 전면 실시로, 2020년 초 조사 대상 중학교의 75.9%(646곳), 고등학교의 66.1%(270곳)에서 수학 과목 중위권 학생 수가 전년 대비 감소. 공교육이 정상적으로 힘을 발휘하지 못하자 중위권 학생들이 상·하위권 양쪽으로 이탈, 잘하는 아이들은 더 잘하고, 못하는 아이들은 더 못하는 학력 양극화가 나타난 것으로 보고함(https://www.hani.co.kr/arti/society/society_general/994346.html).

였다. 청소년 중 일상생활에서 심각한 장애를 겪고 금단현상을 보여 전문기관 도움이 필요한 '위험 사용자군'과 사용시간 점증으로 자기 조절이 어려워 주의가 필요한 '주의 사용자군'을 합한 '과의존 위험군'이 대폭 증가하였다.[12] 돌봄의 관점에서 볼 때 이 같은 현상을 단순히 결과 중심 치료로 해결하고자 하는 노력은 위험하며 불충분하다. 예를 들어, 코로나19 장기화로 인한 비대면 상황에서 가속화되어온 중독 문제를 다시금 비대면 프로그램 지원을 통한 돌파구를 제공하겠다는 식의 기술 의존적 접근은 비대면이라는 주요한 흐름에 부합하는 것일지는 몰라도 문제 해결 차원에서는 미봉책에 그치기 쉽다. 즉 그러한 처방이 부차적 지원책으로 활용될 수는 있겠지만 위의 중독 현상으로부터 돌봄 공백과 아동의 취약성을 짚어내는 것이 더욱 중요하다.

아동의 방치와 폭력에의 노출은 코로나19 상황에서 불가피했을 가정 돌봄의 어두운 그림자이다. 코로나19 이후 아동이 혼자 보내는 시간이 오히려 감소한 경우도 있으나, 증가한 경우는 전체의 68.1%나 된다(보건복지부 식품의약품안전처 질병관리청, 2021). 또한 아동학대의 사각지대가 확대되어 가정에서 돌봄을 받는 아동들은 국내외에서 이전보다 폭력을 더 경험하고 있다.[13] 학교가 문을 닫고, 사회서비스가 중단

12 2021년 초등학생 4학년 중등 1학년 고등 1학년 1,272,981명 모두에게 인터넷 스마트폰 이용습관 진단조사 결과, 인터넷과 스마트폰 중 하나 이상에서 과의존 위험군으로 진단된 청소년은 228,891명, 두 가지 문제를 모두 가진 중복위험군은 83,880명임. 인터넷 과의존 위험군은 0.14%, 스마트폰 과의존 위험군은 0.1%로 인터넷 과의존 위험군은 2020년 대비 13.2% 증가함(한겨레, 2021.05.23).

13 국제구호개발 NGO 세이브더칠드런의 2020년 10월 전 세계 37개국 아동과 성인을 대상으로 한 "Protect A Generation: The impact of COVID-19 on children's lives" 보고서에서 코로나19 봉쇄로 인한 휴교 전 8%에 머물던 가정폭력 경험 비율이 17%로 두 배 이상 증가함.

되고 이동이 제한될 때 어린이에 대한 착취, 폭력, 학대의 위험 또한 높아진 것이다. 가정 내 폭력에 노출된 아동들이 코로나19와 같은 위기 상황에서 집에서 벗어날 수 없을 때, 교사나 친구, 보호 서비스와도 단절된다면 아동학대의 사각지대가 된다. 우리나라도 2020년 1~8월 사이 경찰청에 보고된 아동학대 건수만 3,314건으로 전년 같은 기간에 비해 19.4%가 증가하였다.[14]

Ⅲ. 공고한 공적 아동 돌봄 체계를 향하여

감염병 확산의 주요 방지책으로서의 격리가 일상적 아동 돌봄 체계에 적용될 때 드러난 이러한 문제점들을 염두에 두고, 대면 돌봄의 원칙, 보편적 돌봄 체계의 구축, 돌봄의 질 향상 그리고 성평등한 일·가정양립 지원을 제안한다.

1. 아동의 성장 발달에 필수적인 대면 돌봄

비대면 교육에 의한 학습 수준의 저하 및 학생 간 격차 심화, 그리고 디지털 중독 및 아동 방치와 아동학대라는 부정적 영향을 해소하고, 또래와 또 교사와의 상호작용의 긍정적 영향을 높이기 위해서 대면 접촉의 원칙을 회복해야 한다. 대면 접촉이 위험 요인이 될 때 택할 수 있는 대안으로 비대면 추세가 급부상하였지만 대면 돌봄이라는 기

14 https://www.hankyung.com/life/article/2020100876407

존 방식이 지닌 이점과 가치를 더욱 신중히 돌아보아야 한다. 아동들이 놓인 취약한 상황과 아동 돌봄의 특성을 십분 감안하여 어떤 상황에서도 아동 돌봄만큼은 과감히 대면 돌봄을 원칙으로 세우는 방안을 마련해야 마땅하다. 인생 초기 사회화 기간 일상생활이 비대면으로 이루어진다면, 사회적 역할과 관계 형성을 학습할 기회와 환경을 박탈하는 것이다. 결국 이 시기에 자라난 아동·청소년집단의 사회적 자본의 형성과 활용은 크게 저해될 수밖에 없다.

감염병 확산 방지를 오직 격리에만 의존하지 않도록 돌봄 밀도를 낮추어 계속 운영할 수 있어야 한다. 감염병 확산에 견디며 양질의 돌봄을 하기 위해서 인력 기준을 국제기준 대응 돌봄 밀도로 낮추어 어린이집은 0세반은 1:3에서 1:2로, 3세반은 1:15에서 1:10으로, 유치원은 전국 공통 아동 정원수를 마련하고 어린이집과 유사한 수준으로 감축해야 한다. 요양원도 4인 1실을 1인 1실로 하고 요양보호사 대 환자의 비율을 2.5:1로 그리고 현재 24시간 기준 근로시간을 8시간으로 변경하며 최저주거 기준 대비 돌봄 밀도도 재설계해야 한다(대통령직속 정책기획위원회 포용사회 분과, 2020).

마크 해리슨(2020)은 감염병의 위험에 대한 우리의 인식 수준을 조절할 필요를 역설하였다. 새로운 감염병인 코로나19의 새로운 특성으로 인해 위험에 대한 인식 수준이 과장되었을 수 있다는 것이다. 돌봄 현황 그리고 제도와 정책을 돌아보고 재정비하는 와중에도 삶의 기본이요 행복의 기초인 돌봄과 같은 일상적 필요를 지혜롭게 채워가기 위해 어느 수준까지 위험을 받아들여야 하는가에 대한 숙고와 합의가 필요하다. 위기감이 고조되는 때일수록 문제 상황 파악과 해결책 마련에 집중하되 숨 고르기를 잊지 않으면서 수용할 만한 위험의 정확한 평가가 필요하다. 평생 지속될 아동·청소년의 일상적 습관의 왜곡, 거주 시설인 요양원에서의 노인학대 및 죽음을 앞둔 노인의 가족 면회권 박탈 등 전면적 격리 상황에서 발생할 수 있는 중대한 영향에 취약한 이들이 취하게 될 환경과 조건을 섬세하게 고려해야 한다. 감염병에도 내성이 강한 저밀도 돌봄은 동일한 위험에 대한 방어 수준을 낮추어줄 것이며 일상적 대면 돌봄의 지속과 거주 시설 수용자들의 인권 보호와 돌봄이 질을 보장할 것이다.

2. 보편적 공적 돌봄체계 완비, "삶은 개인적으로, 짐은 사회적으로"

한국형 뉴딜의 흐름에서 지속가능한 돌봄을 위해서는 공적 돌봄 안전망을 우선 확충해야 한다. 돌봄의 재가족화 경향과 그로 인한 여성의 경력단절과 노동의 성별 격차 심화는 바로 가족주의에 기인한다. 그러므로 우선 가족을 전제로 하지 않는 돌봄으로 설계를 대전환해야 한다. 코로나19로 인한 급격한 혼인율 저하와 자녀 돌봄에 대한 막중한 부담은 코로나19 이후 0.6의 출산율 전망에 작용하고 있다. 조안 트론토(Joan C. Trinto)는 '돌봄 민주주의'에서 돌봄은 공적 가치를 지닌 공공재라고 하였다(김희경, 239에서 재인용). 돌봄 책임은 가족 책임주의 위에 의제화되어서는 안 되며, 영유아의 공공 보육을 확대하고, 초등학생의 방과후 돌봄을 장기적으로 교육에 통합하여 학교 내 혹은 학교와 이웃하여 설치하여야 한다.

초등돌봄을 현 정부는 "돌봄이 필요한 아동만을 대상으로 하고, 보호자에 의해 안전하게 보호되기 어려운 시간에"라는 조건에 한정하여 가족 유형을 선별하고 돌봄 대상 및 시간 등을 제한하고 있으나, 돌봄이 사회적 과업임을 선언하고 돌봄이 필요한 모든 아동의 이용보장을 지향하는 보편주의적 접근을 명확히 해야 한다(정책기획위원회 교육보육소분과, 2021). 정부가 주도한 독일의 전일제 학교나 학교 중심의 방과후 학교를 운영한 스웨덴의 사례가 대안으로 참조할 만하다.

전일제 학교는 직업훈련과정 3년을 이수한 돌봄 교사나 아동보육사 참여로 교사 부담을 감소하며, 자발적 참가의 개방형과 의무형을 병행한다. 2015년 통계로 독일 초등학교 중 55.6%가 운영 중이며 학생의 34.5%가 활용하여 확산 추세이다. 스웨덴의 방과후 돌봄은 교육을 보완하고 아동의 발달과 배움을 자극하며 의미 있는 자유시간과 레크리에이션을 제공하는 등 아동의 전체적인 필요성을 충족시키는 보편적 복지 성격을 지닌다. 학교 중심 방과후 돌봄으로 대부분 시설이 초등학교로 통합되어 있으며 교육과 돌봄이 통합되어 있다. 교육대학에서 3년의 방과후 교사 양성과정을 거쳐 인력을 양성한다.

보편적인 공적 돌봄체계의 구축 필요성은 맞벌이 가구의 높은 비율에서도 찾을 수 있다. 2021년 현재 18세 미만 유자녀 가구의 52%가 맞벌이 가구이며 6세 이하 아동이 있는 가구의 약 45%가 맞벌이 가구이다. 따라서 가구소득을 보전하면서 아동 돌봄을 유지하기 위해서는 보편적 보육 서비스가 일시에 중단되는 일이 없어야 한다.

어린이집을 비롯한 사회복지시설 15종에 대한 휴원 조치로 돌봄 서비스가 가족의 돌봄 부담으로 이어졌음에도, 동시에 불가피한 수요에 의해 일부 돌봄 서비스는 꾸준히 작동해야 했음을 어린이집 긴급돌봄 이용률의 증가나 장애인주간보호센터의 이용률 증가로 확인할 수 있다(양난주, 2021). 비상 상황에서도 긴급돌봄이 작동했다는 점은 달리 말하면 보편적인 돌봄체계도 긴급돌봄의 조건만 갖춘다면 중단하지 않을 수 있다는 것이다.

끝으로 공적 돌봄체계는 지역사회를 거점으로 통합 설계되어야 한다. 왜냐하면 돌봄에 대한 요구를 결정할 지역사회 인구 특성과 지역사회 돌봄 자원 등의 상이성 및 대응 시간의 민감성에 있어서 지금과 같은 중앙정부의 부처별 돌봄 분업체계보다는 지역사회의 분권적 돌봄체계 구축이 유리하기 때문이다. 이러한 지역사회 돌봄 통합체계를 통해 대상자를 이원화하는 한계를 극복하고 돌봄 대상의 생애주기를 고려한 분업과 협업이 이루어져야 한다. 즉 기초자치단체 수준에서 교육지원청과 학교, 각종 돌봄 기관 및 지역 공공시설을 포괄하는 거버넌스 체제를 확립하여 돌봄을 확대하고 돌봄의 질을 개선할 수 있도록 해야 한다(정책기획위원회, 포용사회분과, 교육보육 소분과, 2021).

3. 돌봄 인력의 질 향상

돌봄 노동자는 '필수 노동자'로 위기 상황에서 그 중요성이 재확인되었다. 돌봄노동은 타인에 대한 지속적 관심과 정서적 교감을 필요로 하는 노동으로서 돌봄 노동자의 경제적·심리적 안정과 사회적 존중은 자신의 복리와 이익에 앞서 타인의 욕구에 우선적으로 대응하기 위한 조건이 된다(마경희, 2021). 돌봄의 질을 결정하는 우리 사회 돌봄 노동자로 요양보호사·돌봄전담사·아이돌보미 지역아동센터 종사자 등은 취약한 위치에 놓여있다. 그들은 사회적 평판과 자긍심이 낮아 직업 이탈이 쉬우며 비정규직 호출 노동의 성격으로 고용 안정성이 낮다. 돌봄노동은 보상도 낮으며 가정 내 무급돌봄의 연장선상에서 평가절하되기 쉽다. 숙련 향상과 발전 기회의 부족, 시설에서의 교대근무나 장시간 근무, 재가 돌봄에서 적정시간 미확보와 부상 그리고 성폭력 노출 등 안전한 근로조건 부족 등도 문제다(석재은, 2020).

공고한 돌봄체계 구축을 위한 기본 요소로 돌봄 일자리의 정비가 필요하다. 돌봄 일자리의 증가와 필수 인력의 지위 보장 및 전문직업화 체계가 필요하다(김원정, 2020). 양질의 안전한 돌봄을 제공하기 위해서 밀도를 낮추고 소규모화하는 데는 반드시 돌봄 노동자의 양적 확대가 수반되어야 한다. 따라서 이제는 돌봄에 대한 과감한 재정투자가 필요하다. 돌봄 종사자에게 공공 필수 인력의 지위와 적정 임금, 경력을 반영하는 임금체계를 보장하고 전문직업화를 위한 교육과 재교육 체계를 구축하자는 것이다.

하나의 예로, 2021년 정책기획위원회 포용 사회분과 교육보육소분과의 온종일돌봄 TF의 연구 결과, 초등 방과후 돌봄인력의 질에 대한 진단과 해법은 다음과 같다. 초등 방과후 돌봄에 돌봄전담사 제도를 도입하였으나, 각급 학교 교원과 보육교사·사회복지사·청소년지도사·청소년상담사·건강가정사 등 자격이 망라되어 온종일 돌봄에 대한 철학의 부재와 체계 미비를 보여주고 있다. 심지어 돌봄전담사 채용이 어려운 농어촌에서는 특별한 자격 없이 돌봄에 투입할 가능성도 열어두고 있다. 초등생 돌봄을 위한 전문인력의 양성체계는 반드시 정비해야 하는데 교육대학을 통한 정교사와 돌봄 교사의 이원적 배출을 고려할 필요가 있다. 당장은 초등 돌봄 전담 인력의 교육 연수를 의무교육과 집합교육으로 하여, 초등돌봄서비스에 대한 전반적인 이해와 역할에 대한 '필수과정'과 초등돌봄서비스 프로그램을 이해하고 개발/실행하는 것과 아동 권리 및 아동학대 예방 등을 포함하는 '선택과정'으로 구성할 것을 제안한다. 그러나 장기적으로는 전문성 있는 돌봄 교사의 확보 및 학교 돌봄과 마을 돌봄의 격차 방지를 위해 돌봄 교사를 동질화하도록 교육대학을 통한 돌봄인력의 양성이 바람직하다.

4. 부모의 성평등한 일과 삶의 균형을 위한 가족친화 정책

돌봄에 대한 사회적 책임과 가족의 책임 간 균형은 중요한 주제로 코로나19 상황에서 가족 책임 증가는 한편으로 재가족화의 우려를 보이는 것과 동시에 생존이 위협당하는 상황에서도 대면접촉이 불가피한 가족의 최후 돌봄 잠재력을 보여주었다. '보편적 대면 돌봄체계의 가동과 가족의 보완적이고 선택적인 돌봄의 조합'이 극단의 감염병 상황에 적절한 대응이 될 것이다.

가족이 일과 가정을 양립하면서 돌봄 책임을 수행하려면 〈가족친화 사회환경의 조성 촉진에 관한 법률〉에서 정한 가족친화적 지역사회 환경과 가족친화적 직장환경이 필요하다. 공적 돌봄 체계의 지역 통합적 구축은 가족친화적 지역사회 조성의 기초가 될 것이다. 아동 돌봄 정책은 부모의 노동시장 정책과 밀접한 관계 속에서 결정되어야 하며 그 핵심은 부모의 직장이 돌봄에 대응할 수 있는 조직문화로 전환하는 것이다.

한국사회의 가족 형태는 남성 가구주의 1인 소득 모델로부터 부부가 모두 일을 하는 2인 소득 모델로 전환한 지 오래다. 이에 따라 여성가족부가 가족친화인증제를 활용하여 직장의 가족친화경영을 유도해 왔다. 가족친화적 직장의 경영을 위한 가족친화제도는 정시 퇴근, 출산휴가, 배우자 출산휴가, 육아휴직, 임신기 근로시간 단축, 가족 돌봄

휴직 및 가족 돌봄 휴가, 유연근무제가 대표적이다.[15]

2017년부터 2020년까지 4년간 남녀 근로자 모두 유연근무제 활용 비율이 두 배 이상 증가하였고, 코로나19 영향으로 재택 및 원격근무제 활용 비율이 급증하였다(김난주, 2021).[16] 그럼에도 대다수 근로자가 근무하는 중소기업의 가족친화경영은 걸음마 수준을 벗어나지 못하고 있다. 중소기업 기혼여성 근로자들이 경력을 지속하면서 돌봄을 수행하기 위해서는 유연근무제와 육아휴직 확보가 중요하다. 그러나 중소기업이 대체 인력을 구하기 어렵고, 근로자의 경제사정이 어려워 일을 계속하면서 돌봄을 수행해야 할 경우, 육아기근로시간 단축이 주효하다. 가족 돌봄에 필요한 시간 확보와 근무 유연성이 있는 가족 친화적 일터 조성은 더욱 세밀하고도 적극적으로 접근 및 촉진되어야 한다. 즉 가족친화제도가 돌봄의 성차를 가져오지 않도록 남녀 근로자의 제도 접근성을 고르게 촉진하여야 한다.

15 가족친화적 직장환경의 조성은 개인·가족·일 사이의 균형을 도모하도록 가족친화경영을 유도하는 가족친화인증 등이 견인하고 있다. 그러나 근로자 대부분이 속한 중소기업이 제한된 환경 속에서도 개인과 가족돌봄에 활용할 시간의 양적 확보와 유연성을 발휘하는 가족친화경영을 촉진할 제도적 정비가 필요하다. 중소기업 근로자는 법정 휴가·휴직의 사용이 어려운 경우가 많다.

16 경제활동인구조사 근로형태별 부가조사를 분석한 결과, 2017년~2019년까지 여성과 남성 근로자 재택 및 원격근무제 활용이 8% 미만에서 2020년에 처음으로 15%를 넘어섬. 가장 많이 활용한 유연근무제는 시차출퇴근제.

Ⅳ. 사회적 격리, 돌봄이 직면한 도전과 돌봄 정책 정비의 기회

역사적으로 보아도 통상 전염병 창궐에 대한 대응책으로 각국은 국경 폐쇄, 무역 중단 등 '격리'를 통한 방역에 몰두한다(해리슨, 2020). 코로나19에 대한 방역 역시 격리가 대표적인 수단이 되었다. 코로나19 확산 방지를 위한 일상생활에서의 사회적 격리는 이전 생활방식 중 유지할 것과 변경해야 할 것을 돌아보라는 과제를 주었다.

지금 살아가는 모든 사람이 낯선 경험을 하고 있다. 그 가운데 긍정적인 점을 찾아내기도 한다. 예를 들어, 불필요한 회식·회합의 감소와 재택근무 덕에 그동안 가정생활 시간 확보가 어려웠던 일하는 부모들은 아이들과 보내는 시간에 만족감을 느끼기도 하고, 시가/처가와의 잦은 행사와 강제적 상호작용에 따른 갈등도 감소하여 당장 이 기간 이혼율 감소[17]의 원인이 되었다고도 할 수 있다. 또 비대면 접속에 반강제로 참여하게 되면서 사회 한편에서 광속으로 진행되고 있는 4차 산업혁명의 일상 속 지연을 돌파하였다. 비대면 강의를 비롯해 비대면 회의·비대면 구매에 이르기까지 온 국민이 시간과 장소를 초월하는

17 혼인 이혼 통계를 보면, 2020년 이혼 건수는 10만 7,000건으로 전년 대비 3.9% 감소. 조이혼율은 2.1건으로 전년보다 0.1건 감소(https://www.korea.kr/news/policyBriefingView.do?newsId=156441779).
설 연휴 이후 급증하던 이혼이 줄어든 것을 갈등 감소로 인한 이혼 감소로 해석하기도 하고, 일자리 상실로 경제적 독립이 어려워져 이혼이 줄었다고 해석하기도 하며, 대면접촉이 필요한 이혼 절차 지연으로도 해석한다(중앙일보, 2021.02.14). 여러 가지를 감안한다면, 가정에서의 적정 거리 유지 불가로 인한 갈등 증가는 코로나19 이후 이혼율 증가로 이어질 가능성도 있다.

초연결사회(hyper-connected society) 비대면 소통과 그 이점을 경험하는 중이다. 유연근무제의 확산도 기대하지 못한 반전으로 가정 내 책임에 대한 성별 격차를 줄일 기회가 되었다.

그러나 부정적 측면은 더욱 다양하며 그 영향은 심각하다. 사망자와 환자의 급증 및 필수 노동자들의 감염과 과로, 가정폭력도 국내외에서 증가(이미정, 2020)가 보고되고 있다. 그리고 대면 상호작용이 극도로 제한되자 많은 사람이 평소와 다른 소외감·고립감·우울감을 겪고 있다. 모든 국민이 일상의 관계 맺기를 통한 돌봄을 상당히 상실하였다. 사회적 격리를 하는 동안 자율적 만남과 모임을 위한 공적·사적 제3의 공간들이 전면 또는 제한적으로 폐쇄되었다. 성인들의 자기돌봄을 지원하는 문화센터, 또는 가족의 돌봄을 지원하는 공동육아나눔터나 가족센터 등도 문을 닫았다. 돌봄은 탈가족화 이전 상태인 가족책임으로 회귀하였다. 거주 시설의 돌봄이나 재가 돌봄 그리고 가족돌봄은 모두 취약성을 드러냈다(김형용, 2021).

영리 목적의 집단거주 시설은 감염에 취약했으며, 감염 우려는 재가 방문 서비스를 위축시켜 돌봄이 필요한 취약한 노인과 장애인의 일상생활과 생명을 위협했고, 돌봄 노동자는 해고로 생계 수단을 상실하였다. 돌봄 공백에 따른 가정 돌봄 증가로 여성의 경제활동 포기와 여성들의 경력단절 이후, 복귀 시 사회적 패널티 감수가 가족 돌봄의 취약성으로 드러났다.

"전염병 시대의 사람들은 어떤 식으로든 그 전염병을 앓는다"라는 알베르 카뮈의 말은 모든 사람의 삶이 긴밀히 연결되어 있음을 의미하는 동시에 전염병의 극복도 '함께'해야 함을 시사한다. 사회적 격리가 시행된 코로나19 상황을 지나오면서 매일의 대면접촉이 본질인 관계적 노동으로서의 '돌봄'을 정부가 어떻게 해결하고자 했는가 되돌아보고, 장기적으로 지속되거나 풍토병이 되어 반복할 감염병, 그리고 새로 나타날 더 강한 감염병 상황 등 위기 시에도 견딜 수 있는 돌봄의 방향을 생각해보아야 할 차례이다.

| 참고문헌 |

고용노동부(2020), '가족돌봄휴가 활용 설문조사' 결과발표 보도자료.

교육부와 한국교육학정보원(2020), '코로나19에 따른 초·중등학교 원격교육 경험 및 인식 분석' 보고서.

권희경·김중아·박경호·안해정·최인희·김명섭·최은아(2020), '2020 KEDI 학생역량조사연구', 한국교육개발원 연구보고서.

김난주(2021), '여성고용유지를 위한 일·생활 균형 지원제도 활성화 방안 모색', 2021.5.21, 제5차 여성 고용실태 분석 및 정책과제 발굴 전문가 간담회 개최에 대한 여성가족부 보도자료.

김원정(2020), '코로나19를 계기로 돌아본 돌봄노동의 현주소, 2008~2019 돌봄노동자 규모와 임금변화를 중심으로', 한국여성정책연구원, 57호, 01-11.

김은정(2021), 돌봄, 사회보장 및 사회서비스의 개념, 제1차 돌봄 안전망 혁신 포럼, 돌봄의 기본 가치와 철학, 보건복지부 '돌봄정책의 미래' 자료집 1-16.

김지연(2021), '코로나19 고용충격의 성별격차와 시사점', KDI 경제전략연구원, 보도자료, 2021.4.23.

김형용(2021), 돌봄서비스의 공공성 기반 미래 돌봄안전망 모습 예측, 제1차 돌봄 안전망 혁신 포럼, 돌봄이 기본 가치와 철학, 보건복지부 돌봄정책의 미래 자료집, 17-40.

대통령직속 정책기획위원회 포용사회 분과(2020), 한국형 뉴딜정책 보완을 위한 주요 정책제안 중 한국형 뉴딜, pp.30-36.

대통령직속 정책기획위원회 포용사회 분과 교육 보육 소분과(2021), 온종일 돌봄체계구축 TF 보고서.

마경희(2021), '좋은 돌봄을 위한 세 가지 원칙', 저출산고령사회위원회 칼럼, 2021.5.20.

마크 해리슨, 이영석 역(2020), 전염병, 역사를 흔들다, 서울: 푸른역사.

보건복지부 식품의약품안전처 질병관리청(2021), 코로나19 조기극복 및 포용적 일상회복 방안, 2021년 업무보고.

사교육걱정없는세상(2021), '2020년 코로나19 학력 격차 실태' 조사 보고서.

석재은(2020), 포스트코로나 시대 돌봄노동의 재조명과 사회적 지원방안, 좋은 돌봄 국회토론회 자료집 17-38.

세이브더칠드런(2020), "Protect A Generation: The impact of COVID-19 on children's lives".

양난주(2021), 코로나 시대의 사회적 돌봄, 필수 서비스 필수노동이 되기 위하여, 열린정책 제8호.

이미정(2020), 코로나19와 젠더폭력:가정폭력 현황과 대응, 한국여성정책연구원, KWDI Brief 제61호, 01-08.

이봉주·장희선(2021), 코로나 발생 이후 아동폭력 잠재유형화와 잠재유형별 결정요인에 관한 연구, 한국아동복지학, 70(1), 147-180.

정재훈(2017), 저출산 고령사회와 그 적들, 서울: EM실천.

한겨레신문(2021), 코로나 장기화 청소년 인터넷 스마트폰 중독 가파르게 늘어, https://www.hani.co.kr/arti/society/society_general/996314.html

Robert Reich(2020), 'Covid-19 pandemic shines a light on a new kind of class divide and its inequalities', 〈The Guardian〉, 2020.4.26.

포스트코로나 시대, 교육혁신의 방향과 과제

김민희 대구대학교 사범대학 교수

Ⅰ. 코로나19 이전의 교육 분야 진단

코로나19의 확산은 교육 분야에도 혁신을 가속화시키고 있다. 코로나19는 우리 교육체제에 대한 성찰을 불러일으켰고 그동안 논의되어 왔던 쟁점들을 되돌아보는 계기가 되었으며, 새로운 시대적 흐름에 맞는 교육 혁신의 과제를 사회구성원들에게 던져주고 있다. 여기서는 먼저 그동안 우리의 교육체제가 지니고 있는 구조적 특징을 진단하고 포스트코로나 시대에 대응하는 데 따르는 한계를 제시하고자 한다.

첫째, 현재 교육체제의 획일성, 경직성의 한계를 들 수 있다. 교육체제는 일반적으로 학교제도를 중심으로 논의되는데, 이는 주로 현재의 6-3-3-4제 학제 구조가 지나치게 경직되어 있다는 비판과 관련이 있다(정미경 외, 2017). 학제 개편을 둘러싼 논의는 1980년대 이후 꾸준히 이루어져 왔는데, 최근의 주요 쟁점은 법령에 따른 취학연령 제한, 초-중-고-대학으로 이어지는 경직적인 단계주의적 구조에 따른 교육의 수월성 저해 및 신학기제 도입 등을 들 수 있다(정미경 외, 2017). 이 외에도 유치원 단계에 대한 의무 무상교육 미완성으로 국가의 공교육 보장이 미흡하다는 점을 들 수 있다.

이러한 학교제도는 법령상 입학연령, 수업시수, 수업기간, 학력인정 기준에 대한 규정 등에 대해서도 획일성, 경직성을 가져오게 되어 코로나 시대에 확산되었던 원격교육에 대응하기에는 부족한 상황이었다. 특히 저출산 영향으로 학령인구가 감소하면서 학급수, 학교수, 교원수 등 전체 교육 여건의 변화도 가시화되고 있지만 현재의 경직된 학교제도는 새로운 시대를 대비하기에는 부족한 상황이다.

둘째, 현재 교육체제는 학교 단계간, 학교 안-밖의 교육체제별 이동이 어렵고 연계되지 못하는 한계를 지니고 있다. 특히 비연계성은 학력주의 풍토로 인해 일반고와 특성화고 간의 학교 단계 내, 중등교육과 고등교육, 평생직업교육 등 학교 단계 간에 나타나고 있는데, 이동성과 연계가 미흡하여 학교 안 교육과 학교 밖 교육체제 간 별도 운영에 따른 비효율이 심화되고 있다는 지적이 있다. 특히 대부분의 선진국에서 시행되고 있는 직업교육 훈련체제와 학력 인정 간 연계상 부족은 시급히 해결해야 할 과제로 제기된다. 고등교육 체제 내에서도 일반대학과 전문대학, 일반 고등교육과 평생교육, 직업교육 등과의 이동 및 연계가 부족한 점은 우리 교육체제가 해결해야 영역이라 할 수 있다.

셋째, 지나친 경쟁에 따른 학력주의와 서열화 심화, 역량중심 교육의 한계는 우리 교육체제가 지니는 여러 문제점을 해결하기 어려운 구조적 특징을 보여준다. 대학입시를 둘러싼 지나친 과열 경쟁으로 교육 본질이 저해되는 문제는 가장 중요하며 시급한 해결 과제로 등장하고 있다. 역량중심 교육과정, 다양한 진로지원을 위한 교육활동 등이 강조되고 있으나 대학입시를 중심으로 운영되는 한국의 독특한 상황으로 인해 더 높은 수준으로 도약하는데 한계가 있다. 유치원부터 고등학교 단계에 이르기까지 개인의 창의성과 역량이 발휘되기보다는 서열, 성적 위주의 풍토가 지속되고 있다.

2015 개정 교육과정이 도입되면서 모든 학교 단계에서 역량중심 교육이 강조되고 있다. 유·초·중등학교 단계에서는 교육과정 개정, 놀이중심 학습, 다양한 진로지원 등이 강조되면서 역량중심 교육과정, 핵심 성취기준 달성을 위한 학교교육 운영이 강조되었고, 고등교육 단계에서는 대학의 인재상 구현을 위한 핵심역량 기반 교육과정 운영, 취·창업, 심리지원, 산학협력, 연구지원, 지역사회 연계 등 다양하고 분산된 사업이 진행되는 상황이다. 그러나 여전히 대학입시 위주, 강의식 교육으로 학교교육이 이루어지면서 역량중심 교육이 확산되는데 한계가 있으며 공교육에 대한 불신, 학생들의 고통이 반복되는 악순환이 되풀이되고 있다.

학교교육 현장에서는 교수자(교사 또는 교수 등) 전문성을 통한 교수학습의 개별화, 맞춤형 제공에 한계. 교육목적, 교육내용, 교육방법, 교육성과 등 모든 교육의 과정에서 역량중심 교육으로 전환하기 어려운 한계가 있다. 고등교육 단계에서는 역량기반 교육에 대한 인식 부족으로 핵심역량을 반영한 교수설계, 교육과정 개편, 학습성과 평가 등이 체계적으로 수행되지 못하고 있다. 이러한 한계들은 모두 학력주의, 대학입시로 귀결되는 교육 문제의 영향이라고 보는 것이 일반적이다.

넷째, 사회적 격차가 심화되는 가운데 교육불평등, 교육격차 또한 확산, 심화되고 있다. 교육기회 균등의 관점에서 볼 때, 우리 사회는 사회경제적 지위, 거주 지역, 출신 학교 등 사회경제적 구조의 영향이 상대적으로 크다. 특히 사교육비는 학교 안과 밖, 교육의 전 단계 참여, 교육의 성과와 대학입시 결과를 좌우하는 가장 큰 요인으로 작용하고 있다. 이 중에서도 부모의 사회경제적 지위는 구조적으로 되물림되는 경향이 크므로 계층간 갈등을 야기시키고 상대적 박탈감을 불러일으키는 주요한 요인이다. 특히 한국사회의 포용성과 부족한 사회안전망은 취약계층에게는 더욱 불리하게 작용하고 있다. 모든 학교교육 단계에서 수요자들이 부담해야 하는 교육비용이 지속적으로 상승하는 구조는, 사교육비 규모에 따라 학습성과가 달라지게 되어 사회적 약자에게는 더욱 불리한 영향을 미치고 있다. 기초생활수급자, 차상위계층, 이주배경학생(다문화, 탈북 학생) 등 취약계층 지원을 위하여 교육복지지원사업, 교육급여 및 교육비지원, 국가장학금 등 다양한 지원제도가 있으나 취약계층의 학습 몰입 및 성과를 높이기에는 한계가 있다. 취약계층이 가지고 있는 복합적 문제(경제, 학습, 심리, 정서, 문화, 건강, 돌봄 등)를 해결하기 어려운 사업 구조(중앙부처별, 지자체별, 사업별 분산되고 있는 지원 체제)로 사회안전망 구축은 더욱 어려운 상황이다.

다섯째, 고등교육 경쟁력이 약화되는 것은 코로나19 이전뿐 아니라 현재에도 가장 큰 사회적 우려를 낳게 하는 영역이다. 고등교육 경쟁력 저하는 그간 고등교육 투자 한계로 질적 수월성이 저하된데 기인한다. 지난 10년간 지속된 등록금 동결로 대학의 재정 압박이 심화되고 있으며 질 높은 교육 제공의 한계. 새로운 교육환경에 대비하여 시설 확충, 교수학습 지원 제공 등 다양한 교육적 수요가 발생하고 있으나 이에 대비하여 투자할 재정적 여건에 한계가 있다. 학령인구 감소, 대학입학 자원 고갈, 지역 소멸 등에 따라 고등교육기관의 재정 적자는 더욱 누적되고 고등교육의 질적 수월성을 높이기는 더욱 어려운 상황이 가속화되고 있다. 수도권과 지방, 대규모 대학과 중소 규모 대학, 연구 여건이 좋은 대학과 그렇지 않은 대학간 격차는 더욱 심화될 전망이다.

고등교육에 대한 투자가 낮아지는 문제는 글로벌 교육 경쟁력도 저하시키는 요인으로 작용하여 국가경쟁력에도 기여하기 어려운 구조를 야기시키게 된다. 지역사회의 발전을 견인하는 주체로서의 대학은 인재육성, 미래 산업기술 지원 등을 통해 국가의 경쟁력을 높이는 역할과 밀접한 연계성을 가지기 위해 노력하고 있으나 투자적 관점에서 여전히 한계를 보이고 있다. 연구분야 투자(R&D)가 확대되고는 있으나 학문 후속 세대 지원, 지속적이고 안정적인 연구경쟁력을 가질 수 있는 고등교육 생태계를 구축하는데 한계가 있다. 또한 고등교육기관의 학력인정 체제가 직업훈련 체제와 연계되지 못하여 글로벌 통용성이 낮아지고 있는 한계 또한 극복해야 할 과제라 할 수 있다.

Ⅱ. 코로나19로 인한 변화, 영향과 현상

1. 새로운 교육환경 변화에 대한 기대

코로나19는 교육 분야의 원격교육, 비대면 교육, 언택트 시대[1]를 앞당기는데 기여하였다. 유치원부터 대학에 이르기까지 모든 교육기관은 새로운 변화를 경험하고 있다. 코로나19로 인해 모든 교육기관이 원격(온라인, 비대면)교육으로 전환하면서 기존 대면 중심 학교교육 체제에서 경험했던 모든 과정에 변화가 오는 것을 경험한 것이다. 원격

1 언택트(untact)란 코로나19 상황에서 비대면을 통해 활동을 하는 현상을 의미함.

교육의 확대로 학교교육의 목적과 방법이 완전히 새로운 형태로 전환될 것이라는데 대한 인식과 공감대 형성. 교수자와 학습자, 교육기관 모두가 새로운 시대 변화에 적응하고 도약이 필요하다는 인식이 확산되었다. 원격교육 시대에 필요한 학습자들의 자기주도적 역량, 문제해결역량과 정보문해력(digital literacy)에 따라 교육의 결과는 상당히 달라질 전망인데, 기존의 대면 상황에서는 확산이 어려웠던 MOOC, AI 활용 AL(adaptive learning, 적응형 학습) 등이 확대되면서 기존에 지원하기 어려웠던 학생 개인별 학습 지원 가능성 또한 고취되었기 때문이다.

이러한 변화는 학교교육에 대한 새로운 투자 방식의 필요성을 확대시키고 있다. 기존의 대면 중심 시·공간 교육환경 투자에서 가상의 시·공간 교육환경 및 여건 조성으로 투자 방향을 전환하고 있다. 기존의 건물 중심 투자에서 벗어나 원격학습에 필요한 교육인프라 조성, 교수학습자료 개발, 새로운 평가방식, 학생 개인별 맞춤형 포털시스템 구축 등 '하드웨어+소프트웨어+휴먼웨어'의 총체적 결합 투자 관점으로 전환할 필요를 제기하고 있다.

특히 학교는 사회적 인프라와 연계하여 교육방식을 새롭게 재구조화해야 한다. 자유학기제와 고교학점제, 혁신 교육지구 등과 같이 학교와 지역사회와 연계한 교육 경험을 확대하고 학력으로 연계시키는 방법이 필요하며 제한된 재원으로 교육적 성과를 극대화시킬 수 있는 투자 방안을 고안해야 한다. 최근 시행되고 있는 학교공간혁신사업(교육부, 2019), 스마트 그린스쿨사업(교육부, 2021) 등은 원격학습에 필요한 디지털 환경으로 기존의 학교공간을 혁신적으로 재구조화하는 사업이라 할 수 있다. 이와 같이 코로나19가 앞당긴 새로운 교육 변화가 학교교육 단계에서 나타나고 있다.

2. 취약계층 지원과 지역사회 중 돌봄체계 구축 필요성에 대한 인식 확대

코로나19로 인해 학교에 갈 수 없는 맞벌이부부 자녀, 취약계층 자녀, 중장년층 등 돌봄이 필요한 계층에 대한 지역사회 지원체계 구축 필요성이 드러났다. 모든 학생들이 학교에 갈 수 없는 폐쇄 상황에서 신속하고 안전한 지역사회 돌봄체계 구축 필요성에 대해 사회구성원들의 공감이 확대되고, 실제 돌봄체계가 작동할 수 있는 촘촘한 방안 마련에 대한 요구가 높아지고 있다. 코로나19는 기존의 불리한 위치에 있던 학생들의 불리함을 범위적 측면, 내용적 측면에서 더 강화시키고, 더 복합적인 불리함으로 확장시키고 있다.

2020년 실시된 4개 지역 사례 연구 결과(김경애 외, 2020)는 취약계층 학생들이 코로나19 시기에 겪고 있는 복합적 불리함을 매우 구체적으로 드러내고 있다. 첫째, 코로나19 시기에 불리한 학생의 범위가 넓어지고 불리함의 정도가 심해졌으며 전인적 성장에도 치명적 영향이 발생하고 있다. 코로나19로 인해 학교를 비롯한 공공기관이 문을 닫자, 사교육 혹은 부모의 교육 관여와 같은 대체 교육 기회가 상대적으로 부족한 학생들은 다차원적인 배제와 고립을 경험하고 있었다. 학습뿐 아니라 건강, 여가 및 활동, 안전, 관계, 물질적 상황 및 주거환경 등 삶의 전방위에 걸쳐 불리함의 깊이가 더해지고 있었다. 특히 코로나19 확산 시기에 학교 수업이 비대면 온라인으로 바뀌면서 교사-학생, 학생-학생간 관계성 및 공동체성의 결핍은 학생들의 전인적 성장에 더욱더 불리한 걸림돌로 작용하였다.

둘째, 코로나19가 가장 확산되었던 시기에는 교육적 불리함이 더 강화되었다. 교육적 불리함의 특징은 생활리듬이 망가지면서 나쁜 습성이 고착되고 건강관리가 되지 않는 것, 스스로 하기 어려운 낙담 상태가 장기화되면서 무력해진 것, 학력을 비롯한 다차원적인 역량 수준이 낮아진 것으로 나타났다. 사회적 거리두기와 격리가 장기화되면서 학습과 교류의 장을 빼앗기게 되고, 취약계층 학생들의 성장 기회는 더 줄어들고 있었다. 코로나19는 취약계층 학생들에게 어찌보면 삶의 전부였던 '학교'를 빼앗긴 것과 마찬가지로 다가왔다.

이러한 문제의식을 반영하여 최근에는 교육과 돌봄의 경계가 혼합되면서 온종일돌봄특별법 제정과 같은 법령 근거 마련 작업 및 새로운 사업에 대한 구상이 추진되고 있다. 기존의 초등돌봄교실, 다함께돌봄센터, 지역아동센터 등을 중심으로 운영되던 돌봄체계를 보다 효율적으로 운영하기 위한 노력이 진행되고 있다. 온종일돌봄생태계구축선도사업(2018~2021), 학교돌봄터사업(2021~2024) 등은 지역사회 중심의 온종일돌봄체계를 구축함으로써 관련 분야 일자리 창출, 지역사회의 문제해결 역량, 지역사회 안전망 구축 등이 높아질 수 있는 기회로 작용할 전망이다.

3. 고등교육기관의 선순환 생태계 구축 필요 인식

학령인구 감소와 재정 압박이 심화되는 가운데 코로나19로 모든 대학에서 도입한 원격교육은 역설적으로 기존의 고등교육기관의 생존 자체가 불확실한 상황을 보여주었다. 새로운 시대와 사회적 요구에 적응하지 못하는 고등교육은 도태될 전망이다. 원격교육으로부터 시작하여 고등교육의 질에 대한 수요자들의 기대가 높아지면서 고등교육기관도 새로운 방향으로 전체 체제를 재구조화하고 혁신해야 할 상황에 직면해 있다(이정미 외, 2020).

장기간의 등록금 동결 및 입학자원 감소에 따라 부족한 재원을 재정사업비로 보충하는 형태의 대학재정 운용 구조에 대해서도 획기적 개선이 필요하다. 새로운 미래 교육환경을 반영할 수 있는 교육투자 확대를 위해 재정운용과 입학에 이르기까지 대학의 자율성을 높여달라는 요구 또한 증가하고 있다. 또한 대학이 수행하고 있는 교육-연구-산학-국제화 등 역할이 전체 고등교육기관의 발전과 경쟁력을 높이는데 기여할 수 있도록 지역사회의 다양한 기관과 연계하여 선순환 생태계를 구축해야 할 시점이다. 최근 시행된 지자체-대학 협력기반 지역혁신사업(교육부, 2020)은 지역혁신 및 국가균형발전이라는 정책 목표를 달성하기 위한 범부처 정책의 하나로, 지자체와 지역 대학이 협력체계를 구축, 우수 인재를 양성하고 청년이 지역에 취업 및 정주하도록 지원하는 사업이라고 할 수 있다. 이러한 사업 외에도 지자체 단위에서 시행하는 인재육성 사업이 매우 다양하게 이루어지고 있는데, 이는 지역사회와 고등교육기관의 연계 협력을 통한 상생 발전을 목표로 한다(김민희 외, 2019).

고등교육기관 혁신을 통해 국가경쟁력을 제고하기 위해서는 인재육성, 연구개발 등에 몰입할 수 있도록 고등교육에 대한 획기적인 투자가 무엇보다 요구된다. 총교육재정으로 확보되는 초중등교육 재원과 고등교육 재원간 칸막이를 없애고 유연하게 투자할 수 있는 재정구조조정 뿐 아니라 고등교육과 평생, 직업교육 간 이동성, 연계성을 강화할 수 있는 유연한 체계 구축이 필요한 시점이다.

Ⅲ. 코로나19 이후 교육혁신과 미래전망

1. 원격교육 방식의 전면 도입과 핵심역량 중심 교육체제 도입

코로나19 이후 포스트코로나 시대는 지금까지와는 전혀 새로운 교육체제와 학력에 대한 인식 변화가 나타날 것이다. 혁신이라는 개념은 기존과는 전혀 새로운 것, 보다 가치로운 것을 포함하는 것이므로, 기존의 교육체제의 재구조화와 새로운 가치지향적 혁신이 도입되어야 한다. 대학입시(학력) 중심의 닫힌 교육에서, 개별화된 교육으로 모두가 원하는 교육을 받을 수 있고 인정받는 열린 교육 전환으로 인식 변화 또한 확대될 것이다. 모든 교육 단계에서 원격교육 방식이 전면 도입될 것이며 인공지능을 포함한 에듀테크를 활용하여 새로운 교육방식에서 누구도 소외되지 않도록 촘촘하고 세밀한 교육지원 방안을 공유해야 한다.

초-중등학교에서는 2015 개정교육과정에서 시작된 핵심역량(성취기준) 중심교육으로 모든 교육체제가 재구조화 되어야 한다. 기존의 지식 전달, 일방적 강의 중심의 교육에서, 핵심역량 중심 교육으로 전환하여 새로운 사회 변화에 유연하게 적응할 수 있는 교육체제를 구축해야 한다. 자기주도역량, 문제해결역량, 창의적·비판적 사고력, 의사소통 능력 및 공감역량 등 새로운 사회에서 요구하는 핵심역량을 갖추도록 교육목적, 교육내용, 교육방법 및 교육결과 등 교육체제 전반에 대한 재구조화가 요구될 것이다. 고등교육기관 역시 원격교육의 전면 도입으로 기존의 강의식, 오프라인 공간중심 교육에서 탈피하여 새로운 교육혁신의 시대로 나아가야 한다. 새로운 디지털기술은 언제 어디서나 누구든지 원하는 교육을 받을 수 있는 새로운 시대를 여는데 기여할 수 있기 때문이다.

이러한 시대에는 교수자와 학습자뿐 아니라 사회 구성원 모두가 교육적 조력자, 지원자로서의 역할을 담당할 수 있는 사회적 여건 조성 또한 필요하다. 학교라는 공간에만 갇혀 있는 죽은 지식이 아니라 학교기관 안과 밖, 학교와 지역사회, 지역사회와 세계가 촘촘하게 연결된 창의적 지식 재생산을 통해 전 지구적 문제를 해결하는데 기여하는 학교교육으로의 변화가 요구된다.

2. 취약계층 및 사회적 약자를 위한 교육 안전망 구축

코로나19는 취약계층이 가지고 있었던 복합적 문제를 더 강화한 것으로 나타나고 있다(김경애, 2020). 원격교육이 확대되면서 디지털 기기 사용, 기초학력 보장, 돌봄 등 삶의 모든 측면에서 복합적 문제를 지닌 취약계층에 대한 지원은 지금까지와는 전혀 다른 새로운 방식으로 확대되어야 한다. 사회경제적으로 취약한 계층에게 더욱 가혹한 언택트 시대에는 기존의 지원과는 다른 총체적인 교육·사회적 안전망 구축이 더욱 필요하기 때문이다.

취약계층은 학습, 정보활용(도구), 심리정서, 문화, 식사, 건강 등 모든 측면에서 불리하고 이러한 문제가 복합적으로 나타나기 때문에 이제는 단순한 경제적 지원이나 프로그램 제공을 넘어 복합적인 문제해결 관점으로 전환해야 한다. 이를 위해서는 지역사회 내 종합안전망시스템 구축이 필수적이다. 학습과 돌봄이 분리되기 어려운 구조 속에서 학교를 비롯한 지역사회 돌봄 기관의 전반적인 학생 지원 역량 강화가 필요하다.

3. 4차 산업혁명 시대를 주도할 인재 양성 투자 확대

인구가 감소하는 국가에서는 학생 한 명 한 명이 인재로 자랄 수 있는 기반 마련이 가장 중요하게 다루어져야 하는데, 이는 교육이 추구해야 할 기본 가치이기 때문이다. 학령인구는 감소하지만 고령화 사회로의 빠른 진입은 미래세대에 대한 투자를 위축시킬 가능성이 높으므로 인재 육성을 위한 투자 규모 및 방식 재조정은 불가피하다.

학생 한명도 놓치지 않는 투자를 위하여 기존의 집합적(조직, 기관별) 재정 운용 방식은 개인별(학생별, 연구자별) 투자 지원 방식으로 전환해야 하며. 특히 유아교육 단계에서 발생하는 학업 격차를 방지하기 위하여 기존의 초중등 중심의 투자에서 유아교육 단계로 투자 방향을 전환해야 한다.

새로운 시대는 핵심역량과 새로운 연구개발, 디지털기술을 학교교육 단계에 도입하는 방안을 중심으로 투자가 확대될 전망이므로, 이를 담당할 교수자, 연구자들의 전문성을 높일 수 있는 투자 지원 또한 확대되어야 한다. 그러나 교육에 대한 투자가 지속적으로 감소되고 있기 때문에 장기적이고 안정적으로 투자할 수 있는 법적 근거 마련이 무엇보다 중요하다.

Ⅳ. 포스트코로나 시대 대비를 위한 교육 혁신 방안

1. 교육 혁신을 위한 교육 투자 확대

포스트코로나 시대에는 디지털 인프라를 포함한 새로운 교육환경 구축이 요구된다. 하드웨어적 측면에서는 쌍방향 원격수업에 필요한 학교(교실) 인프라 구축과 같은 공간 혁명이 요구되며, 놀이중심 교육활동, 자유학기제, 고교학점제, 학생활동 등에 적합한 학교 환경 개선이 필요하다. 최근 시작된 그린스마트스쿨 사업에서는 에듀테크 및 인공지능 등을 도입하고, 탄소중립과 같은 친환경 그린스쿨을 설립하여 학교교육 과정 및 지역사회와 연계하는 노력을 진행하고 있다(교육부, 2021).

소프트웨어적 측면에서는 교수학습지원 자료 개발, 에듀테크 활용 역량 지원 및 기초학력진단-지원시스템 내실화와 같은 제도적 지원을 통해 학생 맞춤형 지원이 더욱 고도화될 수 있는 체제 구축이 요구된다. 휴먼웨어 측면에서는 교사 또는 교수자 전문성 지원 및 학교 구성원들의 학생지원 역량을 강화해야 한다. 지역사회 내에는 교육과 돌봄 체계를 구축할 수 있는 인력투자 확대 또한 필요하다.

포스트코로나 시대의 교육 혁신을 추진하기 위해서는 재정투자 확대 및 운용 방식 조정이 반드시 뒷받침되어야 한다. 특히 OECD 국가 대비 현저히 낮은 고등교육기관 학생당 교육비를 획기적으로 확대해야 하는데, 이를 위해서는 초중등교육 재원과 고등교육, 평생직업교육 재원의 지출 구조를 개선하는 실질적인 노력이 필요하다. 한정된 재원으로 교육투자를 확대하기에는 무리가 있으므로, 고등교육기관 등록금 자율화, 국·사립대학 차별화된 운영 모델 구축 지원을 통해 대학

스스로 경쟁력을 강화해 나갈 수 있는 기반을 마련해주는 것도 가능할 것이다. 기업과 연계하여 대학의 연구투자(R&D) 확대를 계속 유도해 나가며 글로벌 경쟁력을 강화할 수 있는 지원이 요구된다.

2. 원격(온라인) 중심 교실수업 혁신을 위한 교수자 전문성 지원 확대

포스트코로나 시대, 교육 혁신의 화두는 무엇보다 원격교육이다. 기존의 MOOC나 블렌디드 러닝(Blended Learning)과는 전혀 다른 새로운 기술이 도입됨으로써 학습자 맞춤형 교육, 핵심역량 향상 교육을 앞당길 것이다. 미래 혁신 기술이 도입된 에듀테크 활용 교육은 지금까지 경험하지 못한 새로운 교육 혁신을 주도하는 핵심 기술로 등장하게 될 것인데, 이러한 기술을 활용하는 교사 또는 교수자 전문성 강화 지원은 가장 필수적 요인이다. 따라서 이를 위한 행·재정적 지원 확대가 무엇보다 고려되어야 한다.

포스트코로나 시대에 유연하게 대응하고 교육의 성과를 가장 높일 수 있는 핵심 요인은 교수자 전문성이다. 교과별, 분야별 학생 개별 맞춤형 수업 제공을 위한 교사의 전문성 강화를 위한 특단의 지원이 필요한 이유다. 에듀테크를 활용하여 역량중심 교육을 실행할 수 있는 새로운 수업방식에 적응할 수 있도록 교수자 전문성 지원이 확대되어야 하며, 미래교육지원센터 설치와 같이 교원 양성기관을 중심으로 새로운 교육에 대비할 수 있는 현장중심 지원 노력이 필요하다. 특히 초중등 교사의 경우 행정업무 경감을 위한 업무 재구조화를 통해 수업에 몰입할 수 있는 환경을 구축해주어야 한다.

고등교육 단계에서도 교수자의 교수학습 역량 강화를 위한 투자 확대, 교수 직무 다변화 등 재구조화 노력이 필요하다. 원격교육이 도입되면서 교수자의 콘텐츠 제작, 학생과의 상호작용 및 참여 유도 방법, 평가 방법 등에 대한 지원 요구가 높아지고 있다. 학생들이 요구하는 수업 방식 역시 원격교육 환경에서 교수자의 전문성이 더 강화된 형태로 나타났다(이정미 외, 2020). 이러한 지원을 확대하기 위해서는 각 대학에 설치된 교수학습지원센터를 중심으로 한 인프라 및 콘텐츠 지원이 필요하며, 학사구조 유연화를 통해 다양한 방식의 교수학습이 가능한 환경을 조성해 주어야 할 것이다. 수업시수, 학력인정, 학기제 등 다양한 규제 개혁을 통해 원격학습 시대에 걸맞는 새로운 교육 관련 법령 제·개정 지원 노력이 요구된다.

3. 학제 개편 및 학력인정 유연화

현행 6-3-3-4제의 학제를 K-12 체제로 개편하는 방안을 제안하고자 한다. 앞서 한국의 교육체제가 가지는 구조적 특징으로 현행 학제의 경직성, 비효율성, 비이동성 및 비연계성을 지적한 바 있다. 보다 유연하고 탄력적으로 움직일 수 있는 학교제도를 개편하여 새로운 교육환경에 대비해야 할 것이다. 2021년에 고등학교 무상교육이 완성되었으나 유아교육 단계의 중요성이 매우 큼에도 유아교육 무상화는 이루어지지 못하고 있다. 특히 학생들의 성장과 발달을 고려할 때 수업연한 확대, 취학연령 하향 등의 방안이 제시되고 있다(정미경 외, 2017). 유치원(K) 1년을 초등 공교육 단계에 편입하는 K-5-3-4제 등 다양한 학제 모델 개편을 본격적으로 검토해야 한다. 연령 중심의 학교 단계별 입학, 졸업 등 학력인정 기준을 완화하며, 학교안-학교밖 교육을 연계 확대하는 것도 구조적 측면에서 교육 혁신을 이루는 방안이 될 것이다.

초중등교육의 질은 교사의 질에 달려 있다. 학령인구 감소에 따라 학생수, 학급수, 학교수가 축소되면서 신규 교원 선발도 정체될 것으로 예상된다. 그러나 교원 양성체제 및 교사 자격체제 개편을 통해 현행 교대, 사대 중심의 양성체제를 보다 유연한 방식으로 개편하고, 초-중등 자격 연계, 교육실습 강화, 현장중심 교육역량 강화 등 교사 전문성을 높일 수 있는 체제를 구축하는 것을 미룰 수는 없을 것이다. 1980년대 이후 경직적으로 이루어져 온 교원 양성체제 개편, 자격체제 개편을 통해 교육 혁신을 이룰 수 있는 기반을 마련하고, 초중등 및 대학 교원의 전문성을 강화하여 새로운 학제 개편에 대응할 수 있도록 해야 한다.

4. 평생직업과 연계한 고등교육 시스템 재구조화

인구 감소에 따른 급속한 고령화는 대학 사회에 새로운 과제를 제시하고 있다(김민희 외, 2017). 수명 증가에 따라 평균적인 생애 노동기간이 증가하면서 새로운 지식과 기술 습득이 누구에게나 선택재가 아닌 필수재가 되고 있기 때문이다. 그러나 한국의 경우 2013년에 발표된 「OECD 국제성인역량 조사(Programme for the International Assessment of Adult Competencies: PIAAC)」 결과를 보면, 세대 간 역량 편차가 많이 나는 국가 중의 하나이다(교육부·고용노동부, 2013). 이 조사는 성인들의 언어 능력, 수리력, 컴퓨터 기반 문제해결력 평가를 통해 성인 역량을 측정하는 데, 한국의 경우 연령이 높아질수록 세 가지 성인 역량이 모두 낮아지는 것으로 나타나고 있다.

4차 산업혁명과 지능정보 사회의 출현은 산업구조와 노동시장에 급격한 영향을 미쳐 일자리의 생성과 소멸, 그를 통한 진화가 급격히 이루어질 것으로 예측되고 있다(Brettel et al., 2014; KCERN, 2017). 다양한 산업 분야에 인공지능기술이 접목되면서 산업부문 간의 융복합 등을 통해 새로운 일자리가 창출되기도 하지만, 기술에 의해 대체되는 일자리들도 적지 않을 것이기 때문이다. 이러한 변화가 본격화되면서 산업구조 재편과 노동기술 변화에 적응하기 위한 평생교육 수요가 증가할 것으로 예측되고 있다(김희철, 2017; 이민화, 2017).

포스트코로나 시대에는 보편적인 학습 기회가 사회 곳곳에서 제공되기 때문에 전통적인 대학 체제를 유지하는 것은 스스로 생존의 위협을 가하는 것이 될 것이다. 이러한 흐름에 비추어 볼 때, 새로운 교육혁신은 성인 학습자들이 4차 산업혁명 적응에 필요한 고등 수준의 지식과 역량을 함양할 수 있도록 대학교육 운영 모델을 전면적으로 혁신하는 것이 되어야 한다. 성인 학습자의 고등 수준의 역량 개발을 위해서는 전통적인 대학생을 중심으로 이루어졌던 기존의 학사관리와 학습평가, 대학 서비스 전반을 근본적으로 혁신할 필요가 있다. 즉 기존 대학의 견고한 울타리를 허물어 누구나에게 다양한 방법으로 고등교육 기회를 제공하는 개방화·유연화된 '고등평생학습체제'[2]를 구축해

2 '고등교육과 평생학습 간의 연계 상태'를 의미하는 개념으로, 대학평생학습, 대학평생교육 또는 고등평생교육 등으로 불리우나, 이 글에서는 대학 등을 포함한 다양한 고등교육기관에 평생교육 기능이 강화되는 측면을 강조하기 위해 고등평생학습이라는 용어를 사용함.

야 한다.

성인 학습자를 위한 고등교육 기회 확대, 성인 학습자 교육을 위한 대학과 산업체 간의 협력 강화 및 교육과정 개편, 일과 학업의 병행을 위한 교육체제의 재설계가 요구된다. 이를 위해서는 기존 전일제 등록생 위주의 경직된 대학 운영체제를 유연화하여 일과 학업의 병행을 지원하는 대학교육 시스템을 구축해야 한다. 구체적으로는 ① 고등교육 학위 유형의 다양화 ② 시간제 등록제의 전면 도입 ③ 사전경험 학습 인정제의 확대 ④ 학습분석(learning analytics) 기법에 기반한 학습지원 ⑤ 교수학습지원 방법의 혁신 ⑥ 성인 학습자 지원센터의 설립 등이 새로운 고등교육 시스템 재구축 방안이 될 수 있을 것이다.

| 참고문헌 |

김민희·나민주·채재은(2017), 4차 산업혁명과 고등교육 개혁, 집문당.

정미경·황준성·한은정(2017), 학제개편의 쟁점분석, 한국교육개발원.

김희철(2017), 4차 산업혁명의 실체, 서울: 북랩.

KAIST 문술미래전략대학원·이민화(2017), 대한민국의 4차 산업혁명, 서울: KCERN.

KCERN(2017), 4차 산업혁명의 일자리 진화, KCERN 제36차 공개포럼, 서울: KCERN.

교육부(2019), 학교 공간혁신 추진계획.

교육부(2021), 그린스마트 스쿨 추진 종합계획.

이정미·김민희·박원혁·서화정(2020), 원격교육만족도 조사 보고서, 고등교육정책중점연구소.

교육부·한국교육개발원(2014), 2014년 한국 성인의 평생학습 실태, 한국교육개발원.

Brettel, M., Friederichsen, N., Keller, M., & M, Rosenberg(2014), How Virtualization, Decentralization and Network Building Change the Manufacturing Landscape: An Industry 4.0 Perspective, International Journal of Information and Communication Engineering, 8(1), 37-44.

제13장

포스트코로나 시대 가치관의 충돌과 어려운 선택

이석재 서울대학교 인문대학 철학과 교수

지난 반세기 한국은 눈부시게 성장했다. 경제적 성장은 물론 이를 뒷받침한 과학과 기술의 발전 역시 경이적이다. 민주화를 이룬 정치적 성장 또한 빼놓을 수 없다. 성장은 변화이다. 대한민국의 변화는 경제, 정치, 과학 방면에서만 일어나지 않았다. 가치와 가치관의 측면에서도 우리는 큰 변화를 겪었다. 그리고 이 변화는 지금도 계속되고 있다.

변화가 지속되면 피로가 누적된다. 가치의 변화는 피로와 함께 혼란을 야기한다. 코로나19 이전에도 가치관의 변화는 드세었다. 전통적 가치들이 남아 있는 상황에서 새로 서구의 가치들이 들어왔고 이들이 뒤섞이는 와중에 우리는 다양한 가치들의 자리를 잡아주어야 했다. 어렵게 정돈되던 가치체계가 코로나19로 인해 새로이 충격을 받았고 우리는 더 많은 변화와 혼란을 경험하게 되었다. 특히 상충되지 않던 가치관이 충돌하는 일이 발생하였고 어려운 선택을 해야 하는 상황들과 직면하게 되었다. 이제는 포스트코로나 시대를 대비해야 하는 숙제 역시 안고 있다. 어떻게 할 것인가?

가치의 측면에서 코로나19가 제기하는 문제와 포스트코로나 시대 우리의 삶에 대해 생각해보는 계기를 만들고자 한다. 신체적 건강이나 윤택한 경제생활 만큼이나 가치와 보람이 우리 삶에 있어 중요하기 때문이다. 코로나19가 가치 영역에서 미친 영향을 진단하기 위해 우선 코로나19 이전의 상황을 조금 더 살펴보기로 하자.

Ⅰ. 코로나19 이전과 가치관의 지형도

코로나19 이전, 우리는 우리의 가치관 체계를 이루고 있는 다양한 갈래를 나름 조화시키며 살아가고 있었다. 동양적 전통에 뿌리를 둔 가치들을 유지하면서 바다 건너에서 넘어온 새로운 가치들도 체화하여 동서고금의 다양한 전통을 품은 새로운 가치체계를 구현했다. 예를 들어보자. 유가적 덕목인 효를 중시하면서도 개인의 자유로운 취미생활을 조화시키기 위해 명절의 일부는 친지를 방문하고 나머지 일정은 취미활동에 쓰는 풍경은 이제 익숙하다. 과거 가치만을 지키려 하는 것도 아니고 새로운 가치를 위해 과거의 가치를 완전히 버리는 것도 아니다. 나름 균형과 조화를 찾았다.

균형은 다른 형태로도 등장한다. 우리는 경제활동에 활발히 참여함으로써 부를 창출하고 이에 기반하여 윤택한 삶을 추구해왔다. 과거엔 지나칠 정도로 일에만 열중했다면 이제는 소박하지만 확실한 행복을 추구하며 다양한 사회적 친분 관계를 쌓기 위해 노력하기도 한다. 일에의 헌신을 조금 희생하더라도 타인과의 유대를 강화하여 사회적 존재로서의 자아를 실현하려 한다. 또한 일을 통한 자아실현 만큼이나 건강한 신체적 삶 역시 중요하여 이를 위한 다양한 노력과 활동들도 벌여왔다. 그리고 일, 사회생활, 몸의 건강 등의 가치 간의 균형이 등장하여 조화롭게 추구되었다.

일에의 헌신은 경제성장으로 이어져 의료기술과 체계의 발전을 가져왔고 이는 역으로 개인 건강 증진에 기여했다. 또한 여가활동에의 활발한 참여는 많은 경우 사회적 친분 향상에 기여하는 동시에 관련 업계의 양적 성장 역시 촉진했다. 경제활동, 사회활동, 건강 챙기기, 여가활동이 모두 함께 어우러져 함께 추구하는 것이 자연스러웠고 국가경제의 성장이 개인의 위생과 건강을 증진시키는 이른바 윈-윈(win-win) 형국을 이루었다. 특별히 한 가지를 우선시할 필요가 없었고 특별히 새롭게 내려야 하는 결단도 많지 않았다.

코로나19 이전 의료 상황도 마찬가지였다. 의료체계가 선진적으로 구축된 우리나라의 경우 특별히 어려운 결정을 내려야 하는 상황은 드물었다. 코로나19 백신과 비교하기 위해, 독감 예방 접종을 생각해보자. 매년 충분한 양이 생산되어 원하는 국민은 순차적으로 모두 맞을 수 있었다. 또한 맞는 순서를 정하는 것에 있어 의료업계 종사자와 노약자를 우선 대상자로 설정하는 결정을 국민은 따라 주었다. 독감백신 접종을 둘러싼 갈등은 찾아보기 힘들었다.

이렇게 볼 때, 지나치게 단순화시키는 단점은 있지만, 전체적으로 보아 코로나19 이전에는 다양한 가치들이 나름 큰 틀 속에서 조화를 이루어 새롭고 어려운 선택을 해야 하는 상황은 드물었다.

Ⅱ. 코로나19로 인한 변화

상대적으로 순탄했던 가치의 지형은 코로나19 바이러스의 등장으로 변화의 바람을 맞이했다. 우선 통상적으로 추구하던 여러 활동에 제동이 걸렸다. 동료, 친구, 친지와의 만남을 통해 인간관계를 돈독히 하고 대면 접촉을 통해 여가도 즐기고 기쁨을 나누려던 시도는 심한 제약을 받았다. 추구했던 가치 자체가 변했다기보다 이 가치를 실현할 방편이나 수단에 대한 제약이 등장했고, 이러한 제약은 새로운 가치를 추구해야 할지에 대한 반성을 불러일으켰다.

통상적으로 우리는 목표가 바뀔 때 새 목표를 실현하기 위한 수단을 찾게 된다. 평소 제주 여행에 관심이 없다가 친한 친구가 결혼식을 올리게 된다고 하면 결혼식에 참석하기 위한 다양한 교통편을 찾게 된다. 이럴 때 목표 자체를 바꾼다. 그러나 목적 달성을 위한 모든 수단이 여의치 않을 때도 있다. 결혼식이 제주도에서 진행되는데 태풍 등으로 모든 교통편이 여의치 않을 때 우리는 목표 달성을 포기할 수밖에 없고, 그 주말 다른 활동을 찾게 된다. 친구에게 아쉬운 마음을 전하고 새로운 목표를 찾아 나선다.

다양한 만남을 통해 대인관계와 사회생활의 유지라는 목표는 코로나19 상황으로 인해 그 실현이 어려워졌다. 비대면 만남의 한계가 뚜렷한 상황에서 사회생활이라는 목표를 고집하기엔 그 실현 방법이 너무 제한적이었다. 이러한 상황에서 우리는 방향 전환을 모색한다. 다른 방식의 욕구 충족이나 자아실현에 대한 탐색이 전방위적으로 일어났고 홀로 할 수 있는 활동에 대한 관심이 많이 일어났다. 코로나19로 인한 제약은 스스로가 설정한 우선순위를 뒤돌아보게 되는 계기가 되었다.

코로나19 감염은 가치관의 충돌과 어려운 선택으로도 이어졌다. 감염 경로를 파악하기 위해 사생활에 대한 광범위한 정보가 수집되어야 하는 상황에서 공동체의 건강 유지와 개인의 사생활 보호라는 가치들이 충돌했다. 특히 감염 초기에는 코로나19 바이러스에 대한 정보가 부족했기 때문에 확진자 개개인의 행보에 대한 관심이 지대했고, 이로 인해 이들의 감염 및 이동 경로를 비롯한 개인 신상 정보가 널리 퍼져 코로나19 감염과 더불어 사생활 정보 유출로 인한 피해 역시 입게 되었다. 수천 명씩 감염이 되고 있을 때와는 비교할 수 없을 정도로 과도한 관심이 낳은 결과였다.

또한 초기에 백신이 많지 않았을 때, 어떤 기준에 근거해 누구에게 먼저 백신을 보급할 것인지에 대한 논의 역시 진행되었고 어려운 결정을 해야 하는 상황이 등장했다. 종국엔 의료진과 노약자에게 우선 접종을 실시하겠다는 결정이 내려졌고, 우리 국민은 이러한 보급 방식에 큰 이의를 제기하지 않고 잘 따랐다. 개인정보 수집에 대한 저항 역시 비교적 적어 감염 경로의 효과적 추적으로 감염자 증가 억제라는 효과도 누릴 수 있었다. 그러나 우리 국민이 다른 방식으로 반응할 수 있는 가능성도 얼마든지 있었고 보다 큰 논란이 있을 소지도 충분히 있었다. 사석에서 많은 사람이 언급하는 바이지만 한국 국민은 놀라울 정도로 전문가와 정부의 의견을 잘 따라주었다. 그러나 이러한 협조가 예견된 것은 아니었다.

보다 어려운 사태들도 가능했지만 피할 수 있었다. 미국과 같은 의료 선진국에서도 일어난 일이지만 대유행이 와서 중환자 치료시설 부족 사태로 인해 우선순위를 정해 치료 대상자를 선별적으로 치료해야 하는 가슴 아픈 상황도 있었다. 일부를 우선 치료 대상자로 선택한다는 일은 순위가 밀리는 중환자는 사망할 가능성을 그만큼 높이는 함축이 있다. 다행히 한국의 경우 감염자가 가장 많은 상황에서도 의료체계가 감당할 수 있어 이러한 어려운 선택은 피할 수 있었다.

그러나 실제로 힘든 선택을 해야 하는 상황도 발생했다. 백신 접종률이 높아짐에 따라 위드코로나(with Corona)로의 전환이 진행되었다. 그러나 소상공인을 비롯한 자영업자들에겐 때늦은 감이 없지 않다. 극심한 경제적 어려움을 호소한 지 오래임에도 공동체 건강이라는 가치를 보다 높게 설정한 정책으로 인해 자영업자들의 피해가 컸음은 모두가 인정하는 사실이다. 비슷한 접종률을 성취한 나라들과 비교할 때 거리두기 완화가 상대적으로 늦어졌고 소상공인들을 위한 그간의 지원 역시 적었던 사실은 이러한 주장을 뒷받침한다. 다시 말해, 과연 지금까지 기다려야 했었나라는 질문은 가능하고, 국민 건강이 자영업자들의 희생에 근거한 것이라는 비판도 제기될 수 있다.

물론 이 비판이 무조건적으로 타당하다고 주장하는 것은 아니다. 위드코로나 정책이 보다 일찍 시행되어 인명 피해가 커졌다면 국민은 '때이른' 완화를 강도 높게 비판했을 것이다. 경제 살리기와 국민 건강이라는 두 개의 가치가 코로나19로 인해 충돌하는 양상을 보였고, 국민과 정부 모두 어려운 고민에 직면하게 된 것이다.

앞서 언급한 바이지만 코로나19 이전까지 접하기 힘든 가치의 충돌이다. 국민 건강이라는 목표와 경제성장이라고 하는 두 가지 가치가 과거엔 상보적 관계에 있어 동시에 추구될 수 있었다면, 코로나19로 인해 이 가치들이 충돌하게 되었고 우리는 어떤 결정을 내려도 피해가 생기는 어려운 선택을 할 수밖에 없다.

Ⅲ. 코로나19 이후 미래 전망

분야를 막론하고 미래 전망은 어렵다. 쉬웠다면 코로나19 자체를 예측했을 터이다. 그럼에도 대비를 위해 예측은 불가피하다. 정확성에 대한 기대감을 낮추며 코로나19 이후 가치의 지형을 생각해보자.

코로나19 감염 이후를 생각하기 위해 우선 '코로나19 사태의 종식'을 정의해야 할 필요가 있다. 가능성은 크게 두 가지로 보인다. 첫째, 다양한 변이를 모두 치료하는 치료제나 모든 변이를 막아낼 백신이 개발되어 널리 보급된다. 둘째, 온전히 막기 힘든 변이의 지속적인 출현으로 추가 감염이 일어나기 힘들 정도로 코로나19가 확산되어 감염 대상자가 더 이상 없어 감염이 종식된다.

후자의 시나리오는 상상하기 싫을 정도로 피하고 싶은 결과이다. 이러한 일이 일어나지 않도록 우리 모두와 세계 각국이 최선의 노력을 기울여야 할 것이다. 지금까지의 백신 개발 성공과 치료약 개발 노력을 지켜보았을 때 후자의 시나리오가 일어날 가능성은 높아 보이지 않는다. 다만 미래가 이러한 방향으로 흘러간다면, 이제까지 피할 수 있었던 가치관의 충돌과 어려운 선택을 더이상 피할 수는 없을 것이며 계속된 충격은 우리 가치체계 전체를 그 뿌리에서부터 흔들어 놓을 것이다. 생명과 생존이라는 기본 가치 앞에 다른 가치들은 설 땅을 잃게 되며 생존을 위한 처절한 투쟁으로 가치 간의 충돌을 조정할 여유조차 없어질 것이다.

백신이나 치료제의 등장으로 첫 번째 의미에서의 종식 가능성이 현재로서는 더 높다. 그러나 이를 위해서도 어느 정도 시간은 소요될 것으로 보인다. 변이들이 계속 등장하는 한 코로나19와 함께 살아가는 기간이 길어질 수밖에 없다. 더구나 저개발 국가를 대상으로 하는 백신 보급이 늦어질수록 다양한 변이의 등장 가능성은 높다고 한다. 이제까지의 주기적인 경향이 지속된다면 새로운 변이가 등장하여 감염자가 폭발하면 사회적 거리두기를 다시 실행하고 이로 인한 경제적 피해 또한 등장할 것이다. 우리나라로 시야를 좁혀 본다면, 거리두기 단계의 완화와 강화가 반복적으로 일어날 가능성이 있으며 이렇게 될 때 경제적 타격을 강하게 입는 구성원의 고통은 반복되고 심화될 것이다. 모두가 느끼는 피로감도 무시할 수 없는 요소일 것이다. 이러한 상황은 우리에게 몇 가지 숙제를 안겨준다.

먼저, 거리두기 강화와 완화 상황이 반복될 때, 어떤 정책이 바람직한가? 합의를 위한 논의가 미리 시작되어야 할 것이다. 보다 구체적으로, 코로나19 감염이 지속되는 상황에서 국민 건강 유지와 거리두기로 인한 경제적 손실 최소화라고 하는 두 가치 간의 균형을 어떻게 찾을 것인가? 범국민적 차원에서 논의를 광범위하게 펼쳐나가야 할 시점이다. 코로나19 감염으로 인해 내가 입는 건강상의 피해보다 거리두기로 인해 타인이 입는 경제적 손실이 막대할 경우, 상대적으로 미약한 나의 피해를 우선시해도 될지 검토하는 일 등이 출발점일 수 있다. 그래서 가능하면 국민적 합의를 이끌어내는 것이 좋고, 이를 근거로 한 정책 입안이 필요하다. 어려운 주문처럼 느껴질 수 있지만 우리에게는 이미 좋은 선례가 있다.

코로나19 초기 상황을 상기해보자. 개인 사생활 보호라는 가치와 동선 추적을 통한 감염 확산 방지라는 가치 충돌 상황에서 우리 국민은 후자의 가치를 중시한다는 합의를 보여주었다. 이는 감염 경로 추적이라는 방역 당국의 정책이 성공할 수 있도록 해주었다. 또한 백신의 보급에서도 놀라울 정도로 방역 당국의 정책을 따랐다. 이는 방역 대응을 약화시키는 국론의 분열보다는 합치된 국민 의견이 등장했기 때문에 가능했으며 이러한 합의는 국가 정책을 실행하는 정부의 대응과 조화를 이루고 있다.

이러한 선례를 가능케 한 요인은 무엇인가? 크게 세 가지를 꼽을 수 있다. 첫째, 우리가 명시적으로 의식하고 있지 않았더라도 우리는 국민 건강과 생명이라는 가치를 우선적 가치로 여기고 있었다. 사생활 침해에 대한 두려움보다는 건강의 위협을 우리 국민은 보다 큰 해악으로 여기고 있었던 것이다. 생명의 위협에도 불구하고 마스크 착용을 강권해서는 안 된다는 주장이 무척 강하게 등장한 일부 해외 사례를 생각하면, 건강과 생명 우선성에 대한 국민적 합의가 당연한 것만은 아니다. 어떤 의미에서 코로나19가 닥치기 전 우리에게는 이러한 합의가 운 좋게 이미 내재되어 있었던 것이 아닌가 싶다.

두 번째 요인은 방역 당국은 이러한 국민적 합의를 잘 포착하여 방역 정책을 입안, 펼쳤다는 점이다. 세간에서 한국 국민은 정부 방침을 너무 잘 따른다는 평가도 내리지만 자신들의 뜻에 맞지 않는 정책을 우리 국민은 결코 순순히 따르지 않는다. 대한민국 현대사는 위로부터의 강압적 권력과 정책에 대한 저항의 역사이며 이러한 저항으로 우리는 유래를 찾아보기 힘든 독보적 민주국가를 형성하였다.

세 번째 요인은 정부와 국민 모두 전문가의 의견을 잘 이해하고 받아들였다는 점이다. 정부의 정책 입안 과정에서 전문지식이 토대를 형성했으며 국민은 세계 최고 수준의 과학적 문해력(scientific literacy)을 발휘하여 판단을 내렸다. 전문가 지식이 국민 합의와 방역 정책 간의 조화를 이끌어낸 초석이다.

코로나19가 종식될 때까지 또 추후 새로운 감염병의 등장 시에도 이러한 모델은 모범적 사례로 길잡이가 되어야 할 것이다. 이를 위해서는 다양한 경로를 통해 전문가 의견이 전달되고 국민적 논의가 활성화될 수 있는 계기들이 마련되어야 할 것이다. 학계와 언론의 역할도 이러한 측면에서 무척 중요하다.

반복되는 거리두기 강화와 완화의 사태가 제시하는 또 하나의 숙제는 지구촌의 일원으로서 한국의 역할과 관련이 있다. 우리는 저소득/저개발 국가들을 어떻게 도울지에 대한 고민이 더 필요하다. 스페인독감이 유행했던 20세기 초반과는 비교도 안 될 정도로 지금은 세계 전체가 손쉬운 교통편으로 연결되어 있고 각국 간의 이동이 활발하다. 자국의 감염 종식만을 목표로 삼는 태도는 합리적이지 못하다. 보편적 인류애에 기반하여 인도적 차원에서 저소득/저개발 국가의 국민 역시 배려해야 한다는 윤리적 요구는 더 말할 나위가 없다.

보다 장기적인 미래에 대해서는 짧고 추상적인 단상으로 대신하고자 한다. 필자는 코로나19로 인해 한국인이나 인류의 가치체계에 커다란 변화가 올 것이라고 생각하지 않는다. 우리 모두에게 깊은 충격을 준 시간이었고 또 이러한 충격은 삶의 여러 양상에서 다양한 변화를 야기할 것이다. 그러나 이러한 충격이 과연 가치체계의 차원에서 큰 변화를 가져올 것인가? 특별히 바뀌어야 할 이유가 보이지 않는다. 우선 새로이 등장한 가치나 목표가 없다는 것이 주된 이유이다. 생명과 건강이라는 가치는 이전에도 있었으며 앞으로도 우리 삶에서 중요한 축으로 작용할 것이다. 대면 만남을 통한 사회생활이 주는 즐거움을 높게 여기는 경향 역시 여전히 계속되지 않을까 싶다. 방역 단계가 완화될 때 우리는 얼마나 빠른 속도로 일상에로 복귀했는가? 가치체계의 측면에서 본다면 가치의 충돌로 새롭고 낯선 선택을 해야 하는 지금이 오히려 우리에게 보다 많은 부담을 준다.

그렇다고 코로나19가 중장기적인 면에서 우리 가치체계에 아무런 영향을 미치지 못할 것인가? 일종의 영향은 있을 것이다. 어떤 영향일까? 코로나19는 그 엄청난 폐해에도 다른 한편으로는 자성(自省)의 계기가 되었다. 우리 각자가 가진 가치들을 돌아보게 만든 시간이었다. 일상이 깨어지면서 큰 반성 없이 매일같이 반복하던 행동들을 돌아보게 되었다. 어렵고 힘든 상황에서 이제까지 추구해 왔던 목표를 계속 추구해야 하는지에 대한 의문도 일었다. 기존의 가치나 전제를 반성적으로 되짚어보는 일이 언제나 좋은 것은 아니다. 굳이 자성의 필요가 없는데 반성을 강요받으면 불쾌하다. 그러나 때로 자성은 다음 단계로의 도약이나 변화를 돕고 그 도약이나 변화가 합리적인 방향을 갖도록 도와준다.

Ⅳ. 포스트코로나 시대 대비를 위한 정책 제안

코로나19의 등장으로 우리는 많은 어려움과 고통을 겪었다. 그러나 보다 심하게 겪을 수 있었지만 상대적으로 약하게 겪은 어려움도 있다. 적어도 가치에 관한 한, 사회적 공감대의 부족으로 인해 생겨날 수 있는 구성원 간의 극심한 갈등은 없었다. 물론 획일적인 가치체계를 거부하는 민주사회에서 가치체계 간의 갈등이나 충돌이 전무할 수는 없다. 그러나 앞서 언급했듯이 국민 개개인의 건강과 생존이라는 가치가 나름 최상의 가치로 등장하여 개인의 사생활 보호, 신체활동의 자율성, 영업활동 추구 등의 다른 가치를 제한하는 정책에 대한 저항이 상대적으로 낮았다. 심한 갈등이 가져오는 어려움을 고려한다면 핵심 가치와 관련된 사회적 공감대의 형성이 얼마나 긍정적 역할을 하는지 우리 모두가 느꼈다. 가치에 관한 한 사회적 공감대 형성만큼 좋은 예방책은 없다.

그렇다면 어떻게 사회적 공감을 형성할 것인가? 빠르고 쉬운 길은 없다. 고루한 해법이지만 사회 구성원 간의 지속적인 대화와 토론 외에 왕도는 없다. 대화와 토론의 방식과 형태에 대해 보다 폭넓은 가능성을 열어놓을 필요는 있다. 그래서 다양한 형태의 대화 방식과 토론 기회가 사회 다방면에서 주어질 수 있는 정책 기획 및 실행이 필요하다. 이와 관련하여 상상력을 발휘할 때이다.

글을 마치기 전에 사회적 공감대에 대한 필자의 생각을 조금 더 밝히고자 한다. 쉽게 가질 수 있는 오해를 피하기 위해서이다. 사회적 공감대가 형성된다는 것이 국민 대다수가 합의하는 가치가 등장한다는 것을 의미하는 것은 아니다. 물론 국민 대다수가 합의하는 가치, 예컨대 건강과 생명의 보존과 같은 가치가 등장할 수 있다. 그러나 공감대가 형성되기 위해 꼭 이렇게 합일된 생각이 생겨야만 하는 것은 아니다. 다양한 의견 표출이 본질적인 민주사회에서 단일한 결론에 도달하는 경우가 얼마나 있겠는가? 그리고 단일한 가치를 어떻게 강요하겠는가?

합의보다는 오히려 이견 간의 충돌과 대립이 더 자연스러운 상황이다. 그런데 이러한 충돌과 대립에 대한 중첩된 대화의 경험은 오히려 손쉽고 단순한 해결책이 불가능하다는 공감대를 가질 수 있게 해준다. 상대에게 나의 의견을 강요하지 않고 서로 다른 의견을 가지기로 합의할 수 있으며 이러한 합의가 핵심적 공감의 내용이 될 수 있다. 이러한 공감은 특정 문제에 대한 어떠한 해결책도 나름 한계와 부족함이 있다는 인식 때문에 생겨나며, 이러한 인식은 우리 모두 어려운 문제에 함께 직면하고 있다는 '동료의식'을 유발한다. 문제의 어려움으로 만병통치약을 제시할 수 있는 영웅적 구성원은 있기 힘들다는 현실을 받아들이며 서로 겸손해지는 계기인 것이다. 동료의식은 비록 나와 생각은 다르지만 반대 입장을 유지하는 다른 구성원의 합리성과 진정성의 확인에서 비롯되며, 같은 결론에 이르는 일보다 논의와 대화의 과정 참여에서 서로 존중할 만한 '우리임'을 확인하게 된다.

동료의식에 근거한 공감대가 형성될 때 기대하지 않은 효과 또한 가능하다. 우리 모두 존중되어야 할 주권을 가진 민주사회의 진정한 구성원이며 민주사회가 보장하는 의견 개진과 소통의 참가치가 확인된다. 이 확인은 역으로 담론과 소통을 보장해주는 민주사회와 정치체제를 굳건하게 만든다.

국정과제협의회 정책기획시리즈 04

거대전환 : 포스트코로나 시대의 사회변동

발행일 2021년 12월 30일

발행인 조대엽

발행처 **대통령직속 정책기획위원회**
서울특별시 종로구 세종대로 209 정부서울청사 13층
대통령직속 정책기획위원회 (02-2100-1499)

판매가 24,000원

편집·인쇄 경인문화사 031-955-9300

ISBN 979-11-975858-1-4 03300